Milon von Kroton

Erfolgreichster Olympionike

Der Antike

Wolfram Schröder

Die olympischen Spiele

» In der Antike «

*Die Welt des Olympioniken
Milon von Kroton*

Bibliografische Informationen der Deutschen Nationalbibliothek:
Die Deutsche Nationalbibliothek verzeichnet diese Publikation in der Deutschen Nationalbibliographie; detaillierte Daten sind im Internet über http://dnb.de abrufbar.

©2016 Wolfram Schröder
Herstellung und Verlag: BoD - Books on Demand, Norderstedt
ISBN: 9 783741 225031

Inhalt

LEGENDEN UM MILON ... 9
KROTON (CROTONE) ... 12
KNABENZEIT ... 17
Die Götter der Griechen ... 21
Gymnastik ... 31
DIE GESCHICHTE DES RINGKAMPFES ... 35
WARUM FÖRDERTE KROTON MILONS´ TALENT? ... 39
MILONS´ RINGKAMPFTRAINING ... 40
ERNÄHRUNG UND TRAINING ... 42
MILONS´ ERSTE LIEBE ... 44

DIE OLYMPISCHEN SPIELE ... 55
MYTHISCHER URSPRUNG ... 55
ZEUS BEGRÜNDET OLYMPIA IM TAL DES ALPHEIOS ... 56

IPHITOS UND LYKURGOS ERNEUERN DIE SPIELE ... 62
GOTTESFRIEDEN DURCH LYKURG ... 64
KRIEGSRAT IM SCHUTZ DES GOTTESFRIEDENS ... 65
BETEILIGUNG ... 66
VOM BARBAREN ZUM GRIECHEN ... 67

NACH OLYMPIA ... 69
GEOGRAFISCHE WELT DER ALTEN GRIECHEN ... 69
DIE SPIELE DER HERA (HERAIA) ... 71

OLYMPIA ... 75
VORBEREITUNG - TRAININGSVARIANTEN ... 75
WETTKAMPFVORBEREITUNG ... 76
KNABE ODER MANN ... 78

- DIE HELLANODIKAI ... 79
- REGELVERSTÖßE BEIM SPORTLICHEN WETTKAMPF ... 80
- VON ELIS ZUR ALTIS ... 82
- HADUBALT, SKLAVEREI ... 84

PROGRAMM ... 87

- ERSTER TAG ... 88
  - *Zuschauer sein* ... 88
  - *Vereidigungszeremonie* ... 89
  - *Wettbewerbe der Jugendlichen* ... 90
  - *Ruhm, Geschäfte, Politik* ... 93
  - *Selbstdarstellung durch die Spiele* ... 94
- ZWEITER TAG ... 97
  - *Wagenrennen und Reiterwettkämpfe* ... 97
  - *Fünfkampf (Pentathlon)* ... 101
  - *Diskuswurf* ... 106
  - *Weitsprung* ... 109
  - *Speerwurf* ... 112
  - *Lauf* ... 114
- DRITTER TAG ... 114
  - *Laufdisziplinen* ... 116
  - *Nacktheit* ... 119
  - *Fitness und Körperkult* ... 122
  - *Bankette* ... 123
- VIERTER TAG ... 124
  - *Faustkampf* ... 130
  - *Training der Faustkämpfer* ... 133
  - *Allkampf (Pankration)* ... 134
  - *Training der Pankratiasten* ... 138
  - *Waffenlauf (Hoplitodromos)* ... 138
  - *Ärzte und Trainer* ... 139
  - *Doping, Drogen und Gefahren* ... 145

LEGENDEN, SENSATIONEN, SKANDALE ... 148

- FRAUEN BEI OLYMPIA ... 148

Fünfter Tag	151
Marathonlauf	153
Skandale	159

PROFISPORT, EHRUNGEN, EINKÜNFTE 162
Erste Sieger Krotons	166
Hochzeit	168

PANHELLENISCHE SPIELE 172
Vorbereitung auf die Pythischen Spiele	172
Pythische Spiele	176
Isthmische Spiele	182
Nemeische Spiele	184

MILON UND ATLANTE 187

ATLANTES HAUSSKLAVIN 197

ALLEIN ZU DEN SPIELEN 198

MILANTE 203

DEMOKEDES 204

PYTHAGORAS 206
Krieg gegen Sybaris	215

DEMOKRATIE 220
Die Reformen Drakons und Solons	221
Untergang der Pythagoräer	231
Tod des Demokedes	232

MILONS´ ERFOLGE NEBST ANFEINDUNGEN 233

HALBGÖTTER UND HEROEN STERBEN MYTHISCH 238
Der Tod des Achilleus	239
Der Tod des Paris	240
Irrfahrten und Tod des Odysseus	240

HERAKLES TOD	243
MILONS´ TOD	246

MILONS´ MYTHISCHE UNSTERBLICHKEIT 247
AUTOR 248
QUELLEN 249
WEITERE BUCHTITEL DES AUTORS 251
»GESUND & FIT IM BESTEN ALTER« 251

VORWORT ZUR 2. AUFLAGE	251
REZENSION:	253

»ALS GEHEIMNISTRÄGER IN VISIER DER STASI« 254

PROLOG	254

»SO VERSTEHEN SICH MENSCH UND HUND« 254

MISSVERSTÄNDNISSE ZWISCHEN ANDERSARTIGEN PARTNERN	254
STATEMENT	256

Legenden um Milon

Bereits lange vor unserer Zeit wurde in allen Kulturen von starken Menschen berichtet; ihre Kraftleistungen erregten Aufsehen, wurden niedergeschrieben und so der Nachwelt überliefert. In der körperbetonten wie sportorientierten Antike zählten Kraft und Gewandtheit zu den Eigenschaften der Götter und der irdischen Helden. In der »*Ilias*« und der »*Odyssee*« berichtet *Homer* immer wieder von kriegerischen Erfolgen aber auch von sportlichen Höchstleistungen im Steinstoßen, Ringen oder Diskus- und Speerwerfen, welche von Männern erzielt wurden, die einen athletischen Körper und einen scharfen Verstand besaßen. Sagenhafte »Kraft« bedeutete in der Antike die Harmonie von Körper- und Geistesstärke, denken wir nur an den listenreichen und starken Odysseus, den unverwundbaren Herakles sowie Prometheus, den mythischen Rebellen gegen die Götter und Wohltäter der Menschheit.

Nicht vergessen sei Milon von Kroton, mehrmaliger Olympiasieger seiner Heimatstadt und sechsfacher *Periodonike*, ein Ehrentitel, der in der Antike dem Athleten verliehen wurde, dem es gelang, innerhalb einer Periode[1] bei allen vier panhellenischen Spielen zu gewinnen. Seine Entwicklung vom schwächlichen Knaben zum bedeutendsten Athleten der Antike führte zu zahlreichen Legenden:

Pausanias, vielgereister griechischer Schriftsteller, Geograf und Historiker der Antike schrieb: »Legendär sind die Höchstleistungen des 555 bis 510 v. Chr. im pythagoreischen Kroton lebenden Milon. Nach der Sage sprengte er eine um die Stirn gespannte Darmsaite mit der Kraft seiner Schläfenmuskeln, trug einen vierjährigen Ochsen durch das Stadion von Olympia und verspeiste

---

[1] Zeitraum zwischen den Olympischen Spielen, er zählte von den augenblicklichen Spielen bis zu den nächsten.

ihn hinterher. Die einsturzgefährdete Decke des Hauses von Pythagoras hielt er so lange, bis sich dieser mit seinen Schülern in Sicherheit gebracht hatte. Außerdem war keiner in der Lage, ihm einen Granatapfel zu entreißen, den er trotz aller Anfechtungen emporhielt, ohne ihn bei dem Gerangel zu zerdrücken. Auf einem mit Öl eingefetteten Diskus stehend, war keiner in der Lage, ihn hinunter zu stoßen. Als Athlet soll Milon täglich 17 Pfund Fleisch und die gleiche Menge Weizenbrot nebst zehn Liter Wein verzehrt haben. Er trug eigenhändig seine ihm gewidmete Siegerstatue in die Altis, dem heiligen Hain von Olympia.

Im Kriege gegen den Stadtstaat Sybaris trat er auf wie Herkules, bewaffnet mit Keule und bekleidet mit einem Löwenfell. Wir dürfen uns Milon von Kroton trotzdem nicht wie einen geistlosen Muskelprotz vorstellen. Er war Sänger, Dichter und Buchautor, zudem ein enger Freund von Pythagoras, dem großen griechischen Philosophen und verstand sich in seiner Lebensführung als Verkörperung des pythagoreischen Ideals, nämlich der Harmonie von Körper und Geist.«

Hervorgegangen wäre Milon aus dem antiken *Leistungszentrum* von Kroton in Süditalien. Es wurde berichtet, dass dort der berühmte Philosoph und Mathematiker Pythagoras einer der Lehrmeister von Milon war. Doch Milon hätte seine große Intuition bereits gehabt, bevor er Pythagoras begegnete: »*Es wird nämlich erzählt, dass der kleine Milon ein recht schwächliches Kind gewesen sei, das häufig von den rohen Nachbarskindern verprügelt wurde. Eines Tages aber fasste er den eisernen Entschluss, diesem Treiben ein Ende zu setzten. Er wollte unbedingt stärker werden und packte das bemerkenswert systematisch an.*«

An dieser Stelle wird die Geschichte auch trainingsmethodisch interessant: »Er nahm ein gerade zur Welt gekommenes Kalb auf den Arm und trug es mehrmals um den elterlichen Hof. Obwohl ihm das anfangs sehr viel Mühe bereitete, hielt er durch und machte diese ‚Rundläufe' täglich. Im Laufe der Zeit wuchs nicht nur das Kalb, sondern auch die Kraft des Milon und nach einem Jahr sehr natürlicher Belastungssteigerung war er stark genug, ein ausgewachsenes Rind rund um das Anwesen seiner Eltern zu tragen, um nun – darum ging es ja schließlich – die Nachbarskinder zu verprügeln.«

»Mit seinen 600 bis 1200 Kilogramm wäre ein Stier wohl selbst für den derzeit amtierenden Weltrekordhalter im Kniebeugen zu schwer: Dieser schafft eine 90-Grad-Kniebeuge mit einer 475 Kilogramm schweren Hantelstange auf den Schultern.

Aus trainingswissenschaftlicher Sicht interessant ist die Tatsache, dass ein Kalb täglich um 0,4 bis 1,2 Kilogramm zunimmt und sich die Trainingslast somit der zunehmenden Leistungsfähigkeit des jungen Milons´ anpasste. Dies wäre im weitesten Sinne eine frühe Strategie der Belastungssteuerung, wie sie im heutigen Training von Spitzen-Athleten Anwendung findet.«[2]

Eine weitere Legende zur Herkunft Milons´ hält ihn für den Sohn eines Schäfers. Immerhin könnte dies *glaubhafter* seinen Kraftzuwachs durch die *»natürliche Belastungssteigerung«* im Training des knabenhaften Milons´ erklären: *Denn ein eben geborenes Lamm auf den Armen um das elterliche Anwesen getragen zu haben, mag für unser heutiges Verständnis möglich sein. Im Laufe der Zeit wird er das heranwachsende Schaf geschultert haben, sodass die Kraft seiner Schulter-, Rumpf-, Bein- und Armmuskulatur sich soweit entwickelte, dass er bei Raufereien mit den Nachbarskindern siegen konnte.*

Doch vorerst genug der Legenden, denen Aristoteles[3] nur die Möglichkeit einer Annäherung an die Wahrheit zubilligte. Die Wahrheit im Falle Milons´ könnte sein, dass er tatsächlich ein heranwachsendes Tier täglich auf die Weide trug, um übereinstimmend mit dessen Gewichtszunahme seine körperliche Leistungsfähigkeit zu entwickeln.

---

[2] Christian Thiel und Winfried Banzer in »Forschung-Frankfurt«; 2/2011
[3] Aristoteles gehört zu den bekanntesten und einflussreichsten Philosophen der Geschichte.

KROTON (CROTONE)

Milon stammte, wie sein Beiname verrät, aus Kroton. Wer heute Kroton sucht, der wird an der östlichen Küste Süditaliens fündig. Am »Großzehenballen«, des durch die italienischen Landmassen markierten »Stiefels« lag sie, Milons´ Heimatstadt, heute Crotone genannt. Kroton war bekannt für seinen Reichtum, der sich aus dem blühenden Handel über einen gut ausgebauten Hafen ergab. Die in großer Zahl ein- und auslaufenden Schiffe schlugen Waren, mit denen auch Milons´ Vater handelte, aus aller Welt um. Überdies waren es die Heilstätten, die man in Kroton gern besuchte, in ihnen praktizierten Ärzte, die ihrer Zeit weit voraus waren; genannt sei der bedeutende Arzt *Demokedes* von Kroton, ihn lernen wir später kennen.

Beispielhaft für seine Zeit die Sorge Krotons um ein geregeltes Staatswesen, das bis zu den Unruhen 510 v. Chr., in die auch *Pythagoras*, Milon und *Demokedes* verwickelt waren, von der Mehrheit der Bürger[4] Krotons gebilligt wurde. Beachtlich die Aufwendungen für körperliche und geistige Bildung; demgemäß trainierte und lernte die männliche Jugend der Stadt im Gymnasion[5]. Aus diesem ersten Sportleistungszentrum der Antike gingen einige Olympiasieger hervor, die zu Ruhm und Ehre der Stadt beitrugen.

Deren bekannteste Olympioniken im 6. und frühen 5. Jahrhundert v. Chr. waren außer Milon von Kroton: *Astylos* von Kroton, *Timasitheos* von Kroton und *Phayllos* von Kroton:

Astylos von Kroton ist bekannt als achtfacher Olympiasieger in den Laufdisziplinen zur Zeit der Perserkriege. An einem Tag feierte er Siege im Stadion- sowie im Doppellauf (*diaulos*), diese

---

[4] In den antiken Stadtstaaten gehörte zu den freien Bürgern: Die Stadtgründer und deren Nachkommen, die ihren Lebensbedarf selbst oder durch die Arbeit ihrer Sklaven bzw. von ihnen Abhängige sichern konnten.
[5] Der Begriff Gymnasion leitet sich von dem altgriechischen *gymnos* = nackt ab.

Glanzleistung steigerte er, als er auch noch den Waffenlauf absolvierte, den er erneut vier Jahre später gewann. Damit war er der zweite *Triastes* (Dreifachsieger), der aus der Antike überliefert ist. Im Kapitel »Skandale« begegnen wir ihm als ersten bekannten Athleten der Antike, der seiner Stadt den Rücken kehrte und sich von einer anderen Stadt abwerben ließ.

Timasitheos von Kroton soll unter Anleitung von Milon trainiert haben. Er war der Ringer, den wir als letzten Gegner Milons´ kennenlernen. Wie wir später erfahren, endete dieser Kampf unentschieden, doch mit »Vorteil« für den kämpferischen Milon.

Gegen Ende des 6. Jahrhunderts v. Chr. hat der attische Vasenmaler *Euthymides* zwei Athletenbildern den Namen *Phayllos* beigeschrieben. Phayllos gehörte zu den sagenumwobenen Gestalten seiner Zeit, er nahm 480 v. Chr. an der Schlacht bei Salamis teil und darüber hinaus war er ein berühmter Athlet. Mehr darüber unter »Training bei den Laufwettbewerben!«

Seinen Ruhm mehrte *Phayllos* 20 Jahre später, als er auf eigene Kosten ein Kriegsschiff ausrüstete, um an der Seeschlacht bei Salamis gegen die Perser teilzunehmen. Eine auf der Akropolis von Athen gefundene Inschrift verewigte seine sportlichen und militärischen Erfolge.

Aber auch Künste und Architektur gediehen im wirtschaftlich aufblühenden Kroton. Der berühmte *Zeuxis*[6] schuf für den Tempel der *Hera Lakinia* das Bildnis der schönen Helena, wofür ihm »fünf« der hübschesten Mädchen Krotons Modell stehen mussten, weil er der Meinung war, vollendete Schönheit könne sich in der Natur nicht in einer »einzigen« Person ausdrücken.

Kroton steht - wie andere Stadtstaaten - für die Kolonisierung Süditaliens durch sich ausbreitende griechische Stämme längst der

---

[6] *Zeuxis von Herakleia war einer der berühmtesten Maler der Antike.*

Küsten des Mare Tirreno[7] und dem Mare Ionio[8] sowie in der Nähe von Flüssen oder Quellen. Dies führte durch die Gründung voneinander unabhängiger Stadtstaaten zur *Magna Graecia* (Großgriechenland), das neben *Ionien* zu den kulturell und wirtschaftlich führenden Gebieten des antiken Griechenlands zählte.

Übervölkerung, sich daraus ergebende Nahrungsmittelknappheit sowie der sich entwickelnde Fernhandel bestärkten das Motiv für den griechischen Kolonisationsdrang im 8. bis 6. Jahrhundert v. Chr. Die Siedlungsexpansion dieser Ära, auch »Große Kolonisation« benannt, führte zur Verbreitung von Poleis (Stadtstaaten) im Mittelmeer sowie am Schwarzen Meer.

Selbst die Lebensläufe namhafter Griechen sind beredtes Zeugnis für deren Ungebundenheit: »Behagte es ihnen nicht mehr in ihrer Heimatstadt, dann wichen sie in einen anderen der autonom regierten Stadtstaaten aus oder gründeten mit Gleichgesinnten in der Ferne ein neues Gemeinwesen.«

In der Regel geschah die Abreise der Kolonisten aus ihrer Heimatstadt in friedlicher Weise; entweder konnte der Stadtstaat nicht mehr alle Einwohner ernähren oder eine der im Stadtstaat miteinander verfeindete Gruppe musste das Feld räumen, wurde verbannt. Oft stellten die jeweiligen Stadtverwaltungen die für die Ausreise notwendigen Mittel zur Verfügung: Schiffe, Waffen, Ackergeräte, Lebensmittelvorräte sowie Saatgut. – Zudem bestimmten sie einen *Oikistes* (Stadtgründer), dem es oblag, alles zu organisieren. Im besten Falle erkundete der *Oikistes* den Zielort, um auf alle zu erwartenden Schwierigkeiten vorbereitet zu sein. Ebenfalls war es möglich, vorher das Orakel von Delphi zu befragen.

---

[7] *Das Mare Tirreno ist Teil des Mittelmeers westlich des italienischen Festlandes.*
[8] *Das Mare Ionio liegt östlich des italienischen Festlandes, an seiner Küste finden wir die Stadtstaaten Taranto, Metapontum, Sybaris und Kroton, gegründet von ausgewanderten Achäern.*

Kaum einer der alten Griechen gab gerne zu, dass sein Aussiedeln in ein neues Umfeld als »aus der Not geboren« geschah; eine geschönte Sage, die sich auch noch auf den göttlichen Herakles bezog, hörte sich trotz allem viel besser an und ist sogar im heutigen Crotone als wohlgehütetes Mysterium bekannt.

Als mythischen Stadtgründer Krotons lernen wir Myskelos kennen: »Laut Ovids Metamorphosen lebte Myskelos, eine Gestalt der griechischen Mythologie und Sohn von Alemon, in Argos, einer griechischen Stadt im Nordosten des Peloponnes. Eines nachts erschien ihm im Traum der zum Gott gewordene Herakles und befahl ihm, seine Heimat zu verlassen und sich zum fernen Aisar zu begeben und drohte ihm Strafe an, wenn er dem Befehl nicht Folge leisten würde. Dem gegenüber stand jedoch das Gesetz der Ortsgebundenheit, das jedem bei Todesstrafe verbot, sich eine neue Heimat zu suchen.

Nachdem ihm der Gott ein zweites Mal im Traum erschien und noch höhere Strafe androhte, entschloss sich Myskelos sofort die Stadt zu verlassen. Daraufhin wurde er verhaftet und vor Gericht gestellt. Das Urteil wurde durch schwarze und weiße Steine entschieden, die man in eine Urne warf und danach auszählte (schwarz = schuldig, weiß = unschuldig). Um der Todesstrafe zu entgehen, betete Myskelos zu den Göttern, und nachdem die Urne geleert wurde, waren alle Steine weiß. So verließ Myskelos Argos und machte sich auf zum Fluss Aisar in Italien. Hier gründete er unweit eines Hügels, unter dem die Gebeine des Helden namens ‚Kroton' begraben liegen, eine neue Stadt und nannte diese nach dem hier Bestatteten: Kroton.«

So wurde das altertümliche Kroton um 710 v. Chr. von *achäischen*[9] Griechen nahe des heutigen Standorts gegründet und entwickelte sich zu einer wohlhabenden Polis. Zu deren Umland gehörte alsbald der südlich von Kroton gelegene Küstenstreifen mit dem

---

[9] Die *Achäer* waren ein griechischer Stamm, der ursprünglich in der Landschaft Achaia im Nordwesten des Peloponnes einige Städte gründeten.

Akron (Kap) *Lakinion*, auf dem sich das Heiligtum der Göttin *Hera Lakinia* befand. Die in Süditalien beheimateten Stämme sowie die Etrusker widersetzten sich den einwandernden Griechen nicht, sie waren an dem durch die Griechen geförderten Handel interessiert.

Die Vorfahren Milons´ planten nach ihrer Ankunft in Süditalien ihre Polis nach den Erfahrungen der *Achäer*. Das zu organisieren oblag der Kaste der Adligen, allen voran *Myskelos*, der ja als *Oikistes* die Zuwanderung geleitet hatte. Wie wir wissen, befragte *Myskelos* vor der Abreise das Orakel in Delphi, zu seiner Zeit war dies so üblich, wenn man in die Fremde zog. Unabhängig vom Orakelspruch sollten die dortigen Priester bereit gewesen sein, für reichliche Opfergaben weitere Ratschläge zu erteilen. Ihr Wissen über die Welt der Griechen und darüber hinaus schöpften sie aus dem Informationsfluss, der ihnen durch die zahlreichen Besucher des Orakels zugetragen wurde. Ging es um die Suche nach einer für Kolonisten günstigen Gegend, konnten sie sich auf Informationen stützen, die Ihnen von Seefahrern zugetragen wurden. Die Gegend um das zukünftige Kroton war so ein Gebiet: Kaum besiedelt, wartete es mit fruchtbringenden Böden auf und bot eine günstige Lage für die Stadtgründung unmittelbar am Meer an der Mündung des Flusses *Aisar*.

Dort angekommen, organisierte *Myskelos* die Verteilung des Landes, legte den Standort der Stadt, deren Straßenraster, den Platz für die »Agora«[10] und den künftigen Hafen fest. *Myskelos* und seine Getreuen hatten sich bemüht, Fehler bei der Stadtgründung zu vermeiden, die in älteren Städten durch zu enge Bebauung zu Bränden, Seuchen, Lärm und Gestank führten. Ihre Stadt sollten breite Straßen queren, auf denen zwei Fuhrwerke aneinander vorbeifahren konnten, eine Kanalisation sowie der Bau von tiefen Brunnen waren ebenfalls vorgesehen. All das und noch viel mehr, setzte eine gut geleitete Mitarbeit aller Bürger voraus.

---

[10] Die Agora war der Platz, an dem man sich zu politischen, kultischen und geselligen Ereignissen traf.

Nach dem damaligen Verständnis galt als adlig, wer zu den Besten gehörte, sei es durch Ideenreichtum zum Wohle aller, Tatkraft bei der Verwirklichung dieser Ideen, Bereitschaft zur Verteidigung der Stadt, die Herkunft aus gutem Hause sowie ehrlich erworbenes Vermögen. Zu Beginn der Zeit Milons´ sollte dies noch Voraussetzung für das Vertrauen der Bürger Krotons in die Führungsqualitäten der sie regierenden Adligen sein, solange diese durch kluge Entscheidungen in ihrem Sinne handelten. Nach *Aristoteles* wäre diese Regierungsform die Aristokratie! Wie es in Kroton damit weiterging, erfahren wir später im Zusammenhang mit den *Pythagoreern*.

KNABENZEIT

Milon stammte aus einer vornehmen Familie. Wollte eine Mutter aus diesen Kreisen ihr Kind nicht selbst stillen und erziehen, dann übernahm eine Amme diese Aufgabe. Mütter oder Ammen sangen den Kindern vor, machten sie mit den Sitten und Gebräuchen des täglichen Lebens vertraut und erzählten Geschichten. Dafür verwandten sie auch Erzählungen von unheimlichen Geschöpfen, die den Kindern einen heilsamen Schrecken einjagen sollten. Sagen, Legenden oder Mythen, die das Leben anschaulich erläutern, erfreuten sich großer Beliebtheit und dienten zur Belehrung der Kinder.

Wie uns bekannt, benutzten die Kinder Klappern, Rasseln, Pfeifen sowie Figuren aus Terrakotta als Spielzeug; die Mädchen hatten sogar Puppen mit z. T. beweglichen Gliedmaßen. Außerdem bezogen sie Tiere wie Hunde, Schafe und Ziegen in ihr Spiel mit ein.

Als Vorschulkind wuchs Milon unter der Obhut seiner Mutter und einer Sklavenamme auf, beide erzogen ihn nach den gesellschaftlichen Normen und Werten der Griechen. Als Junge fühlte er sich besonders zu dem Haussklaven *Hadubalt* hingezogen, weil dieser, als gebildeter Grieche, der nach einem verlorenen Krieg seiner Polis in Gefangenschaft geriet und als Sklave verkauft wurde, ihm so manches Interessante über die Götter und die Welt erzählte und auch in praktischen Dingen sehr erfahren war. Mit einem von

Hadubalt aus Leder genähten und mit Wolle gefüllten Ball übte Milon Zielwürfe in einen mannshoch aufgehängten Korb; bald fanden sich die Nachbarskinder ein, wodurch sich unter *Hadubalt's* Anleitung ein dem Basketball ähnliches Spiel entwickelte. Auch bei weiteren Ballspielvarianten wie Weitwürfen, Zielwürfen und Fangübungen, die zu kindgemäßen Wettkämpfen ausarteten, blieb *Hadubalt* stets ein fairer Schiedsrichter. Wenn auch »nur« Sklave, für die rangelnden und raufenden Kinder, war *Hadubalt* eine Autorität. Kam es in der Hitze des Spiels zu wütenden Streitigkeiten der Knaben, so gab es nie ernsthaft Verletzte, weil *Hadubalt* immer rechtzeitig einen der Streitenden zum Sieger erklärte.

Im Jahre 548 v. Chr. lernen wir Milon als wissbegierigen, jetzt schulfähigen Knaben kennen. Manches über die Ereignisse in Kroton sowie in der für die Griechen bekannten Welt erfuhr Milon, wenn er den Gesprächen der Männer lauschte, die bei Speis und Trank im Hause seines Vaters debattierten. Noch interessanter wurde es, wenn er seinen Vater, einen umtriebigen Händler, zum Hafen begleitete. Schiffe aus der großen weiten Welt, die für die alten Griechen das Mittelmeer, das Ägäische Meer, das Schwarze Meer, das Ionische Meer, das Adriatische Meer, das Tyrrhenische Meer und deren Küsten bedeutete, und die Kunde von anderen Völkern hatten seine kindliche Neugierde geweckt. Immerhin handelte sein welterfahrener Vater mit Silber aus den Silberminen von Laurion nahe Athen, Purpurmuscheln und Eisen aus Lakonien, Eisenerz, Blei, Kupfer und Bronze von den Etruskern; in Amphoren abgefüllten Wein, Olivenöl und Getreide; sowie mit Gewürzen, Vasen und Keramikartikeln, die ebenfalls als gefragte Exportartikel galten.

Für den nunmehr siebenjährigen Milon begann jetzt »der Ernst des Lebens«, das systematische Lernen. Die »Schule«, im alten Griechenland, das Gymnasion nebst Palästra, war eine Einrichtung, über die jede griechische Stadt verfügte. Sie diente nicht nur dem Training der Athleten, sondern war zugleich die Schule der Knaben zu ihrer körperlichen Ertüchtigung und für die Unterweisung in Musik, Arithmetik, Grammatik sowie im Schreiben und

Lesen. Vorerst besuchte Milon vom 7. bis zum 14. Lebensjahr diese Bildungseinrichtung. Galt doch die Ausbildung des Körpers mittels Gymnastik, die Entwicklung des Gefühls durch Musik und die Pflege des Geistes durch das Kennenlernen überkommener Dichtungen in Gestalt von Legenden, Mythen und Sagen sowie das Schreiben, Lesen und das Beherrschen der Arithmetik als höchstes Ziel eines Knaben wie Milon.

Dem Haussklaven *Hadubalt* kam die für einen gebildeten Sklaven übliche Aufgabe zu, die körperliche und geistige Bildung Milons´ zu fördern, ihn nach dem Brauchtum der alten Griechen zu erziehen; wobei ihm auch das Recht des Bestrafens zukam. Außerdem sollte er Milon vor möglichen Fährnissen beschützen.

Bei einem Privatlehrer lernten die Schüler zuerst das Schreiben. Sie mussten die von diesem an die Tafel geschriebenen Buchstaben und später Wörter, fein säuberlich auf ihre mit Wachs beschichtete Tafel schreiben. Verschrieben sich die Schüler, dann löschten sie das falsch geschriebene Wort, indem sie das Wachs mit dem stumpfen Ende ihres *Stylus* glätteten und den Buchstaben oder das Wort erneut schrieben.

Eine Eigenart des damaligen Griechisch war, dass alle Wörter eines Satzes zusammengeschrieben wurden, es zu all dem auch noch keine Interpunktion gab. Manchmal könnte es viel Einfallsreichtum gebraucht haben, einen fremden Text zu verstehen. Überliefert ist aber auch, dass sowohl Wörter als auch Texte immer laut zu lesen waren, möglich, dass die vom Lehrer vorgegebene Betonung, die Logik des Satzgefüges verständlicher machte!

Im Verhältnis zur Schreibweise der Ägypter, Babylonier und Chinesen, verfügten die Griechen bereits im 11. Jahrhundert v. Chr. über eine Schrift, die sie im Zustand einer Konsonanten-Schreibweise von den Phöniziern übernommen hatten: Beispielsweise wurde aus Lg = Lüge, Lage oder Loge bzw. Hnn = Hanna, Henne oder Hunne, wenn je nach Satzinhalt die fehlenden Vokale »dazu gedacht« wurden; erst das Einführen der Vokale in das Schriftbild – irgendwann nach dem 9. Jahrhundert – schuf eine verständlichere und vor allem leichter erlernbare Schrift! Die Alphabetschrift gab den alten Griechen die Möglichkeit, mit 20 Zeichen festzuhalten, was es alles auf der Welt gab und was im Kopf der Menschen vor sich ging. Noch deutlicher formuliert es der Philologe Eric A. Havelock: »Die Griechen steuerten nicht ‚alleinig‘ die Vokale bei, sondern erfanden den ‚reinen‘ Konsonanten. Und damit stellten sie der Menschheit zum ersten Mal eine visuelle Wiedergabe von Sprechgeräuschen zur Verfügung, die ebenso ökonomisch wie erschöpfend war: Eine Elemententafel, deren Elemente sich zu unendlich vielfältigen Kombinationen gruppieren lassen, dass mit ziemlicher Genauigkeit jeder nur denkbare Sprachlaut repräsentiert werden kann.« Und nach »*Zitelmann*« wäre »die ganze Menschheitsgeschichte anders verlaufen, hätte nicht ein semitischer ‚Einstein‘ die Alphabetisierung der Schrift erfunden, die das Schreiben so ungemein erleichterte, demokratisierte. Ein ägyptischer, babylonischer oder chinesischer Schreiber brauchte Jahre, vielleicht ein volles Jahrzehnt, bis er die vieltausend Silbenzeichen seiner Schrift im Kopf hatte. Der phönizische Händler benötigte allenfalls ein paar Wochen, um zu lernen, wie man eine detaillierte Warenliste anlegt oder wie man in Alphabetschrift einen Brief aufsetzt.« Abgewandelt durch lateinische Buchstaben (Romanisierung) überkam dieses Alphabet später auf uns!

Für die Erfindung der Vokalisierung des Alphabets lobpreisten die Griechen den legendären *Palamedes*, der ihnen als Klügster aller Sterblichen galt: *Palamedes*, sagenhafter Held bei den Kämpfen vor Troja, soll nicht nur die Alphabetschrift erweitert, sondern auch noch den Würfel und das Brettspiel erfunden sowie außerdem noch Maße und Gewichte vereinheitlicht haben. Seine Klugheit trug ihm den Neid des wegen seiner List berühmten *Odysseus* ein.

Die Legende besagt, dass der listige Odysseus den frühen Tod von Palamedes herbeigeführt habe: »Odysseus wollte sich der Teilnahme am Trojanischen Krieg entziehen, obwohl er per Eid dazu verpflichtet war. Um seine Kampfgenossen zu täuschen, markierte er den geistig Verwirrten, indem er mit einem Ochsen und einem Esel vor dem Pflug die Furchen zog und darein als Saatgut Salz streute. Palamedes entlarvte die List des Odysseus, indem er dessen Sohn vor den Pflug legte. Als Odysseus vorsichtig den Pflug über den Säugling hinweghob, bekundete er ungewollt seine Zurechnungsfähigkeit. Um sich wegen dieser Schmach zu rächen, ersann Odysseus während der Belagerung vor Troja eine heimtückische List, mit der er Palamedes zu verderben trachtete. Er verbarg im Zelt des Palamedes Gold und fälschte einen Brief des Priamos, des in Bedrängnis geratenen Königs von Troja, an Palamedes. Diesen Brief spielte er einem gefangenen Trojaner in die Hand, tötete den vermeintlichen Boten auf der Stelle, nachdem er den Brief ‚entdeckt' hatte. Eine Untersuchung der Unterkunft von Palamedes förderte das versteckte Gold zutage. Der Rat der griechischen Fürsten verurteilte Palamedes aufgrund der Indizien, die einen Verrat an der Sache der Griechen belegen sollten, zum Tode durch Steinigung. ‚Freue dich, Wahrheit, du bist vor mir gestorben', rief der Verurteilte. Nachdem er diese Worte gesprochen, wurde ihm von Odysseus ein Stein an die Schläfen geworfen und er verstarb.«

Weil eben die griechische Schrift für einen aufgeweckten Burschen so leicht erlernbar war, konnte Milon bald auch lesend seinen Wissensdurst stillen. Geistig lebte er in den überlieferten Götter- und Heldensagen, mit denen er im Unterricht vertraut gemacht wurde.

Die Götter der Griechen

Die Götter lebten das vor, was sie auch von den Menschen verlangten, sie hüten sich vor der Hybris, »dem Übermut«, »die Anmaßung«; einer Selbstüberhebung, die unter Berufung auf einen gerechten göttlichen Zorn, die Nemesis, gerächt wird. Die *Nemesis* ist die Tochter der »*Nyx*« (Nacht), sie bestraft vor allem die menschliche Selbstüberschätzung und die Missachtung von *Themis*, der Göttin des Rechts und der Sittlichkeit. »*Zeus paarte sich mit Nemesis in Gestalt eines Schwans, nachdem sie aus Scham und gerechten Zorn geflüchtet war. Auf ihrer Flucht über das Meer verwandelte sie sich in einen Fisch, am Rande der Erde angelangt in eine Gans, mit der Zeus als Schwan die Helena zeugte, um derentwegen schließlich der Trojanische Krieg geführt wurde*«, der eine bedeutende Rolle bei dem spielte, was Milon über die Götter und Heroen erfuhr. Zu nennen wären hier Homers Epen der *Ilias* und der *Odyssee*, die etwa um 700 v. Chr. nach den »Dunklen Jahrhunderten«[11] entstanden und die als solche, die Griechen mit ihrer Geschichte vertraut machten sowie sie, wenn schon nicht als friedlich zusammenlebendes Volk, so doch im Geiste vereinte. Milon lebte also in einer Welt, die uns noch heute fasziniert und so manches zu sagen hat.

In ihren überlieferten Mythen schreiben die alten Griechen ihren Göttern menschliche Eigenschaften zu: So ist *Hera* eifersüchtig auf die zahllosen Liebschaften ihres Gatten, dem Göttervater *Zeus*; *Demeter* trauert wie eine menschliche Mutter, als sie ihre Tochter *Persephone* an *Hades*, den Herrscher der Unterwelt, verloren hat; *Hephaistos* stellt seiner Gemahlin *Aphrodite* und ihrem Liebhaber *Ares* eine Falle.

Vom vielfältigen Eingreifen der Götter in das Leben und Handeln der Menschen wird ebenfalls berichtet: Das berühmteste Beispiel ist der eben genannte »Trojanische Krieg«, der auf göttlichen Streit zurückgeht. Es beginnt mit dem *Urteil des Paris*: »*Die Göttinnen Hera, Athene und Aphrodite waren zusammen mit den übrigen olympischen Göttern zur Hochzeit des sterblichen Helden Peleus mit der Göttin Thetis eingeladen. Eris, die Göttin der Zwietracht, war als einzige Göttin nicht geladen. Sie warf einen goldenen Apfel in die Runde, mit der Aufschrift ‚kallisti' (für die Schönste), und lösten damit einen Streit zwischen Hera, Athene und Aphrodite aus, weil jede der Göttinnen den Apfel für sich beanspruchte.*

Die drei Göttinnen baten Zeus, zu entscheiden, welche von ihnen die Schönste sei. Dieser wollte es aber klugerweise vermeiden, sich diese Wahl aufzubürden, da Aphrodite und Athene seine Töchter, und Hera seine Ehefrau und Schwester waren. Also ließ er Hermes kommen und trug ihm auf, die Göttinnen zu Paris, dem

---

[11] Als »Dunkle Jahrhunderte« bezeichnen Historiker die Zeit zwischen dem 12. und 8. Jahrhundert v. Chr., weil man aus dieser Zeit keine Schriftquellen und keine nennenswerten archäologischen Funde kennt.

schönen, wenngleich verstoßenen Königssohn Trojas zu bringen, damit dieser entscheide.

Alle drei Göttinnen versuchten Paris` Gunst durch Bestechung zu erlangen: Hera versprach politische Macht und Dominanz in Asien, Athene Weisheit und Kriegskunst, Aphrodite jedoch las Paris` Wünsche am klarsten, indem sie ihm die schönste Frau auf Erden versprach, nämlich Helena. Diese war allerdings schon die Frau des Königs Menelaos von Sparta. Jedenfalls sprach Paris den Erisapfel der Aphrodite zu, womit er sich den Zorn der anderen beiden Göttinnen zuzog. Diese versuchten nun, ihm zu schaden, wo sie konnten.«

Das gelang ihnen, weil Paris die schöne Helena begehrte und damit den »Trojanischen Krieg« entfachte: »Helena war die Gattin des Menelaos. Bevor sie Menelaos heiratete, hatten viele Griechenkönige, die alle untereinander verfeindet waren, um sie geworben. Um nach der Wahl den Frieden in Griechenland zu erhalten, hatte Odysseus dazu geraten, dass alle Bewerber einen Eid ablegen sollten, Helenas Wahl anzuerkennen und die Ehe Helenas zu verteidigen. Als Paris nun Helena traf, da erfüllte Aphrodite ihr Versprechen und sorgte dafür, dass sich Helena in Paris verliebte. Beide flohen gemeinsam nach Troja. Die unter den Griechen von Menelaos aufgerufenen Eidpflichtigen zogen nun unter dem Heerführer Agamemnon, dem Bruder von Menelaos und König von Mykene, gegen Troja, sehr zur Freude von Hera und Athene.«

Wie die Troer und Griechen stehen sich die Götter in diesem Kampf feindlich gegenüber und helfen der jeweils von ihnen begünstigten Partei; *Aphrodite, Ares, Apollon* und *Artemis* auf Seiten der Troer – *Hera, Athene. Poseidon* und *Hephaistos* auf Seiten der Griechen. Nur Zeus steht über den Kämpfenden und entscheidet den Krieg - auf den wir in einzelnen Episoden zurückkommen - nach der Waage des Schicksals. Auf Beleidigung durch die Menschen, ob bewusst oder unbewusst, reagieren die Götter mit unnachsichtiger Rache: *Poseidon* verfolgt *Odysseus* unbarmherzig auf seinen Irrfahrten durch die Meere, weil der Held einen Sohn des Gottes, den *Kyklopen Polyphem*, geblendet hatte.

Hera ist die unversöhnliche Feindin des *Herakles*, Sohn der *Alkmene* und ihres untreuen Gemahls *Zeus*, bis der Held nach seinem Tode endlich in den Olymp aufgenommen wird.

Der zurückgewiesene Liebhaber Apollon bestraft die troische Königstochter Kassandra damit, dass ihre Weissagung bei niemandem Glaube findet: »So warnte Kassandra vergebens gegen Ende des Trojanischen Krieges die Trojaner vor dem ‚Trojanischen Pferd' und der Hinterlist der Griechen, sodass Troja unterging.«

Besonders grausam bestraft wird *Tantalos* für seine Freveltaten; nicht nur er selbst muss qualvolle Leiden ertragen, auch seine Kinder und Kindeskinder erwarten schreckliche Schicksale.

Andererseits stehen die menschlichen Nachkommen der Götter unter deren Schutz: Die Meeresgöttin *Thetis*, Mutter des *Achilleus*, macht ihren Sohn durch ein Bad im Unterweltfluss *Stix* unverwundbar – nur die Achillesferse, an der sie ihn festhielt, ist davon ausgenommen; *Perseus*, Sohn des Zeus und der *Danae*, erhält bei seinem Abenteuer Hilfe durch *Athene* und *Hermes*; dem *Aineias*, einem Sohn der *Aphrodite*, helfen die Götter bei der Flucht aus dem brennenden Troja.

Es gab also Götter, die menschliche Züge trugen, die wie diese denken und handeln sowie Begebenheiten, die für Milon belehrend und für uns noch immer als historische Ereignisse nachvollziehbar und mit dem heutigen Hier[12] vergleichbar sind. Es blieb dem aufgeweckten Knaben vorbehalten, dass insbesondere der reiche Schatz der griechischen Sagen, Legenden und Mythen ihm die Welt der Götter, Halbgötter, Unsterblichen und Titanen erschloss und dies seinen Lebensweg nachhaltig beeinflusste.

---

[12] Unvergessen Homer, der erste große Dichter des Abendlandes. Noch heute zehren wir von den Gedanken und Lehren des bedeutenden Philosophen Sokrates (469 bis 399 v. Chr.) und dessen Schüler Platon (ca. 428 bis 348 v. Chr.) auf denen viele spätere Philosophien aufbauen. Zu nennen wäre auch Aristoteles (384 bis 328), der wiederum ein Schüler Platons war.

Die folgende Mythe, die sich aus einem der legendären Seitensprünge des Göttervaters *Zeus* ergab, hatte es Milon besonders angetan; ihn beeindruckte das Heldenepos des »*Herakles*«. Dieser, Sohn des mächtigsten olympischen Gottes *Zeus*, galt als ein mit wundersamem Schutz ausgestatteter Halbgott und Begründer der Olympischen Spiele:

»Zeus verliebte sich einst in die schöne Alkmene, diesmal getarnt als deren Ehemann. Als ihr Ehemann Amphitryon von einer Reise zurückkehrte, flog der Schwindel auf. Er verzieh seiner unwissenden Frau und zeugte mit ihr Iphikles, den Zwillingsbruder von Herakles, wobei es hier um Letzteren geht.

Aus Eifersucht wurde Hera, die Gemahlin des Zeus, zur lebenslangen Verfolgerin des Herakles. Aus Angst vor Heras Zorn hatte Alkmene ihren Sohn, den kleinen Herakles, ausgesetzt. Seine Halbschwester Athene, die auch später als Schutzgöttin des Herakles eine wichtige Rolle spielte, nahm ihn und brachte ihn zu Hera. Diese erkannte Herakles nicht und säugte den Findling aus Mitleid. Dabei sog Herakles jedoch so stark, dass er Hera Schmerzen zufügte und diese ihn von sich stieß. Doch mit der wenigen, aber göttlichen Milch, erhielt Herakles seine übernatürlichen Kräfte. Athene brachte darauf Herakles zu seiner Mutter zurück, nun konnte er bei seinen Eltern aufwachsen. Als er gerade acht Monate alt war, schickte Hera zwei riesige Schlangen in das Gemach der Kinder. Iphikles, sein Zwillingsbruder, weinte vor Angst, doch Herakles ergriff die beiden Schlangen und erwürgte sie.

Der Seher Teiresias, den der erstaunte Vater kommen ließ, prophezeite Herakles eine ungewöhnliche Zukunft, er werde zahlreiche Ungetüme besiegen. – ,Der mythische Teiresias war ein Priester des Zeus, der, als er auf dem Berg Kyllini auf ein Paar sich begattende Schlangen stieß, die weibliche tötete, worauf er in eine Frau verwandelt wurde. Als solche heiratete er, erlebte als Frau deren Gefühle und wurde Mutter eines Sohnes. Sieben Jahre später traf Teiresias erneut ein Paar kopulierender Schlangen, diesmal tötete er die männliche und wurde wieder zum Mann. – Aufgrund seiner Erfahrungen mit dem Leben, sowohl als Mann oder Frau, wurde er von Zeus und Hera gebeten, die Frage zu klären, welches Geschlecht, Mann oder Frau, in der geschlechtlichen Lust mehr empfinde – Zeus hatte sich für die Frauen, Hera sich für die Männer entschieden. Als Teiresias die Meinung des Zeus unterstützte und offenbarte, als Frau neunmal so viel Lust wie als Mann empfunden zu haben, ließ die wütende Hera Teiresias erblinden, weil er den Männern das Geheimnis der Frauen preisgegeben hatte. Da Zeus dies nicht rückgängig machen konnte, verlieh er Teiresias zum Ausgleich die Gabe des Sehers und eine siebenfache Lebensdauer.'

Entsprechend der Voraussage von Teiresias wurde Herakles in den sportlichen Disziplinen des Wagenlenkens, Bogenschießens, Fechtens, im Faustkampf und im Ringen unterrichtet. Auch brachte ihm sein Musiklehrer Linos Gesang und das Spiel auf der Leier bei. Herakles war zwar sehr gelehrig, doch lebenslang bis zum Wahnsinn jähzornig. So erschlug er Linos mit der Leier, als dieser ihn zu Unrecht tadelte. Sein Pflegevater König Amphitryon schickte ihn daraufhin - wohl aus Furcht vor seiner ungebändigten Kraft - auf den Kithairon zu seinen Rinderherden. Hier wuchs Herakles unter den Hirten zu einem stattlichen Jüngling heran.«

Aus jener Zeit des Hirtenlebens wird folgendes Abenteuer des Herakles berichtet: »Auf dem Kithairon, an welchem die Herden des Amphitryon und des Thespios weideten, hauste ein Löwe, den Herakles zu bekämpfen unternahm. Thespios gab dem Helden hierfür 50 Tage hindurch jede Nacht eine seiner 50 Töchter zur Umarmung, von denen darauf 50 Söhne[13] geboren wurden. Nach langem Kampf erlegte Herakles den Löwen und trug seitdem dessen Haut statt seines gewöhnlichen Gewandes, wozu später noch die aus einem Ölbaum gefertigte Keule kam.«

---

[13] Dem jeweils abends weinduseligen *Herakles* fiel gar nicht auf, dass er jede Nacht mit einer anderen der Töchter des *Thespios* geschlafen hatte, woraus sich sein legendärer Kindersegen ergab.

Bei seiner Rückkehr nach Theben begegnet *Herakles* den Gesandten des *orchomenischen* Königs *Erginos*, welche einen den Thebanern abgerungenen Tribut von 100 Ochsen einholen wollten: *»Er schnitt ihnen Nasen und Ohren ab, schickte sie gefesselt nach Hause und zwang in dem darauffolgenden Krieg die Orchomenier, den empfangenen Tribut doppelt rückzuerstatten.*

Schnell verbreitete sich der Ruhm seiner Taten. Kreon, der König von Theben, gab ihm zum Lohn seine Tochter Megara zur Frau, mit der er drei Söhne zeugte. Darauf rief ihn Eurystheus in seine Dienste, welchem er aber anfangs seine Dienstbarkeit verweigerte. Doch die rachsüchtige Hera schlug ihn mit Wahnsinn. Darin verfangen erschlug Herakles seine Frau Megara und die mit ihr gezeugten Kinder.«

Als der Anfall von ihm gewichen und er seine schreckliche Tat vor Augen sah, ergriff *Herakles* eine tiefe Bekümmernis. Schließlich fragte er das Orakel von Delphi um Rat. Darauf antwortete die *Pythia*: *»Entsühnung für deine schreckliche Mordtat erlangst du nur, wenn du dich zwölf Jahre in den Dienst des Eurystheus stellst und die von ihm geforderten Taten erfüllst.«* *Herakles* tat, wie ihn das Orakel geheißen. Bewaffnet mit einer Keule, die er selbst geschnitzt hatte, einem von Hermes geschenkten Schwert sowie Pfeil und Bogen, die er von Apollon erhalten hatte, ging er nach Argos zu König *Eurystheus*[14]. Dieser gab ihm insgesamt zwölf Aufgaben, die »Arbeiten des *Herakles*«, die er allesamt bewältigte.

»Eine dieser Aufgaben bestand darin, den von Poseidon mit Raserei geschlagenen »Kretischen Stier«, der auf Kreta große Verwüstung anrichtete, zu bändigen und ihn Eurystheus zu bringen. Herakles landete also auf Kreta und bat Minos, der die Schuld an der Raserei des Stieres trug, den Stier einfangen und mitnehmen zu dürfen. Herakles bändigte den Stier, schulterte ihn und brachte ihn zu Eurystheus, zeigte ihm den Stier und ließ ihn wieder frei.«

---

[14] Eurystheus war wie Herakles ein Enkel des Helden Perseus, durch eine Intrige Heras fiel Eurystheus das Königreich von Perseus zu, Herakles hatte ihm zu dienen.

Wie schon bei Milons´ Schulbesuchen erwähnt, hatte der Haussklave *Hadubalt* die Aufgabe, Milon vor möglichen Fährnissen zu schützen. Eine Fährnis könnte sich bald herausgestellt haben: Milons´ unstillbare Wissbegier brachte ihm den Ruf eines Strebers ein, was, wie auch heute üblich, nicht nur die Missgunst seiner Mitschüler, sondern auch körperliche Auseinandersetzungen mit diesen zur Folge gehabt haben könnte, denen Milon nicht gewachsen war. *Hadubalt*, der ihm beigestellte Beschützer, hatte in seiner Jugendzeit Ähnliches erlebt. Genoss er doch vor seinem Dasein als Sklave, die gleiche für Milon beginnende Bildung. Er könnte es gewesen sein, der Milon, soweit es ihm möglich war, vor dessen Mitschülern beschützte, es aber für klüger hielt, wenn Milon dieser Raufereien von sich aus Herr wird.

Möglich, dass Milon selbst des lahmenden Lämmchens gewahr wurde, es ihm anzusehen war, wie leid ihm das hilfsbedürftige Wesen tat, das auf drei Beinchen versuchte, seiner Herde zu folgen. *Hadubalt* dies sehend, nahm das Lämmchen auf den Arm, um mit ihm der Herde zu folgen. Das mochte für den noch schwächlichen Milon der Anlass gewesen sein, selbst dem Lämmchen in seiner Not beizustehen. Er ließ sich von *Hadubalt* das Lämmchen über die Schultern legen. Es könnte zu dieser Zeit nur etwa 8 kg gewogen haben, dennoch kostete der steile Anstieg zur Weide unserem schwächlichen Milon einige Mühe!

Voller Stolz ob seiner guten Tat entschloss sich Milon, das Lämmchen zukünftig des Morgens auf die Weide zu tragen und des Abends wieder zurückzuholen. - Das Schaf könnte dem »Skudde« entsprochen haben. Man nennt es auch »Wikingerschaf«, weil in ihm der Nachfahr jungsteinzeitlicher Wildschafe vermutet wird. Das Skudde ist eine der ältesten Schafrassen, sehr genügsam, wetterunempfindlich, und muss nicht geschoren werden, weil es zweimal jährlich selbstständig sein Vließ abwirft; es könnte das antike Schaf gewesen sein.

Bald spürte Milon, wie er immer kräftiger und ausdauernder wurde, kein Wunder, denn das Lämmchen wuchs rasch zu einem ausgewachsenen Schafbock von etwa 45 kg und mit ihm die Kraft Milons´. Für Milon ergab sich daraus sein erstes »*Heureka*«[15] (Ich hab´s gefunden!), nämlich eine Erkenntnis, die wir heute als »kontinuierliche Belastungssteigerung« bezeichnen und die Milons´ weitere athletische Laufbahn bestimmen sollte. Mir scheint, die Legende vom Schäfer, dessen Lämmchen Milon getragen haben soll, ist aus heutiger Sicht für einen Knaben seines Alters realistischer!

Heute sprechen wir von Überkompensation, wenn wir uns in der Ruhephase nach einer sportlichen Anstrengung nicht nur erholen, sondern aus dieser Belastung gestärkt hervorgehen.

Denn das ungewohnte Bergauftragen ermüdete Milon nicht nur, sondern er erholte sich in der anschließenden Ruhephase über das übliche Maß hinaus; vorsichtshalber bereitete sich sein Körper auf weitere derartige Anstrengungen vor, lagerte eine vergrößerte Energiereserve in der Muskulatur ein. Dies ermöglichte die »Überkompensation«, nämlich eine erhöhte Leistungsfähigkeit, die Milon benötigte, um das sich täglich etwa um 250 Gramm zunehmende Gewicht des Lämmchens erneut tragen zu können.

Also: Während der Erholung wurde das verbrauchte Energiereservoir - über sein normales Niveau hinaus - wieder aufgefüllt, denn dies ist die Voraussetzung für eine erhöhte Leistungsfähigkeit. Im vorliegenden Falle passte sich nach weiterem kontinuierlichen Training Milons´ Muskulatur weiter an, indem sie hypertrophiert.[16] Zudem wurde sein Energiestoffwechsel innerhalb der

---

[15] Archimedes, antiker griechischer Mathematiker, Physiker und Ingenieur, hatte einen ebensolchen »Geistesblitz« als er das Auftriebsprinzip beim Baden entdeckte. Dies, nachdem aus dem randvollen Becken jene Menge Wasser auslief, die er mit seinem Körpervolumen verdrängte. Glücklich über seine Entdeckung, lief er mit dem Ausruf »Heureka!« nackt durch die Straßen von Syrakus.

[16] Hypertrophie durch Sport bzw. Arbeit ist die natürliche Anpassung an eine physiologisch funktionelle Mehrbelastung (Belastungsstimulus). Das trifft beispielsweise für das Muskelwachstum durch Krafttraining oder das leistungsfähigere Sportherz zu.

Muskulatur leistungsfähiger und dem angepasst, vervollkommneten sich weitere Stoffwechselprozesse seines Körpers.

Das hier nach heutigen Erkenntnissen interpretierte Geschehen konnte Milon wahrscheinlich nur gefühlsmäßig erfassen, es weckte aber, und das scheint umso wichtiger, seine Beobachtungsgabe, sein »Körpergefühl«. Selbst bei der heute weitgehend ausgeklügelten Trainingsmethodik mit ihren technikbasierenden Testvarianten ist das »Hineinhorchen« der Athleten in ihren Körper noch lange nicht vergessen! – Für Milon scheint dieses Körpergefühl, wie wir es im Laufe seiner Entwicklung immer wieder nachempfinden können, eine wesentliche Voraussetzung für seine überragende Leistungsfähigkeit gewesen zu sein!

Besonders motiviert für sein kontinuierliches, leistungsbetontes Training – als solches könnten wir das Tragen des Lämmchens und seine weiteren sportlichen Aktivitäten bezeichnen – dürfte Milon wegen seiner anfänglichen Unterlegenheit bei Raufereien, die ihm seine Mitschüler aufzwangen, gewesen sein. Hinzu kam das unverhoffte Erfolgserlebnis der kontinuierlich zunehmenden Leistungsfähigkeit. Wobei ihn die Überlieferung ermutigte - nach der *Herakles* den »Stier von Kreta« auf die Schultern nahm - sein mit dem Lämmchen begonnenes Training fortzusetzen. Es ist anzunehmen, dass er beseelt von den Heldentaten des Halbgottes *Herakles*, der auch ein Sieger bei Olympia war, in seiner zunächst kindlichen Naivität nach Gleichem strebte.

Das Tragen des Lämmchens, einschließlich des noch zu schildernden Trainings im Gymnasion, sollten wir als einen ganzheitlichen Prozess verstehen: Milon wurde nicht nur kräftiger, sondern sein Körper wurde insgesamt leistungsfähiger. Stellt doch jedwedes Training der Muskulatur gleichzeitig höhere Anforderungen an unseren Organismus, die vergleichbar mit dem Prinzip der Überkompensation die Leistungsfähigkeit des Knochen/Gelenk-Apparates, des Herz-Kreislauf-Systems, des Atemsystems, des motorischen Nervensystems und darüber hinaus des gesamten Nervensystems sowie die Funktion des Stoffwechsels und des Immunsystems verbessern! Außerdem bietet die Art und Weise wie das »Nerv-Muskel-System« belastet wird, die Möglichkeit, spezielle Varianten sportlicher (aber auch alltagstauglicher) Leistungsvoraussetzungen zu entwickeln. – Wir sprechen vom »Nerv-Muskel-System«, weil jede Muskelaktivität gemäß dem jeweiligen Bewegungsablauf sowie ihrer Eigenschaft (z. B. kräftig, schnellkräftig oder ausdauernd) vom Nervensystem nach einem bestimmten Muster gesteuert wird.

Was hier so »superschlau« nach heutigen Erkenntnissen formuliert ist, sollte uns nicht glauben lassen, dass die alten Griechen keine Ahnung vom sportlichen Training hatten! Immerhin müsste es vor Milons´ erstmaliger Teilnahme an den 60. »Olympischen Spielen der Antike« im alten Griechenland bereits umfangreiche Erfahrungen über das sportliche Training, fußend auf den bereits 59 vorangegangenen »Spielen«, gegeben haben! Wir dürfen demzufolge annehmen, dass langjährige Erfahrungen sowie Intuitionen den Trainern, Ärzten und Beratern ein »gutes Händchen« gaben, um die Planung und Gestaltung des Trainings für unseren »Wunderknaben« bestmöglich zu gestalten, was letztendlich zu Milons´ Erfolgen bei Olympia beitrug!

Gymnastik

Schon zu Zeiten Milons´ benutzte man die Gymnastik, um den ganzen Körper zur höchsten Vollkommenheit zu bilden, dies sowohl körperlich, geistig und moralisch. Schließlich sahen bereits Milons´ Vorfahren in der Vereinigung einer edlen Seele (hier als Gesamtheit aller geistigen Vorgänge und Gefühlsregungen) mit einem schönen Körper das Ideal des Menschen und hielten es schon zu Homers Zeiten für beschimpfend, in der Gymnastik nicht erfahren zu sein. Sogar Milons´ Vater leistete es sich, als freier und finanziell unabhängiger Grieche, bis ins hohe Alter im Gymnasion zu üben und so die Rüstigkeit seines Körpers zu erhalten! Nicht zuletzt, das galt auch für Milon, war die Gymnastik eine notwendige Vorbereitung für den Kriegsdienst, zu welchem jeder freie Bürger verpflichtet war. – In Sparta, das sollte Milon bald erfahren, musste sogar jedes Mädchen im vorgenannten Sinne Gymnastik treiben.

Von öffentlichen Lehrern der Gymnastik in Griechenland ist eigentlich wenig bekannt, vielmehr übten die Knaben in der *Palästra*[17] oder dem *Dromos*[18] vor einstigen Aktiven und interessierten Zuschauern, von denen sie mehr oder weniger hilfreiche Tipps und Belehrungen erhielten; dabei führten vom Staat angestellte *Gymnasiarchen* die Oberaufsicht.

In Kroton war die speziell den Ringern, Faust- und Allkämpfern (*Pankration*) vorbehaltene *Palästra* eine Säulenhalle mit einem Ausbildungsraum (*conisterium*) für die Athleten. Diese konnten sich im Umkleideraum (*ephebeum*) für das Training vorbereiten (einölen, mit Sand bestäuben) und nach dem Training stand ihnen ein Bad zur Reinigung und ein Massage- und Salbraum (elaeothesium) zur Verfügung, in denen die auch heute bei uns im Leistungssport gepflegten Maßnahmen zur Regeneration begannen.

Ein dafür bezahlter Gymnast[19] (*Gymnotribai*) lehrte die Kinder gut betuchter Eltern, das vor den gaffenden Zuschauern im Gymnasion nur planlos Geübte, nun in methodischer Folge. Schwerpunkt dabei, der antike Fünfkampf (Pentathlon), also der Diskuswurf, der Weitsprung, der Speerwurf, der Lauf über kurze (im Training aber auch längere) Distanz und Milons´ spätere Lieblingsdisziplin, der Ringkampf. Außerdem konnte Milon im Bad seine Fertigkeiten im Schwimmen üben oder sich am Ballspiel beteiligen.

---

[17] Die *Palästra* war eine mit Sand bedeckte Trainings- und Wettkampffläche für den Ring- und Faustkampf, das Pankration sowie Ballspiele.
[18] Der *Dromos* war die Laufbahn für den *gymnischen* Wettlauf und der Platz für den Speer- und Diskuswurf.
[19] Ein Gymnast war in der altgriechischen Gymnastik ein wissenschaftlich beschlagener Trainer. Als solcher war er auch in Teilbereichen der Medizin fachkundig, kannte daher die Wirkungsweise gymnastischer Übungen auf den menschlichen Körper und konnte seine Schützlinge auch psychologisch betreuen.

Ballspiele in unterschiedlichen Wettkampf-Varianten waren sehr beliebt; hierbei dominierte Milon dank seiner Übungen im Vorschulalter. Zum Erstaunen des Gymnasten glänzte er nicht nur dank seines Spielwitzes durch immer neue Kombinationen beim Ziel-, Weit- oder Korbball, sondern brillierte auch mit Ideen für neue Spielvarianten. Eine Variante war beispielsweise der »Abwurfball«, bei dem sich zwei gleichstarke Mannschaften in zwei markierten Feldern gegenüberstanden. Im Spiel waren 2 bis 4 größere Bälle, mit denen die Knaben ihre Gegner treffen (abwerfen) konnten. Abgeworfen und damit ausgeschieden war, wen ein Ball traf. Konnte er diesen Ball jedoch fangen, so blieb er im Spiel und versuchte seinerseits, einen Spieler der Gegenmannschaft abzuwerfen. – Ein Kampfspiel, das die Wurfkraft, schnelle Reaktionen, das Orientierungsvermögen, den Gleichgewichtssinn und eine spezielle Schnellkraft verbunden mit der nötigen Kraftausdauer trainierte, wie es im Falle Milons´ ein zukünftiger Ringer braucht!

Alles Bildungs- und Erziehungsmaßnahmen, mit denen Milon sich körperlich, geistig und moralisch vervollkommnete. Die Übungen in der Gymnastik blieben kein Selbstzweck; wie schon angedeutet, verstand sich der im Kontext der Gymnastik betriebene Fünfkampf,[20] dessen Einzeldisziplinen eindeutig auf kriegerischen Handlungen beruhten, als »militärische Grundausbildung«. Letztere ergab sich aus der kriegerischen Landnahme der Griechen, die, hier als Beispiel genannt, in dem durch Sparta vereinnahmten Lakonien dauerhaft zu sichern war, aber auch Folge der partikularistischen Haltung der Stadtstaaten zueinander blieb, die oft zu kriegerischen Auseinandersetzungen führten.

Das systematische Training im Gymnasion zeigte Wirkung. Vor allem der Fünfkampf bewirkte eine vielseitige athletische Ausbildung. Beim Ringen, Weitsprung und Laufen spürte Milon zudem fast täglich den Kraftzuwachs, den ihm das Tragen des jeweils um nahezu 250 Gramm schwerer werdenden Lamms einbrachte, beim

---

[20] Während des Programmablaufs der Spiele erfahren wir mehr über den Fünfkampf (*Pentathlon*)!

Speer- und Diskuswurf trainierte er seine Schnellkraft. Beim Ringkampf mit gleichstarken und seiner Größe entsprechenden Gegnern hatte Milon kein Problem; hier kam es auf eine Vielzahl richtig angewandter Grifffassungen, ein Repertoire bewährter Würfe aber auch abwehrender Finten an, die sich Milon dank seiner schnellen Auffassungsgabe und dank *Hadubalt's* Zutun rasch aneignete. Denn der rührige *Hadubalt* beobachtete sehr aufmerksam das Zweikampfgeschehen der bereits älteren und fortgeschrittenen Ringer, konnte Milon also deren Tricks und Kampfesweisen verraten.

Für seinen einmal gefassten Entschluss, in der Klasse der Knaben[21] bei Olympia als Ringkämpfer anzutreten, musste Milon sich auch auf körperlich größere Gegner einstellen. Es kam folglich darauf an, seine körperliche Verfassung (Konstitution) und seinen körperlichen Zustand (Kondition) auf den Kampf gegen körperlich überlegene Gegner vorzubereiten. Offenbar war der noch im Wachstum befindliche Milon genetisch so ausgestattet, dass er sich durch sein gezieltes Training zu einem überragenden Athleten mit den zugehörigen konditionellen Fähigkeiten (Kraft, Schnelligkeit, Ausdauer) entwickeln konnte.

Es ist also die traditionelle Bereitschaft freier Griechen zum Kampf, die bei den Schülern durch Wettkämpfe in den Disziplinen des Fünfkampfes sowie in den Einzeldisziplinen Laufen und Ringen gefördert wurde. Mit zahlreichen Kämpfen zu Ehren der Götter durften die Gymnasiasten jedes der althergebrachten Stadtfeste bereichern; dem mittlerweile 14jährigen Milon boten sich dadurch genügend Möglichkeiten, sich erfolgreich zu beweisen.

---

[21] Wir würden diese Klasse als Junioren bezeichnen (16- bis 18jährig); nach den Auswahlkriterien der *Hellanodikai* (Kampfrichter) konnten auch noch etwas jüngere oder ältere Jugendliche in dieser Klasse starten, weil die Auswahl nicht nach dem Alter, »der Bartlosigkeit«, sondern nach dem Leistungsvermögen erfolgte.

DIE GESCHICHTE DES RINGKAMPFES

Wenn wir uns fragen, weshalb ausgerechnet ein Ringer wie Milon, wegen seiner außergewöhnlichen sportlichen Leistung nahezu vergöttlicht in die Geschichte einging, dann sollten wir uns mit der Geschichte des Ringkampfes befassen.

Ringkämpfe lassen sich bis in die Frühgeschichte der Menschheit zurückverfolgen. Im Kampf von Mann zu Mann wurden Rivalitäten ausgetragen, Familien verteidigt sowie die Rangordnung in der Gemeinschaft erkämpft und gefestigt. Im Altertum besaß der Mensch nur wenige und sehr primitive Waffen. Er war deshalb gezwungen, ausschließlich mit seinen körperlichen Kräften und seiner Intelligenz den Kampf mit der Natur, gegen gefährliche Tiere und gegen feindliche Mitmenschen zu führen. Mit der Entwicklung besserer Waffen trat diese Sinndeutung des Ringkampfes allmählich zurück. Jetzt sah man im Ringkampf auch ein Mittel der Körperertüchtigung. Der taktische Zweikampf machte den Menschen stark und gewandt und half ihm, die neuen Anforderungen des Lebens besser zu bewältigen.

Verglichen mit unserem Hier und Heute, war zu Milons´ Zeit das tägliche Leben eine kämpferische Herausforderung. Der Kampf diente dabei der Verteidigung der Polis und half, den hierarchischen Platz in der Städtegemeinschaft zu rechtfertigen; nur einem mutigen Krieger gebührte die Anerkennung der Bürger! Aus diesem Grunde gehörte nicht nur bei den ständig in Kampfbereitschaft stehenden Spartiaten der Ringkampf zur körperlichen Ertüchtigung aller männlichen Bürger, auch in den anderen Poleis war der Ringkampf ein wichtiger Bestandteil der Ausbildung im Gymnasion. Und bei religiösen Feiern zu Ehren der Götter, sei es zu Ehren der jeweiligen Stadtgötter oder des *Zeus*, *Apollons* oder *Herakles* bei den panhellenischen Spielen, gehörte der Ringkampf mit zu den beliebtesten der traditionellen Wettkämpfe.

Im Überlebenskampf haben die Menschen ihre Kampftechniken immer weiter verbessert, indem sie den Tieren bei Streitigkeiten zusahen und deren Angriffslust und Kampftechniken nachahmten. Es wurden sogar Kämpfe gegen Tiere durchgeführt. Wer solche Tierkämpfe überlebte, wurde als Held gefeiert, wie es die Legenden um den sagenhaften Herakles belegen.

Der in fast allen uns bekannten Kulturen ausgeübte Ringkampf erlangte erstmals in China, Ägypten, Griechenland und Assyrien seine große Bedeutung. Interessant ist, dass es offenbar Kinder waren, die das urtümlich existenzbedingt Kämpferische des Ringens zum spielerischen Wettkampf umgestalteten! Vasen und Wände der Tempelgräber von Beni Hassan[22] bezeugen, dass schon 5000 v. Chr. in Ägypten der Ringkampf gelehrt wurde. Die Regeln entsprachen etwa derjenigen des heutigen freien Ringkampfes. In China wurde bereits 3000 v. Chr. ein »Tag des Ringens« durchgeführt, an dem die Kunst des Ringens als Brauch demonstriert wurde. Alle Völker haben offensichtlich in ihrer urgesellschaftlichen Entwicklungsphase eine Art dieser Kampfkultur hervorgebracht. Schon damals übten möglichst alle Männer diese Sportart aus.

Im alten Griechenland, das die Körperkultur unter den Bedingungen einer Sklavenhaltergesellschaft entwickelte, hatte der Ringkampf eine besondere Bedeutung. Mit dem Ziel, der vollkommenen Körperentwicklung zu dienen, war das Ringen vornehmlich die Sportart der sozial besser gestellten Bevölkerungsgruppen, weil dieser Kampfsport ihnen gleichzeitig zum Machterhalt diente! Zudem galt der Ringkampf als heilige Sportart, als die edelste Version des schwerathletischen Kräftemessens. Ein Sieg im Ringkampf setzte über die Muskelkraft hinaus auch besonnenes Taktieren und Körperbeherrschung im weitesten Sinne voraus. Kam es doch auf Geschicklichkeit, Reaktionsschnelligkeit, zahlreiche Griffe und Würfe an, deren korrekte Anwendung von Kampfrichtern genau überprüft wurde. Aus diesem Grunde gehörte das Ringen zur obligatorischen Ausbildung der Jungen im Gymnasion. Bereits 708 v. Chr. wurde das Ringen in die antiken Olympischen Spiele aufgenommen, jedoch erst für Athleten, die nach den Einschätzungen

---

[22] In diesem Grab eines ägyptischen Edlen zierten die Wände Hunderte gemalter Ringkämpfer in verschiedenen Kampfsituationen.

der Kampfrichter (dazu später mehr bei den Auswahlkriterien!) dem Kampf mit erwachsenen Männer gerecht wurden. Erst 632 v. Chr. kam die Klasse der Knaben hinzu, in der Milon seinen ersten Sieg bei Olympia erringen sollte.

Platon (428/27 v. Chr. geboren) entstammte einer alten aristokratischen Familie; traditionell erhielt er im Gymnasion seine sportliche Ausbildung. Auch wenn *Platon* in seiner Staatstheorie (*Politeia*) und
  dem Entwurf für einen Idealstaat (*Nomoi*) die *Agonistik*[23] grundsätzlich nur als Mittel zur physischen und ethischen Ausbildung der Jugend akzeptierte, hielt er offenbar das Training des Ringkampfes als unverzichtbaren Bestandteil der Ausbildung: »*Die Kunstgriffe, die vom Ringen in aufrechter Stellung stammen, vom Herauswinden des Nackens, der Arme und der Flanken, und die man mit Siegeseifer und anmutiger Körperstellung übt um der Kräftigung und der Gesundheit willen, diese dürfen wir, da sie zu jedem Zweck brauchbar sind, nicht übergehen.*«

Als Platons Schüler präzisierte Aristoteles diese Ansicht: »Weil es aber offenbar ist, dass man früher mit Hilfe von Gewohnheiten erzogen werden muss als mit Hilfe der Vernunft, und zwar früher im Hinblick auf den Körper als in dem auf das Denken, so geht daraus klar hervor, dass man die Kinder der Körperertüchtigung überantworten muss und dem Unterricht im Ringen. Denn die Körperertüchtigung bewirkt eine gute Beschaffenheit des Körpers und der Ringunterricht entsprechende Leistungen.«

Wie in den größeren Stadtstaaten üblich, war das *Palaistra* im *Gymnasion* Krotons, die von Milon besuchte Ringerschule. Wie bereits beim *Gymnasion* Krotons geschildert, verfügte diese Ringerschule über Umkleide-, Trainings- und Aufenthaltsräume, womit eine für Lehrzwecke praktische Abgeschlossenheit garantiert war. Ein Gymnast nahm sich der hoffnungsvollen Talente an, die er gezielt zu Athleten für kultische Spiele sowie Wettkämpfe ausbildete.

---

[23] Agonistik bezeichnet die gymnastische Vorbereitung auf den Wettkampf der alten Griechen.

Auch Milon sollte seine erste Ausbildung im Ringen unter der Obhut eines erfahrenen Gymnasten absolviert haben. Traditionell wurden die Übungen nackt ausgeführt. Man massierte den Körper mit Öl aus einem *Aryballos* (einer aus Ton gebrannten Ölkanne), um die Glieder elastisch zu machen und vor starkem Schwitzen zu bewahren. Außerdem schützte das Öl vor den intensiven Sonnenstrahlen, die den Ringern bei ihren Kämpfen im Freien zu schaffen machten. Als zukünftiger Ringer bestäubte Milon sich mit Sand, um seinem Trainingspartner eine bessere Grifffassung zu ermöglichen; ganz so, wie es für seine späteren Kämpfe üblich war. Nach dem Training reinigte er sich, indem er sich in einem warmen oder kalten Bad mit einem *Strigilis* (Striegel) den Sand, das Öl und den Schweiß vom Körper schabte und mit Wasser und Schwamm die Reinigung beendete. Wer nun meint, Milon wäre allein durch das Training im *Palaistra* zum alles überragenden Ringer geworden, der vergisst Milons´ Geheimrezept, das mit dem Tragen eines Lämmchens begann!

Aus dem Lämmchen war inzwischen ein ausgewachsener Schafbock geworden, der mit nunmehr fast 50 kg für Milon keine Trainingsreize mehr bot. *Hadubalt* wusste wie immer Rat, ein mit Sand gefüllter Sack aus Leder, der sich »bequem« auf den Schultern tragen ließ, gewichtsmäßig kontinuierlich dem Leistungsvermögen Milons´ angepasst, wurde zum willkommenen Ersatz für den Hammel.

Doch damit nicht genug, die von *Hadubalt* den Kämpfen erfahrener Ringer abgeschauten Grifffassungen, Würfe, Finten und Abwehrvarianten trainierten beide, soweit es ging, in aller Heimlichkeit. Das Elternhaus von Milon besaß einen Innenhof; dort, auf der mit Sand bedeckten Fläche, konnte Milon sich unbeobachtet auf sein Ziel, der Teilnahme an den Ringkämpfen der Knaben für die 60. Spiele in Olympia, vorbereiten. Als Sparringpartner bot sich der etwas ältere, aber noch sehr rüstige *Hadubalt* an. Hatte der doch vor seiner Zeit als Sklave, das gleiche sportliche Training wie Milon im Gymnasium absolviert und als dessen ständiger Betreuer kannte er die Stärken und Schwächen des Knaben wie kein anderer. Wenn es seine Zeit erlaubte, schloss sich Milons´ Vater den beiden zum Training an. Mit diesen erfahrenen Sparringpartnern erlernte Milon bereits Grifffassungen, Finten und Abwehrvarianten, die weit über das hinausgingen, was er im Gymnasion trainierte. Ging es um für das Ringen typische Würfe, musste eine von *Hadubalt* gebastelte Ringerpuppe, wie sie in dieser Form auch heute noch benutzt wird, dafür herhalten. Dies, weil beide Sparringpartner für Milon zu schwer waren und es ohnehin nicht üblich ist, gefährliche Würfe mit einem Partner zu trainieren, weil man ihm diese in der Vielzahl der Ausführungen nicht zumuten kann.

Ob alle der in den griechischen Gymnasien trainierenden Knaben den Ehrgeiz eines Milons´ aufwiesen, wissen wir nicht. Aber es dürften Tausende Griechen gewesen sein, die sich durch das Training des *Pentathlons* im Gymnasion körperlich vervollkommneten und darüber hinaus, auf die in fast allen Stadtstaaten durchgeführten Wettkämpfe vorbereiteten. Dank seines vielseitigen Trainings im Gymnasion sowie des zusätzlichen Trainings mit seinem Vater und *Hadubalt* hatte Milon bereits bei fast allen Schülermeisterschaften Krotons gesiegt. Darüber hinaus stand es ja jedem Griechen frei, sich für die Teilnahme an den Wettkämpfen bei Olympia, die zu Ehren der Götter stattfanden, vorzubereiten; was Milon dann auch tat.

Warum förderte Kroton Milons´ Talent?

Untereinander kämpften die Stadtstaaten im antiken Griechenland um Ruhm und Ehre, das drückte sich nicht nur in prächtigen Tempeln zu Ehren ihrer Götter oder in den städtischen Anlagen wie der Agora mit ihrer Bibliothek, den Einkaufszentren und dem Gymnasion aus, nein, es mussten auch noch Siege von Bürgern der Stadt bei Olympia sein, die dieses Ansehen erhöhten. Wie andere Stadtstaaten mag auch das reiche Kroton besonders talentierter Athleten beim Training unterstützt haben, denn wie die Geschichte zeigt, besaß diese Stadt außer einigen Olympioniken auch noch weitere bekannte Sieger bei ebenfalls bedeutungsvollen panhellenischen Spielen! – Naheliegend scheint der Gedanke, dass die griechischen Stadtstaaten seinerzeit genauso ehrgeizig um Ruhm und Ehre im Sport kämpften, wie es zur Zeit des »Kalten Krieges« zwischen den »westlichen« und »östlichen« Staaten üblich war. Es ist darum zu vermuten, dass der talentierte Milon alle erdenkliche Unterstützung seines Stadtstaates erhielt, um erfolgreich bei Olympia für Kroton zu kämpfen. Unter der Aufsicht und Anleitung von Gymnasten im Sportleistungszentrum galt es dieses Talent zu fördern, den ehrgeizigen Milon auf die 60. Spiele in Olympia vorzubereiten.

MILONS´ RINGKAMPFTRAINING
Versuchen wir zu ergründen, wie Milon es schaffte, zum alles überragenden Ringkämpfer seiner Zeit zu werden. Nach heutiger Trainingsauffassung könnte der junge Milon der Belastung des Lämmchen- und Sandsacktragens längst überdrüssig gewesen sein. Nur sein Ehrgeiz und die Übungsvarianten des Pentathlons sowie die Ballspiele im Gymnasion mögen dieses doch sehr einseitige Training aufgelockert haben. Bei der nunmehr beginnenden, gezielten Konzentration auf vornehmlich eine sportliche Disziplin, nämlich auf das Ringen, galt es die Belastungsgestaltung zielgerichteter zu planen.

Nach dem, was wir vermuten, wurde dies mit dem Tetradensystem (Viertage-Trainingssystem + einem Tag Pause) verwirklicht:
Tag 1) vorbereitende Belastung (kurz/hoch)
Tag 2) anstrengende Belastung (maximal Wettkampfsituation)
Tag 3) lockere Belastung (Entspannungstraining)
Tag 4) mittelschwere Belastung (mittlere Belastung)
Tag 5) Pause

Gehen wir davon aus, dass Milons´ Training sowohl die Entwicklung der konditionellen Fähigkeiten (insbesondere Maximal-, Schnell- und Ausdauerkraft) als auch die technisch-taktische Ausbildung (Grifffassungen, Würfe, Finten und Abwehrreaktionen) umfasste, dann könnte seine Trainingsgestaltung nach dem Tetradensystem dem entsprechen, was wir heute als Mikrozyklus bezeichnen. Im genannten Falle wechseln hohe, maximale, regenerierende, mittlere Belastungen und ein Ruhetag in einem Fünftageszyklus einander ab. Nach *Philostrat*, der die starre Handhabung dieses System kritisierte, kam es bei einem Athleten zum Tode, weil sein Trainer ihn trotz Unwohlseins »streng nach Plan« zu hoch belastete!

Weil es die heute bei uns mögliche apparative Leistungsdiagnostik in der Antike noch nicht gab, musste Milons´ Gymnast ein gutes Gespür für das jeweilige Leistungsvermögen seines Schützlings besessen haben. Er musste rechtzeitig erkennen, wann ein neues Leistungsniveau erreicht wurde, welches durch weitere Belastungen zu festigen ist, um danach wiederum ein neues, höheres Leistungsniveau anzustreben. Über Wochen gehend, könnte dies einem Mesozyklus entsprochen haben, in dem abwechslungsreich gestaltete Mikrozyklen aufeinander folgen.

Es ist anzunehmen, dass sich Milon während der jahrelangen Vorbereitung auf die Teilnahme an den Olympischen Spielen, weiterhin auf die bei den Schülern des Gymnasions üblichen Wettkämpfen in Kroton und den benachbarten Städten vorbereitete. In diesem Falle könnte er sich vor jedem Wettkampf erst allgemein, dann speziell und schließlich wettkampfspezifisch belastet haben.

Über die Übungen der Ringer in der Antike ist uns wenig bekannt; Abbildungen auf Vasen, Trinkschalen und anderen Gefäßen lassen einige ihrer Würfe und Grifffassungen erkennen, aus denen wir schlussfolgern, wie sie diese trainierten. Wenn nicht bereits üblich, könnte zum Beispiel die Ringerpuppe Milons´ benutzt worden sein, um die Technik gefährlicher Würfe ohne Sparring-Partner zu trainieren. - Sparring ist eine Trainingsvariante vieler Kampfsportarten, bei denen es darum geht, durch geänderte Regeln, Vereinbarungen zu schonenden Kämpfen oder durch Zuhilfenahme von »Dummys« Verletzungen zu vermeiden. (Im Training gilt es Fähigkeiten zu verbessern, im Wettkampf den Sieger zu ermitteln!)

Auf den eben genannten Gefäßen ist auch zu erkennen, dass die Halteren, die wir als Sprunggewichte später beim Weitsprung kennen lernen, ebenfalls für das Krafttraining benutzt wurden. Abgesehen von Milons´ Sandsack, den es auch in Dimensionen gegeben haben könnte, mit denen gezielt bestimmte Muskelgruppen separat belastet wurden, mag das Training mit dem eigenen Körpergewicht oder dem des Partners vorrangig, weil sportartspezifischer, betrieben worden sein.

ERNÄHRUNG UND TRAINING
»Gymnastik und ‚kraftvolles Tanzen' hätten einen umfassenden Trainingseffekt. Es fördere angeblich die Verteilung des Gewichts: Im Unterschied zum Lauf, der dicke Beine und schwache Schultern mache, erreiche man mit dem Boxen einen gegenteiligen Effekt.« Als gute Übungen empfahl Galen »das Ballspiel und andere natürliche Aktivitäten wie Graben und Rudern.«

Hippokrates[24] empfahl, »Jemand der schlank werden wolle, müsse nicht nur trainieren, sondern solle auch weniger essen bis zum Fasten«. Sowohl Hippokrates als auch Galen waren der Ansicht, »die Überspezialisierung in einer bestimmten Wettkampfdisziplin mache die Athleten weniger leistungsfähig als Arbeiter und Soldaten. Wobei nach ihrer Meinung der später bei Olympia eingeführte Waffenlauf (hoplon) noch als Sport zum Erhalt einer militärisch sinnvollen Wehrfähigkeit galt.«

Bei der Ernährung der Athleten versuchte man verschiedene Varianten: In der ‚Frühzeit' bevorzugten die Athleten getrocknete Feigen, feuchten Käse und Weizen. Speziell für Leichtathleten galt eine aus Gerstenbrot, Weizenbrei und getrockneten Früchten bestehende Rezeptur als optimal. Ein Trainer namens Pythagoras (nicht zu verwechseln mit dem Philosophen gleichen Namens!) empfahl besonders für Schwerathleten eine Fleisch-Diät. Fleisch war teuer, sein Verzehr blieb hauptsächlich Athleten vorbehalten, die sich diesen Aufwand leisten konnten. Unter anderem war auch deshalb das Bankett, das am dritten Tag der Olympischen Spiele

---

[24] Hippokrates, berühmtester Arzt des Altertums, gilt als Begründer der Medizin als Wissenschaft.

stattfand und bei dem es gebratenen Stier gab, so etwas Besonderes. Philostrat (um 165/170 bis zwischen 224/229 n. Chr.) verglich die Nahrung der Athleten der ‚älteren Zeit'[25], »*nämlich Gerstenbrot, ungesäuertes Brot aus ungesiebtem Weizen und das Fleisch von Ochsen, Bullen, Ziegen und Wild mit den Speisen der Athleten seiner Zeit. Seiner Ansicht nach waren die Ärzte gegenüber den Athleten seiner Zeit zu nachsichtig, da sie ihnen mit Mohnsamen bestreutes Weißbrot aus gemahlenem Mehl, große Menge Fisch (der vorher unter den Athleten verpönt war) und andere ‚ausgefallene Nahrungsmittel' verschrieben, welche die Athleten in Wirklichkeit in ‚Vielfraße mit einem Magen ohne Boden' verwandelte.*«

Zur Ernährung, die Milons´ Training bestmöglich unterstützen sollte, waren Brot oder Brei aus Gerste oder Weizen sowie Früchte wichtig, weil sie den Körper mit Kalorien spendenden Kohlenhydraten versorgten. Das für den Muskelaufbau und die Erneuerung von Körperzellen notwendige Eiweiß (Protein) wurde als pflanzliches Eiweiß durch lange gekochte Bohnen oder Linsen (vermeidet Blähungen) sowie Nüssen zugeführt. Das für Milon besonders wichtige tierische Eiweiß steckte in Milchprodukten (z. B. feuchtem Käse oder Quark – Milch ließ sich ohne Kühlschrank in dem heißen Klima nicht lange aufbewahren!) und im Fleisch der Schlachttiere. Honig wurde zum Süßen benutzt und natürlich waren Salz, Kräuter und Gewürze für das Abschmecken der Speisen wichtig. Eier soll es zu Milons´ Zeiten noch nicht gegeben haben, erst die Römer fingen später an, Hühner zu halten. Bekannt ist aber auch, dass sich nur wohlhabende Griechen regelmäßig Fleisch, Fisch, Obst und Gemüse leisten konnten; in Milons´ Familie sollte dies möglich gewesen sein!

Wir betrachten bis hierher nur die Vorbereitung Milons´ als Olympiateilnehmer in der Kategorie der Knaben, für seine dann folgende achtjährige Vorbereitung auf die Olympiateilnahme in der Kategorie der Männer sollten wir auf ein professionelleres Training gefasst sein!

---

[25] Mit der er noch die Zeit Milons´ meinen könnte!

MILONS´ ERSTE LIEBE

Eines Tages quartierte sich eine Familie aus dem Umfeld von Sparta in Milons´´ Nachbarschaft ein. Für Milon besonders interessant, die schöne Atlante. Ihre Familie kam aus der *Periöken*-Hafenstadt Gytheion[26] in der Atlantes Vater bisher als erfolgreicher Händler einen Zwischenhandel betrieb, der per Gesetz[27] für die spartanischen Vollbürger, die Spartiaten, nicht erlaubt war. Die Städte der Periöken waren zwar von den Spartiaten abhängig, behielten aber weitgehend ihre Autonomie, blieben im Krieg Verbündete Spartas und als Bauern, Fischer, Handwerker und Händler den Spartiaten sehr von Nutzen. Dies mit der Einschränkung, dass sie nicht die gleichen Rechte wie die Spartiaten hatten, außerhalb Spartas lebten und so nicht allzeit abkömmlich für politische Aufgaben und militärische Einsätze waren. Auch durfte es keine Heiratsgemeinschaft zwischen Spartiaten und Periöken geben.

Im Verhältnis zu den herrschenden Spartiaten besaßen die *Periöken* zwar einige Freiheiten aber keine nennenswerten Privilegien. Nur die Spartiaten besaßen das Monopol auf Waffen und Land, mussten sich dafür aber ausschließlich dem Kriegsdienst widmen, weil sie in ständiger Angst vor Aufständen der von ihnen unterjochten Ureinwohner lebten. Nach Schätzungen machten die Spartiaten nur etwa ein Zehntel der Bevölkerung Lakoniens aus. »*In der Zeit Milons´ betrug die Zahl der Spartiaten noch etwa 8000 Mann. Eine herrschende Minderheit bei einer Einwohnerzahl des lakedaimonischen Staates von etwa 50 000 (ohne Sklaven)*.« Die zahlenmäßig größte Gruppe bildeten die *Heloten*, das sind die bei der Landnahme durch die *Dorier* (»Rückkehr der Herakleiden«) unterworfenen nichtdorischen Griechen. Hinzu kamen die *Periöken* (griechisch: Umwohner), die wie eben bemerkt, selbstständig Handel und Gewerbe treiben durften, jedoch in der Rangfolge schlechter gestellt waren als die Spartiaten

---

[26] *Gytheion* war der wichtigste Kriegs- und Handelshafen Spartas.
[27] Die freien Bürger Spartas hatten sich ausschließlich dem Militärdienst zu widmen, das setzte voraus, die Arbeit und den Handel den von ihnen abhängigen Periöken und Heloten zu überlassen.

und Abgaben entrichten mussten. Die *Periöken* waren im Krieg zur Heeresfolge verpflichtet. Fremde (*Metöken*) waren in diesem Staat nicht gern gesehen, und die Spartiaten selbst durften nur mit amtlicher Erlaubnis das Land verlassen.

Als mit Milons´ Vater geschäftlich verbundener Händler, hatte sich Atlantes Vater dank guter Beziehungen und seiner finanziellen Möglichkeiten[28] von Sparta »freigekauft«, um unter den Status eines *Metöken* in Kroton eine neue Heimat zu finden. Er nahm dabei in Kauf, als ein in einem fremden Stadtstaat lebender Grieche angesehen zu werden, musste eine besondere Steuer entrichten und konnte zum Kriegsdienst herangezogen werden; stand dafür aber unter dem Schutz Krotons. Alles nichts Neues, den als *Periöke* in Sparta war er bisher nicht bessergestellt; dafür blieb er in Kroton ein eigenständiger Händler und als langjähriger Freund und Handelspartner war ihm der Beistand durch Milons´ Vater sicher.

Wie bisher trainierte Milon nicht nur im Gymnasion, sondern blieb seinem zusätzlichen Training treu. Allerdings hatte er, wie bereits bemerkt, das zum Schafbock ausgewachsene Lämmchen durch einen mit Sand gefüllten Ledersack ersetzt, der kontinuierlich mit mehr Sand befüllt wurde und dadurch ein während des Wachstums schwerer werdendes Tier ersetzte. Wie gewohnt blieb Milon auch mit dem Sandsack seinem alltäglichen Anstieg zur Schafweide treu. Eben diesen Bergpfad erstürmte eines Tages Atlante, wobei sie ihn neckte, er solle es ihr doch gleichtun. Was Milon dann auch, nachdem er den Sandsack von den Schultern geworfen, versuchte. Tatsächlich blieb es nur beim Versuch, denn mit Atlantes Lauftempo konnte der inzwischen zwar kräftiger aber keineswegs schneller gewordene Milon nicht mithalten. Auch ahnte er nicht, wie schnell Atlante tatsächlich sein konnte, der es bereits mit »halber Kraft« gelang, ihn förmlich stehen zu lassen.

---

[28] Auf Grund ihrer wirtschaftlichen Freiheit war so mancher Periöke vermögender als die Spartiaten.

Milon wusste nicht allzu viel über die Sitten und Gebräuche Spartas, in dessen Umfeld Atlante aufgewachsen war. Sparta vertrat eine Lebensordnung, die vom schonungslosen Überlebenswillen des militärisch geordneten Stadtstaates diktiert wurde. Seit dem 6. Jahrhundert v. Chr. entwickelte sich Sparta immer stärker zur Militärmacht, ein Ziel, das durch die sprichwörtliche spartanische Lebensführung erreicht wurde. Kinder, die von Geburt schwächlich oder gebrechlich waren, wurden im *Taygetosgebirge* ausgesetzt. Nur die von Geburt starken und gesunden Kinder entzog man im Alter von sieben Jahren ihren Familien, um sie einer umfassenden staatlichen Ausbildung zu unterziehen. Vor allem die Knaben unterwarf man einer harten militärischen Disziplin und Schulung, die sie zu aufopferungsbereiten Kriegern machte. Ihnen wurde eingebläut: *»Im Krieg getötet zu werden gilt als ehrenvoll, zu fliehen als untilgbare Schande.«* Außer etwas Lesen und Schreiben unterrichtete man die jungen Spartiaten in der Debattierkunst. Ihre Reden sollten möglichst sachlich und kurz, nach der folgenden Legende, in »lakonischer Kürze« gehalten sein.

Als *Philipp der II* den Großteil der griechischen Poleis unterwarf, sandte er folgende Drohung an Sparta, der Hauptstadt *Lakoniens*:

»Wenn ich euch besiegt habe, werden eure Häuser brennen, eure Städte in Flammen stehen und eure Frauen zu Witwen werden.«

Darauf antworteten die Spartiaten nur mit:

»Wenn!«

Mit 20 Jahren wurden die jungen Spartiaten Vollbürger, ab 30 Jahren konnten sie Führungsaufgaben übernehmen. Im Alter zwischen 20 und 60 Jahren mussten die Spartiaten als *Hopliten* (schwerbewaffnete Fußsoldaten) dienen, in Kasernen leben und ihre Mahlzeiten gemeinsam in Zeltgemeinschaften einnehmen. Erwerbstätigkeit war ihnen verboten. Ehe- und Kinderlosigkeit waren sozial geächtet. Die Ehe diente ausdrücklich der Erzeugung wehrfähigen Nachwuchses, der die Reihen der Armee verstärken sollte. Nach *Aristoteles* berichtet eine Sage: *»Es geschah 700 v. Chr. im 1. Messenischen Krieg, in dem die Spartiaten gelobt hatten, nicht vor dem siegreichen Ende* *zurückzukehren, der Krieg sich aber in die Länge zog, sodass die Kriegsführenden befürchtet hätten, es werde bei längerer Abwesenheit der Männer an Nachwuchs fehlen. Aufgrund dessen sei die jüngere Mannschaft, die an das Gelübde nicht gebunden war, nach Sparta zurückgesandt worden, damit sie für die eidgebundenen älteren Krieger Nachkommen zeugen. Die so gezeugten Kinder wurden partheniai genannt, Jungfrauensöhne. Diese sollen später, als von Sparta ausgewiesene Kolonisten, die dorische Siedlung Taras gegründet haben.«*

Zur Sicherung der Herrschaft über Lakonien wurde jeder Spartiat benötigt: Dafür waren die Spartiaten von jeglicher Arbeit befreit, dies um den Preis der konsequenten Militarisierung ihres ganzen Lebens. Zeitgenössische Griechen schwankten zwischen Bewunderung der spartanischen Zucht und Ordnung und Verachtung für einen Staat, der außer gut ausgebildeten Kriegern nichts hervorbrachte.

Entsprechend diesem Reglement, dem sich alle Spartiaten unterwarfen, darf es nicht verwundern, dass sportliche Leistungsfähigkeit auch für die Spartiatinnen etwas Selbstverständliches war. Sie diente der Erzeugung eines gesunden, kräftigen Nachwuchses. Will man den antiken Autoren glauben, sahen die Spartiatinnen darin ihre einzige Lebensaufgabe. *Plutarch*[29] führt den Ausspruch einer Spartiatin an, die gefragt wurde: »*Wieso seid ihr die einzigen Frauen, denen die Männer gehorchen?*« Und die Spartiatin antwortete: »*Weil wir die Einzigen sind, die Männer zur Welt bringen.*«

Bereits als Mädchen hatten sie zum Überleben Spartas beizutragen. Nach Plutarch wurde von ihnen verlangt: »Dass sie sich sportlich[30] betätigen, damit die spartanischen Kinder von starken und

---

[29] Plutarch war ein griechischer Schriftsteller und Verfasser zahlreicher biografischer und philosophischer Schriften.
[30] Die Mädchen Spartas sollten dasselbe sportliche Training absolviert haben wie die Jungen. Sogar Platon befürwortete in seinen Richtlinien für einen idealen Staat das Laufen, Ringen und Schwertfechten der Frauen, betonte freilich, sie hätten ab dem Alter von 13 Jahren »angemessene Kleidung« zu tragen.

gesunden Müttern ausgetragen wurden. Um sie abzuhärten, ordnete Lykurg[31] an, dass die Mädchen bei bestimmten Gelegenheiten nackt vor den Jungen aufzutreten hätten, um vor ihnen zu tanzen und zu singen. Deswegen schämten sich die Mädchen, wenn sie dick oder schwach waren. Und sie freuten sich umgekehrt, ihre Schönheit vor einem erwartungsvollen Publikum zur Schau zu stellen. In ihren Liedern verherrlichten sie die tapferen und die starken Männer, und über die schwachen und die feigen machten sie sich lustig. Damit feuerten sie die Jungen an, Ehre und Ruhm zu suchen und sich vor der Furcht zu schämen. Das öffentliche Auftreten der nackten Mädchen verfehlte natürlich seine Wirkung auf die Jungen nicht. Doch Liebesbeziehungen waren strikt geheim zu halten. Verliebte lebten in ständiger Angst, ertappt und verspottet zu werden.«

Nicht umsonst galten die Frauen Spartas seit *Homer* zu den Schönsten in ganz Griechenland, allerdings konnten sie nur bis zur Heirat unbeschränkt Sport treiben, Wettkämpfe waren ihnen nach der Heirat untersagt, jetzt galt es, starke Kinder zu gebären.

Milon konnte auch nicht ahnen, wie sehr sich Atlante der Bedeutung ihres Namens bewusst war, den ihre Eltern von der mythischen *Atalante* abgeleitet hatten. Ermattet von den Wettläufen setzten sich beide auf einen Felsvorsprung. Milon hatte keinen der Läufe gewinnen können. Neugierig geworden, wollte er wissen, wieso Atlante ihn bei jedem Lauf so souverän »abhängen« konnte, denn ganz ohne Lauftraining ging es ja bei seinem Fünfkampftraining im Gymnasion auch nicht ab.

Erpicht darauf, Milon die Sinngebung ihres Namens zu erläutern, vertraute ihm Atlante die folgende Mythe an: »Atlante sei die Kurzform von Atalante, einer mythischen Gestalt aus dem Königreich Argos. Gleich nach ihrer Geburt wurde Atalante auf Geheiß ihres Vaters, Jasos von Arkadien, der sich einen Sohn gewünscht

---

[31] Lykurg, legendärer Gesetzgeber Spartas

hatte, ausgesetzt. Worauf Artemis – die Göttin der Jagd, des Waldes und Hüterin der Frauen und Kinder – eine Bärin zur Hilfe schickte, die das Kind säugte.

Atalante wuchs in Obhut von Jägern zur schnellsten Läuferin Griechenlands heran und wird selbst zur amazonenhaften Jägerin, schwört immerwährende Jungfräulichkeit und ist stets bewaffnet. Als solche beteiligte sie sich an der Jagd auf den wilden Eber von Kalydon, zu der alle tapferen Helden Griechenlands von Jasos aufgerufen waren. Ihr Vater, König von Argos, der sie als Säugling aussetzen ließ, war stolz auf seine Tochter, die maßgeblich zum Jagderfolg auf den wilden Eber beigetragen hatte, er beschließt, sie zu verheiraten. Aber Atalante, die sich immerwährende Jungfräulichkeit geschworen hatte, willigte nur unter der Bedingung ein, den zum Gatten zu nehmen, der sie im Wettlauf besiegt; verliert er, wird er getötet.«

Nachdem Atlante ihre Erzählung beendet hatte, blieb Milon nur, vorsichtshalber zu fragen, ob er auch dem Tod geweiht sei, wenn es ihm nicht gelänge, Atlante zu besiegen oder ob sie ihm die Chance gäbe, solange unter ihrer Obhut zu trainieren, bis er ihr ebenbürtig sei? - Übermütig lachend zeigte Atlante ihm den scharf geschliffenen Dolch, den sie getreu des Mythos immer bei sich trug und entgegnete: Milon habe ja bisher von der Abmachung bezüglich des Wettkampfes noch nichts gewusst. Aber mit einem verheißungsvollen Lächeln meinte sie, ab jetzt könne er es ja versuchen, sie zu besiegen, mit Freuden helfe sie ihm dabei.

Durch das verlockende Angebot aber auch vom Ehrgeiz des männlichen Egos gepackt, verbiss sich Milon in sein neues Trainingsziel. Fortan trug er, wie gewohnt, zuerst seinen Sandsack, stellte diesen nach dem »Tragetraining« ab, um sich dem schnellen Lauf zu widmen. Anfangs seltener, aber dann immer öfter, gesellte sich Atlante hinzu. So angespornt lief Milon von Mal zu Mal schneller; wie zu erwarten, machte sich auch in diesem Falle sein improvisiertes »Lämmchentragen« leistungssteigernd bemerkbar. Kaum hatte er den Sandsack vor dem Lauf abgelegt, empfand er die Leichtigkeit seines Körpers, den er Kraft seiner trainierten

Beine immer schneller beschleunigte. Das Beisein Atlantes verlieh ihm zudem die Flügel eines Verliebten, doch was ihn zudem schneller werden ließ, waren Atlantes helfende Tipps beim Lauftraining. Diese, ebenfalls verliebt in Milon, setzte alles daran, ihm den Sieg über ihr läuferisches Können zu ermöglichen. Erinnerte sich an etliche Hinweise, die Spartiatinnen beherzigen, wenn sie zu den schnellsten Läuferinnen ihres Lebensbereiches zählen wollten: Das gemeinsame Berganlaufen trainierte die Kraft, aber beim Lauf auf ebener Strecke ward es Milon deutlich, Kraft allein macht noch nicht schnell. Erst Läufe, so Atlante, auf etwas abfallendem Gelände oder noch besser mit Rückenwind, ermöglichten es Milon schnell »wie der Wind« zu werden. Das allein genügte aber noch nicht, Atlantes Gunst zu erringen. Denn nach jedem Stadion, der olympischen Laufstrecke von nicht ganz 200 m, war Milon völlig außer Atem; kein schöner Zustand für einen, der seiner Angebeteten überlegen sein möchte. Atlante wusste auch hier Rat, nicht umsonst hatte sie ihr hartes Lauftraining in Lakonien absolviert. Milon musste ausdauernder werden, sein inzwischen dominierendes Ringkampftraining erforderte zwar auch Ausdauer, doch das war eine ganz spezielle Ausdauer, die wir heute als Kraftausdauer bezeichnen. So mancher Ringkampf geht verloren, wenn ein Athlet sich zwischen den Aktionen im Kampf zwar kurz, aber nicht ausreichend erholen kann. Dadurch summieren sich die Ermüdungsreste der dicht aufeinanderfolgenden Aktionen zu einer leistungshemmenden »Gesamtermüdung«, von der er sich nicht schnell genug erholen kann. Dies war besonders prekär beim Ringkampf der alten Griechen, die ohne Zeitlimit kämpften, dies ging – falls erforderlich – über Stunden, bis der Gegner dreimal den »Staub berührte«.

Ein leistungsstarker Ringer, und zu einem solchen entwickelte sich Milon, musste also über eine kräftige Muskulatur verfügen, die sich dank einer gut entwickelten Kraftausdauer zwischen den Aktionen schnell erholt, dies vornehmlich unterstützt von einer Grundlagenausdauer, die bei länger dauernden Kämpfen die verbleibenden Ermüdungsreste weitgehend abbaut, also die Erholungsphasen zwischen den Aktionen beschleunigt. Ein gut trainiertes Herz-Kreislauf- und Atemsystem sowie weitere sie unterstützende Organe ermöglichen diese Grundlagenausdauer, die Atlante mit Milon trainierte, indem sie ihn in relativ ruhigem Tempo über zig Stadien scheuchte. Wie wir später bei Milons´ erster Teilnahme an den Olympischen Spielen erfahren, hatte Atlante, beseelt von einem Motiv, das der Liebe geschuldet, wesentlichen Anteil an Milons´ ersten Sieg bei Olympia!

Der Mix aus kräftezehrendem Bergauf, schnellem Lauf vor dem Wind oder bergab sowie das Training der Grundlagenausdauer ermöglichten es, dass Milon bald Atlantes Tempo folgen konnte. Eines schönen Tages gewann er sogar, und das im doppelten Sinne, denn Atlante offenbarte Milon die Fortsetzung zum Mythos ihres Namens, worauf es tatsächlich ein schöner Tag für zwei sich Liebende wurde:

»Hippomenes, ein prächtiger Jüngling, der Atalante noch nie gesehen hatte, sich jedoch unter den Zuschauern eines Rennens befand, konnte zuerst den Eifer der Kandidaten nicht verstehen; als er jedoch Atalante erblickte, war auch er von ihrer Schönheit beeindruckt.

Er fand sofort Gefallen an ihr und beschloss, in der Hoffnung die Götter mögen ihm beistehen, selbst an dem Wettkampf teilzunehmen. Als er Atalante dies verkündete, wollte sie ihn von seinem Vorhaben abbringen, weil sie in ihm einen prächtigen jungen Mann sah, der es nicht wert sei, bei einem verlorenen Lauf zu sterben. Er jedoch ließ sich nicht umstimmen, und so stand der Wettkampf bevor. Hippomenes betete zu Aphrodite, der Göttin der Liebe, dass sie ihn gewinnen ließe, und dieses Gebet wurde erhört: Die Göttin brachte drei goldene Äpfel und lehrte ihn, sie zu gebrauchen.

Der Wettlauf begann, und die beiden Kontrahenten blieben gleichauf. Aber allmählich wurden Hippomenes´ Kräfte schwächer, als Aphrodite erschien und ihm sagte, er solle einen der Äpfel fallen lassen. Er tat, wie ihm geheißen und verwirrte Atalante so sehr, dass sie den Apfel aufhob und so Zeit verlor. Dies wiederholte er noch zweimal und gewann so den Wettkampf. Atalante,[32] die selbst glücklich war, einen solch würdigen Jüngling zu heiraten, zog mit ihm gern in den Bund der Ehe.«

Es kam, wie es kommen musste, Milon und *Atlante* wurden ein Paar, das sich fortan heimlich und unbeschwert in einer Mulde vor ihrem Lieblingsplatz, dem Felsvorsprung an ihrer Laufstrecke, liebte. Vorerst lebten beide nur für das Hier und Heute, machten sich keine Gedanken über die Zukunft. Zwischen ihnen schien wirkliche Liebe im Spiel gewesen zu sein, nicht nur eine zeitweilige Verliebtheit, die bald wieder abflaut, weil weitergehende Interessen fehlten, die ein solches Bündnis festigen.

Beide jung, gebildet und sportlich: Atlante war mit 14 Jahren im für Griechinnen typischen Heiratsalter, Milon im Alter von 15 Jahren nach griechischem Brauch eigentlich noch zu jung für eine feste Bindung. Doch ließ ihn sein fester Vorsatz, bei Olympia zu siegen und sein starker Charakter, der ihn die damit zusammenhängenden Schwierigkeiten überwinden half, zum Manne reifen. Wie Milon zählte Atlante nicht zu den bedingungslos allen hierarchischen Bräuchen ergebenen Griechen. Für Atlante galt das in Sparta andersartige Verhältnis von Mann und Frau, denn die ursprünglich freie Stellung der Frau, die für Indogermanen typisch ist, blieb in Sparta nahezu erhalten. Während die Männer Spartas sich immerfort militärisch vorbereiteten oder in den Krieg zogen, »also wenig präsent waren«, lebten die spartanischen Frauen in geringerer Abhängigkeit von den Männern als ihre Schwestern im übrigen Griechenland, die ihr Leben eingeengt wie im Hühnerstall verbrachten. Die Spartiatinnen bewegten sich frei in der Öffent-

---

[32] Atalante wird in der griechischen Mythologie gern als Heldin dargestellt: Sie nimmt an den Abenteuern griechischer Helden teil und wirft im Ringkampf *Peleus*, den Vater des *Achilleus* in den Staub. Eine Frau, die mit einem Mann ringt, ist absurd für die griechische Welt, aber dennoch sehr beliebt, wie Darstellungen auf Vasen zeigen.

lichkeit, sie trainierten und trieben Leistungssport, sie kontrollierten weitgehend Spartas Wirtschaft, wie *Aristoteles* (übrigens missbilligend) feststellte. Und die Spartiatinnen waren gebildeter als ihre Männer, die zur Not gerade mal Schreiben und Lesen gelernt hatten.

In Sparta, berichten antike Autoren, habe der große *Pythagoras* viele Schülerinnen besessen – von Athen hört man dergleichen nicht. Andere griechische Frauen beneiden die Spartiatinnen wegen ihres guten Aussehens. In Erinnerung an den Schönheitswettbewerb zwischen *Hera*, *Aphrodite* und *Athene* veranstalteten manche Städte schon in der Antike Schönheitswettbewerbe. Laut *Athenaios*[33] waren aber alle Griechen sich einig, »*dass Sparta die allerschönsten Frauen der ganzen Welt hervorbrachte. Gewiss verdankten sie das ihrer Diät und den sportlichen Aktivitäten.*«[34]

Es gab in Sparta wie im übrigen Griechenland zwar keine gezielte intellektuelle und musische Ausbildung für Mädchen, aber Atlantes Eltern hatten sie, wie auch bei Milon geschehen, gemeinsam mit anderen Mädchen von einem Privatlehrer unterrichten lassen. Atlante war also, wie wir bereits feststellen konnten, ein sehr selbstsicheres Mädchen, kannte mehr als die Mythen um ihren Namen, konnte wie Milon lesen, schreiben, rechnen und wie er an allem Neuen interessiert. Wie zu erwarten, wurde Atlante unserem Milon eine sehr selbstbewusste Partnerin. So wie vordem in Lakonien gewohnt, bewegten sich Atlante frei in der Öffentlichkeit,[35] trainierte gemeinsam mit Milon und war von dem Gedanken be-

---

[33] *Athenaios* war ein griechischer Rhetoriker.
[34] nach Zitelmann
[35] Die in Süditalien siedelnden Griechen mögen über ihre Handelsbeziehungen mit den Etruskern auch von deren Kultur beeinflusst worden sein. Anders als bei den meisten Frauen Griechenlands üblich, war die Stellung der Frau bei den Etruskern außergewöhnlich, kam ihnen doch ein hohes Maß an Prestige zu. Dies war auch Milon, als ein in Süditalien lebender Grieche, bekannt.

seelt, bei den »Spielen der Hera«, der Heraia, den Lauf der Mädchen ebenso zu gewinnen, wie Milon bei Olympia den Kampf im Ringen: Zwei Herzen ein Gedanke, der beide vereinte und alsbald zu dem Versprechen führte, nach diesen Wettkämpfen zu heiraten.

Das traute Zusammensein beider blieb nicht unentdeckt; sowohl Atlantes als auch Milons´ Eltern fanden es legitim, dass sich beide versprochen hatten und nach ihrer Teilnahme bei Olympia und der Heraia ihr Verhältnis legalisieren wollten. Besonders Milons´ Eltern meinten, das Verhältnis mit Atlante sei für Milon besser, als dass er sich einem älteren Liebhaber hingab, der mit ihm die damals übliche *Päderastie*[36] pflegt oder das Milon, wie bei seinesgleichen üblich, sich mit Dirnen einlässt, um seine aufkeimende Sexualität in liebloser Manier zu befriedigen. Der pure Sex, der so wollten es manche Geschichtsschreiber wissen, gehörte im alten Griechenland zum Leben, wie das Essen und Trinken und war, wie geschrieben, mehr der Lust und Bedürfnisbefriedigung des Mannes zugetan. Wobei es bei den alten Griechen nicht die Tabuisierung durch eine lustfeindliche Religion gab, die Sex nur der Fortpflanzung geschuldet sah. Die Götter der Griechen verhielten sich ebenfalls so, wie sich die Menschen ihr Zusammenleben einschließlich ihres sexuellen Beieinander vorstellten, denn die Griechen dichteten ihren Göttern eben ihre Art der sexuellen Lust an.

Vertrauend auf die Ernsthaftigkeit beider und auf die Gewissheit, dass Atlante bei der Heraia und Milon bei den Olympischen Spielen siegen werden, ließ Milons´ Vater in aller Heimlichkeit ein Haus für das junge Paar bauen. Milon sollte, wie es einem Brauch entsprach, Atlante zur Hochzeit in sein Haus tragen können.

---

[36] *Päderastie* bezeichnet in der Antike eine institutionalisierte Form sexueller Beziehungen zwischen Männern und männlichen Jugendlichen.

Die Olympischen Spiele

In der Antike galten die Olympischen Spiele als ein besonderes Ereignis. Als bedeutsamster Teil der vier panhellenischen Spiele fanden sie von etwa 776 v. Chr. bis 393 n. Chr. in ununterbrochener Folge alle vier Jahre statt. Die Zeit zwischen dem jeweiligen Spiel bis zum nächsten wird Olympiade genannt. Das antike Olympia lag in der Nähe der Stadt Elis auf der Halbinsel Peloponnes, es bestand aus der *Altis*, dem heiligen Hain, mit den unmittelbar angrenzenden Sportstätten.

Mythischer Ursprung

Für die alten Griechen war die Religion überaus wichtig. Jede Jahreszeit, jedes Naturereignis und jedweder Lebensbereich wurden mit Festen, Kulten und Riten verknüpft. Ihre Religion galt den Griechen für so bedeutend, dass sogar Kriege für bestimmte Riten oder Feste unterbrochen wurden. Der große Unterschied zu unseren heutigen monotheistischen Weltreligionen besteht darin, dass es in der polytheistischen Religion der alten Griechen eine Vielzahl von Göttern gab, denen jedem ein bestimmter Zuständigkeitsbereich zugesprochen wurde. Außerdem herrschte die Vorstellung, dass sich die Götter immer wieder in einer ihnen angedichteten menschlichen Gestalt auf die Erde begeben und sich in menschliche Angelegenheiten einmischen. Oft werden ihnen auch menschliche Eigenschaften und Verhaltensweisen untereinander zugesprochen, wie Eifersucht, Liebe, Zorn und Rache.

»Im Festgelände brannten währen der Olympischen Spiele ununterbrochen die den Göttern geweihten Altäre. Die wichtigste Opferstätte besaß *Zeus*, ihm zu Ehren rauchten die Schenkel von hundert Stieren gen Himmel. Ihre Asche blieb auf dem Altar, sodass zur Zeit des Reiseschriftstellers *Pausanias*[37] der Altar des Göttervaters 40 Meter im Umfang und 10 Meter in der Höhe maß.

---

[37] *Pausanias* war ein griechischer Schriftsteller, Geograf und Historiker im 2. Jahrhundert unserer Zeit.

Seine Gattin *Hera* und die anderen Bewohner des Olymps wurden nicht weniger mit Gaben bedacht. Kurzum, die Olympischen Spiele waren vergleichbare religiöse Hochereignisse wie heutzutage das österliche Pilgertreffen auf dem Petersplatz in Rom oder wie eine Wallfahrt nach Mekka.«[38]

Gemäß der heiligen Überlieferung, wie sie Milon und seine Mitschüler von ihrem *Paidotribes* im Gymnasion erfuhren, sind die panhellenischen Spiele der alten Griechen uralt, wurden entweder von den Göttern selbst anlässlich großer Ereignisse gestiftet oder gehen auf mythische Leichenspiele zurück. Für Milon, der sich immer mehr zu einem siegträchtigen Ringer entwickelte, sollte die Gesamtheit der vier panhellenischen Spiele zu einem zukunftsträchtigen Betätigungsfeld werden. Doch darüber erfahren wir mehr, wenn Milon bei dem wichtigsten dieser Spiele, bei Olympia, erfolgreich war und sich nach weiteren Wettkampfmöglichkeiten umsieht.

ZEUS BEGRÜNDET OLYMPIA IM TAL DES ALPHEIOS

Der Göttervater Zeus soll der Sage nach die ersten Spiele begründet haben. Im Mythos heißt es: »Aus Freude über den Sieg, den er über Kronos[39] und die Titanen errang, habe er allen Göttern befohlen, Kampfspiele abzuhalten. Dafür sah er Olympia vor, da dessen Name an den Olymp, dem Wohnsitz der Götter erinnere.«

»Gleichwie des Goldes lodernde Glut mächtigen Reichtum überstrahlt, so weiß ich keinen herrlicheren Wettkampf zu besingen, als den von Olympia« singt Pindar[40] (522 - 446 v. Chr.). In das breite, von waldigen Hügelketten umschlossene Wiesental des mächtigen Alpheiosflusses tritt weit oberhalb der Mündung der

---

[38] nach Zitelmann
[39] Kronos ist der jüngste Sohn der Gaia (Erde) und des Uranos (Himmel), Anführer der Titanen und Vater von Zeus.
[40] Pindar gehört zu den bedeutenden Lyrikern Griechenlands; gegen Bares verherrlichte er auch zahlreiche Olympiasieger.

rauschende Gebirgsbach Kladeos ein. In der Gabelung beider Gewässer lag ein Heiligtum und Orakel des olympischen Zeus am Fuß eines waldigen Hügels (Kronion), auf dessen Spitze sich seit uralter Zeit eine Opferstätte des Kronos befand. Das Heiligtum gehört zum Gebiet der sechs Stadien (6x192,28 Meter) flussaufwärts gelegenen Achajerstadt Pisa.« Seine sakrale Bedeutung galt für das gesamte Griechenland, das an diesem Ort durch den Mythos um den Alpheiosfluss vereint ist: »Kommt man nach Olympia, so ist da nun der Fluss Alpheios, wasserreich und sehr angenehm anzusehen.« Damit beginnt Pausanias seine ausführliche Abhandlung über das Zeusheiligtum von Olympia. [...] Indem Pausanias die wichtigsten Nebenflüsse des Alpheios erwähnt, die aus dem nordwestlichen Peloponnes und dessen Mitte kommend, dieses mit Heiligtümern gespickte Gebiet wie eine Nabelschnur über das Zeusheiligtum geleiten, kommt er auf Alpheios, den Flussgott, in mythischer Gestalt zu sprechen: »Als Jäger in Arkadien sei Alpheios der im gleichen Revier jagenden Nymphe Arethusa begegnet, die seine Liebe nicht erwiderte. Um dem Begehren des Alpheios zu entkommen, habe sie die Flucht über das Meer ergriffen und sei auf die der Stadt Syrakus vorgelagerte Insel Ortygia gelangt. Dort habe sie sich aus einem Menschen in eine Quelle verwandelt. In seiner ungestillten Liebe zu Arethusa habe sich daraufhin auch Alpheios in einen Fluss verwandelt, sich einen Weg durch das Meer hindurch gebahnt, sodass er sich an seiner Mündung mit der Quelle Arethusa vereinen konnte.«

»Die Mythen der Griechen sind – wie bei allen Völkern – nicht der reinen Phantasie oder der puren Erzählfreude irgendwelcher Menschen entsprungen. Sie setzen Ideen, normative Vorgaben, aber auch Hoffnungen in leicht nachvollziehbare Bilder um. Sie sind deshalb ein unverzichtbares Element zur Steuerung des sozialen Lebens, aber ebenso auch zur Stützung von Macht und Autorität. Im Mythos von Alpheios und Arethusa ist die historische Realität der von der Peloponnes ausgegangenen Kolonisation auf Sizilien und Süditalien in einem solchen Bild eingefangen. Die von

Strabon[41] erwähnte Opferschale, die Alpheios von Olympia nach Syrakus gespült habe, ruft natürlich sofort die Verbindung beider Stätten wach, die Pindar in seiner 6. Olympischen Ode dem Wirken des olympischen Sehergeschlechts[42] zuschreibt. In konsequenter Fortführung der Grundidee des Mythos können wir den imaginären Strom des *Alpheioswassers* auch als *Nabelschnur* zwischen dem peloponnesischen Mutterland und den *archäischen* Tochterstädten auf Sizilien und Unteritalien deuten. Mit wie viel Leben diese Verbindung in der Realität tatsächlich erfüllt war, offenbart sich allein schon in der großen Zahl der siegreichen Athleten aus den unteritalienischen und sizilischen Tochterstädten, wie auch an der Pracht der von dort gestifteten Weihgeschenke. Wir besitzen aus den Grabungen sogar ein inschriftliches Dokument, aus dem hervorgeht, dass die Besucher aus *Übersee* in Olympia bevorzugte Opferbedingungen eingeräumt bekamen. Vor diesem Hintergrund möchte man das Bild von der Nabelschnur noch einmal modifizieren und den Alpheios eher mit einer Schlagader vergleichen, die die Peloponnes mit den überseeischen Siedlungen im Westen des Ionischen Meeres verbindet. Das Herz dieses Gebildes schlägt in Olympia.«[43]

Ein *Leichenspiel*, das vom mythischen »Kampf um Troja« ausging, veranstaltete Achilleus am Grabmal seines Freundes, des *Patroklos*. Um sich in Liebe einer Frau zu nähern, verwandelte sich *Zeus* des Öfteren in eine wundersame Gestalt. Diesmal, als er es mit *Leda* der Gemahlin des spartanischen Königs *Tyndareos* trieb: »*Der in Leda verliebte Zeus näherte sich dieser in Gestalt eines Schwanes und schwängerte sie. Doch auch Ledas Mann blieb in dieser Nacht nicht müßig und schlief ebenfalls mit Leda, sodass diese alsdann zwei Eier mit vier Kindern gebar. Zwei von Zeus, nämlich Helena und Polydeukes und von ihrem Gemahl*

---

[41] Strabon war ein griechischer Geschichtsschreiber und Geograf.
[42] Die von Zeus inspirierten Seher des olympischen Orakels nahmen ihre Funktion vorwiegend im »Außendienst« wahr; unter anderem unterstützten sie die Aussiedlung von Griechen nach Unteritalien.
[43] nach Sinn

Klytaimnestra und Kastor. Die schöne Helena heiratete den spartanischen König Menelaos und wurde später von Paris nach Troja entführt. Klytaimnestra hingegen ehelichte Agamemnon, den Bruder von Menelaos und König zu Mykene, der dann den Feldzug der Griechen gegen Troja anführte, um Helena wiederzugewinnen.

Nachdem sich die Trojaner weigerten, Helena an Menelaos zurückzugeben, sammelten sich die griechischen Kämpfer in der Bucht von Aulis und fuhren mit 1000 Schiffen nach Troja. Im zehnten Jahr der erfolglosen Belagerung Trojas zog sich Achilleus aufgrund seines Zornes auf Agamemnon, aus der Schlacht zurück; dieser hatte ihm seine Geliebte, die Sklavin Briseis genommen. Diese Ereignisse, der ‚Zorn des Achilleus' bildeten den Stoff für die Ilias von Homer. Anstelle des verärgerten Achilleus zieht Patroklos, angetan mit der sagenhaften Rüstung von Achilleus in den Kampf, in dem er von Hektor getötet wird, der darauf die Rüstung des Achilleus als Beute übernimmt. Achilleus, außer sich über den Tod des geliebten Freundes, entsagt dem Zorn gegen Agamemnon und kehrt in den Kampf zurück, um Patroklos zu rächen. Er tötet Hektor vor den Mauern Trojas im Kampfe, weil er die Schwachstelle der von Hektor erbeuteten Rüstung kannte, und leitet damit das Ende des Krieges ein.

Anlässlich der Leichenspiele soll Achilleus zu Ehren seines verlorenen Freundes Patroklos folgende Wettkämpfe veranstaltet haben: Wagenrennen, Boxen, Ringen, Laufen, Diskuswerfen, Bogenschießen und Speerwurf. Am Scheiterhaufen opferte Achilleus zwölf junge Trojaner und zog die Leiche Hektors, hinten an seinen Streitwagen gebunden um das Grabmal seines Freundes. Erst auf Bitten des Königs Priamos, Hektors Vater, gibt Achilleus die Leiche Hektors zur feierlichen Bestattung durch die Trojaner frei.«

Während der »Dunklen Jahrhunderte« erloschen die bis dato üblichen Spiele: Um das Jahr 1200 v. Chr. fand die mykenische Kultur (festlandgriechische Kultur der späten Bronzezeit etwa 1600 bis 1200 v. Chr.) ein jähes Ende; nicht nur in Griechenland, auch rings um das östliche Mittelmeer gingen Städte in Flammen auf. Dass die *Mykener* von den »Seevölkern«[44] überrannt wurden, ist nur eine Vermutung, aber eine bessere Erklärung gibt es nicht; tatsächlich endete die hoch entwickelte mykenische Kultur in einem »Schwarzen Loch«, so sieht es die griechische Sage.

»Nach den Zerstörungen, die die eingefallenen Seevölker im griechischen Raum hinterlassen hatten, waren die Menschen zunächst gezwungen, sich ums nackte Überleben zu kümmern«, so stellte es sich Aristoteles vor: »Als es ihnen dann wieder besserging, gönnten sie sich die Annehmlichkeiten des Lebens. Sie erfanden Künste, um ihr Leben zu verschönern, lernten weiter Feste zu feiern und zu musizieren. Zuletzt, als die dringendsten Bedürfnisse gestillt waren, wandten sie sich der freien Wissenschaft, der Philosophie zu.« Nicht zu vergessen, das Wiederaufleben der Mythen und des Götterkults sowie die Wiedergeburt der Olympischen Spiele. Apollon und Herakles sollen sie wieder ins Leben gerufen haben.

In seiner 10. Olympischen Ode schreibt *Pindar Apollon*[45] und *Herakles* die Einrichtung des Kultplatzes als Gemeinschaftsleistung zu: *Herakles* übernahm dabei den praktischen Part: »*Er steckte den Hain ab dem höchsten Vater und durch Umhegung sonderte er die Altis aus auf reinem Platz, aber die Ebene ringsum bestimmte er für die Erquickung beim Mahl.*« *Herakles* schritt das Stadion ab, mit seinen Schritten be-

---

[44] »Die Völker der Meere schlossen sich auf ihren Inseln zu einer Verschwörung zusammen. Sie hatten den Plan, die Hand auf alle Länder der Erde zu legen. Kein Land hielt ihren Angriffen stand. Sie zerstörten die Länder so, als ob sie nie existiert hätten« berichtet Ramses der III.

[45] Als Sohn des Göttervaters *Zeus* und der Göttin *Leto* gehört *Apollon* zu den zwölf Hauptgöttern des griechischen Pantheons. In der griechischen Mythologie war *Apollon* der Gott des Lichts, der Heilung, des Frühlings, der sittlichen Reinheit und Mäßigung sowie der Weissagung und Künste.

stimmten er die Länge des Stadionlaufs und bepflanzte den Festplatz mit Olivenbäumen. Für ihn galt die Stiftung des Heiligtums als zivilisatorischer Akt, nachdem er zuvor die unkultivierte Urbevölkerung besiegt hatte. Als Volksheld und zum Gott ernannt soll *Herakles* später, als er seine fünfte Aufgabe (das Ausmisten des Stalles von König *Augeias*) erfüllt hatte, zu Ehren seines Großvaters *Pelops* zahlreiche Wettkämpfe wie Wettlauf, Faust- und Ringkampf sowie Wagenrennen veranstaltet haben. *Herakles* selbst beteiligte sich an diesen Spielen und siegte im Ringkampf und Pankration. *Pindar* bezeichnet *Herakles* als eigentlichen Begründer der Olympischen Spiele. Er solle bei seiner Rückkehr nach der zwölften Aufgabe (den Hund des *Cerberus* zu König *Eurystheus* zu bringen) einen Steckling des wilden Ölbaums in Olympia gepflanzt haben, von dem die Zweige stammen, mit denen die Sieger bekränzt werden.

Apollon richtet für seinen zum Seher ausgebildeten Sohn, *Iamos*, ein olympisches Orakel ein, wodurch das Heiligtum nicht ausschließlich zu einer Sportstätte zu Ehren der Götter wurde.

Sowohl *Herakles* als auch *Apollon* galten den Wettkämpfern als Vorbilder: *Herakles* verkörperte die physische Kraft, *Apollon* glänzte als treffsicherer Bogenschütze, einer Fertigkeit, auf die er als Rache- und Sühnegott angewiesen war.

Nach einem anderen Mythos soll *Pelops*, der den König *Oinomaos* von Elis im Wagenrennen besiegte und dadurch dessen Tochter und Erbin *Hippodameia* gewann, 1200 v. Chr. die Spiele begründet haben. Wahrscheinlich sorgte er damit sogleich für den ersten Regelverstoß bei den Spielen:

»Der König Oinomaos von Elis verspricht demjenigen die Hand seiner Tochter Hippodameia und sein Reich, der ihn im Wagenrennen besiegt: Mögliche Bewerber um ihre Hand mussten mit ihr in einem Wagen davonfahren. Oinomaos würde dann, so die Abmachung, in einem anderen Wagen folgen und den Freier töten, falls er die beiden einholen sollte. Seine Pferde waren so schnell, dass der König stets erfolgreich blieb, und er feierte seine Siege, indem er die Köpfe seiner unglückseligen Opfer über das Tor des

Palastes nagelte. Es waren bereits zwölf, als der junge Pelops in Phrygien eintraf.

Pelops bietet dessen Wagenlenker, namens Myrtilos, die Hälfte des als Gewinn gesetzten Reiches an, wenn er ihm hilft, das Rennen zu gewinnen. Vor dem Rennen ersetzt Myrtilos die bronzenen Nägel des königlichen Wagens mit Blöcken aus schwarzem Wachs. Dadurch lösen sich während des Rennens die Räder vom Wagen des Königs und dieser wird zu Tode geschleift. Im Sterben liegend, verflucht er seinen Wagenlenker: ‚Durch Pelops solle er seinen Tod finden.' Was dieser flugs besorgte, denn als Myrtilos seinen versprochenen Lohn, die Hälfte des Reiches einforderte, stürzte Pelops ihn von den Klippen. Als Buße für diese Tat soll Pelops die Spiele initiiert haben, um sich von der Blutschuld an dem Tod des Königs Oinomaos zu reinigen.«

In einer etwas anderen Version hatte Pelops den Myrtilos zum Mordanschlag auf seinen König bringen können, »weil Myrtilos in dessen Tochter verliebt war, sich aber nicht traute, ihren Vater herauszufordern. Als Lohn für seinen Verrat musste ihm Pelops eine Nacht mit Hippodameia versprechen. Doch Pelops zeigte seine Dankbarkeit, indem er Myrtilos über die Klippen ins Meer stürzte.« Was sagt uns das? »Ein griechischer Held musste nicht tugendhaft sein, wenn er übermenschliche Kraft und Schlauheit besaß.«

Iphitos und Lykurgos erneuern die Spiele

Historische Aufzeichnungen aus dem 4. Jahrhundert v. Chr. datieren die ersten Spiele auf 776/775 v. Chr., nach der Regel am ersten Vollmond des neuen Jahres, das bei den Griechen auf die Sommersonnenwende fiel. Zumindest gibt es eine bis zu diesem Zeitpunkt zurückgehende Siegerliste. Klimatisch gesehen fielen die Spiele in die heißeste Periode des Jahres; aber auch in die Zeit des »Erntedanks« zum Abschluss der frühzeitigen Ernte, die für das Klima Griechenlands typisch ist.

Iphitos soll im Verein mit *Lykurgos* die Spiele neu geordnet und mit *Koroibos*, dem Sieger im Wettlauf, die Aufzeichnung der Sieger begonnen haben, welche den Olympiaden ihren Namen gab. Damit fing die »Olympische Ära« an, die insgesamt 293 Olympiaden umfasste.

Koroibos aus Elis war der erste namentlich bekannte Olympiasieger. Er siegte am 21. oder 22. Juli 776 v. Chr. bei den Olympischen Spielen im Stadionlauf über 192,28 Meter, dem zu dieser Zeit einzigen Wettbewerb, der ausgetragen wurde. Mit seinem Namen beginnt die antike Siegerliste sowie die Olympiaden-Zählung, dies, obwohl anzunehmen ist, dass es schon zuvor Wettkämpfe zu Ehren des Göttervaters *Zeus* an demselben Ort gegeben hat. *Koroibos* war ein Priester (*mageiros*) und sozialer Aufsteiger aus der Landschaft Elis. Das griechische Wort »*mageiros*« wurde fälschlicherweise oft mit »Koch« übersetzt, was sich aber später als Missverständnis herausstellte.[46]

Tatsächlich soll es unter den frühen Olympioniken auch Kuh- und Ziegenhirten gegeben haben. Denn Olympia stand in den Anfängen der Spiele noch jedem offen, der sich an den kultischen Riten zu Ehren der Götter beteiligen wollte. Doch etwa ab dem 5. Jahrhundert v. Chr., als die Spiele mehr dem Prestige einzelner Athleten sowie Ruhm und Ehre ihrer Heimatstädte dienten und die sportlichen Leistungen sich enorm steigerten, war es nur noch regelmäßig trainierenden Berufsathleten möglich daran teilzunehmen.

Leiter des Festes waren anfangs die Bürger der Polis Pisa, bis nach langen Streitigkeiten 572 v. Chr. die Eleier die ausschließliche Festleitung in die Hand bekamen. »*Iphitos, der König der Eleier, gilt gleichzeitig als Mitbegründer der Olympischen Spiele. Nach dieser Sage soll er durch einen Boten das Orakel von Delphi befragt haben, was er tun könne, nachdem Kriege und Pest sein Land verwüstet hatten, um dieses Unheil zu*

---

[46] Obwohl diese Fehlinterpretation bereits seit 1960 durch H. W. Pleket widerlegt ist, wird sie noch immer in den Medien verbreitet.

stoppen. Nach dem Orakelspruch sollten die Eleier den Tempeln Opfer bringen sowie Feste abhalten und währenddessen Freundschaft mit den Hellenen halten. Iphikos verstand diesen Rat so, dass er die Olympischen Spiele, von denen die Überlieferung berichtet, erneuern solle. Er schloss einen Vertrag mit Lykurgos von Sparta und Kleosthenes von Pisa, in welchem auch der ‚Olympische Frieden' festgelegt wurde. Er bestimmte Olympia zu einem heiligen Ort, an dem ein Wagenrennen stattfinden sollte, das alle vier Jahre wiederholt würde. Dem solle eine dreimonatige Kriegspause mit den Nachbarn vorangehen. Das Wagenrennen wurde später durch einen Wettlauf über die Länge des Stadions ersetzt. Eine erste Überlieferung mit dem Nennen der Sieger gibt es ab 776.«

Gottesfrieden durch Lykurg

Plutarch weiß nach einer der vielen Legenden zu berichten, dass »der Lykurg, der spartanische Gesetzgeber, im Jahr 766 als einfacher Zuschauer Olympia besuchte, bei dem außer ihm kein Spartiat es auf sich genommen hatte, den weiten und unsicheren Weg in das Alpheiostal anzutreten. Da habe Lykurg eine Stimme vernommen, die sich verwundert und erbost über den mangelnden Zuspruch der Spartiaten äußerte. Da Lykurg keinen der Anwesenden als Urheber dieses Vorwurfes ausmachen konnte, sei ihm klargeworden, ein göttliches Zeichen empfangen zu haben. Daraufhin habe er mit dem elischen König Iphitos eine Vereinbarung über einen garantierten Gottesfrieden (Ekecheiria) getroffen, der es auch den Spartiaten möglich machte, ungefährdet nach Olympia zu kommen.«

Der *Olympische Frieden*, die »*Ekecheiria*«, begann zehn Monate vor den eigentlichen Spielen mit der Ankündigung der Spiele durch die Region Elis und dauerten bis zum Ende der Wettkämpfe und der Heimreise aller Beteiligten. Die den Olympischen Frieden ausrufenden Herolde (*Spondophoroi*) zogen durch die Lande; trugen als Ausdruck ihres Amtes und ihrer Würde einen Kranz (*Kotinos*), einen Heroldstab und führten eine besondere Spendenschale für Trankopfer mit sich.

Auch durften die heiligen Stätten von Olympia nur ohne Waffen betreten werden, das gewährte allen Beteiligten einen sicheren Aufenthalt! Bemerkenswert ist die Tatsache, dass von den 293 Olympischen Spielen in Folge kein einziges Mal ein Spiel ausgesetzt wurde. Bemerkenswert deshalb, weil sich während dieser zwölf Jahrhunderte die griechischen Stadtstaaten in fast ununterbrochenem Kriegszustand miteinander oder im Kampf gegen äußere Feinde befanden!

KRIEGSRAT IM SCHUTZ DES GOTTESFRIEDENS
»Hätten die Griechen die Wettkämpfe in Olympia ausfallen lassen, wann immer sie Krieg führten, im Heiligtum wäre es oftmals still geblieben. Einigermaßen konsterniert nahmen die Perser, als sie im Jahre 480 v. Chr. mit ihrer überlegenen Streitmacht nach Athen vorrückten, zur Kenntnis, dass die Griechen unbekümmert zum Kultfest nach Olympia geströmt waren. Auch als der lange währende Zwist zwischen Athen und Sparta in den von beiden Seiten gewollten und unerbittlich geführten sogenannten Peloponnesischen Krieg (431 – 404 v. Chr.) eingemündet war, schickte Olympia seine Herolde aus, die zum Fest im Alpheiostal einluden – und alle kamen.

Zu den Delegationen, die sich 428 v. Chr. im Zeusheiligtum einfanden, gehörte auch eine Gesandtschaft der Stadt Mytilene auf Lesbos. Die der kleinasiatischen Küste vorgelagerte Insel war in der archaischen Epoche (7./6. Jahrhundert v. Chr.) von inneren Konflikten geprägt gewesen und tat sich im ausgehenden 6. und frühen 5. Jahrhundert schwer, im Spannungsfeld zwischen Athen und den Persern eine klare Position zu beziehen. Nach der Bezwingung der Perser in der Schlacht bei Mykale (479 v. Chr.) schlugen sich die Mytilenäer auf die Seite Athens und wurden Mitglied im Attischen Seebund. Damit war ihre Parteinahme im Peloponesischen Krieg vorbestimmt, doch wie schon in früheren Phasen ihrer Geschichte zerstritten sich die politisch einflussreichen Bürger. Die dominierende Gruppe plädierte für den Bruch mit Athen, um stattdessen mit Sparta zu paktieren. Die Spartiaten und ihre Verbündeten waren sich nicht sicher, wie weit sie dem Ansinnen der Mytilenäer Vertrauen schenken könnten. War es nur taktischer Natur? Hatte diese Entscheidung der für ihren Wankelmut und ihrer inneren Zerstrittenheit bekannten Mytilenäer überhaupt Bestand?

Das Kultfest von Olympia kam wie gerufen. Die Spartiaten bestellten die Verhandlungsführer aus Mytilene zu einer Anhörung vor allen Bundespartnern nach Olympia ein. [...] Wir wissen nur, dass die phasenweise erregte Debatte inmitten des Sakralgeländes stattfand, denn die Wortführer der Mytilenäer ließen in ihr Plädoyer geschickt die Bemerkung einfließen, dass sie als Schutzflehende des Zeus zu betrachten seien, ein Status, der die Nähe des Altars bzw. zum Götterbild voraussetzt. Die Bündnisversammlung billigte die Aufnahme von Lesbos. Nachdem abschließend noch strategische Details der weiteren Kriegsführung beschlossen worden waren, endete für die beteiligten Gesandtschaften der Besuch des Kultfestes, und man eilte unverzüglich auf das Schlachtfeld zurück.«[47]

BETEILIGUNG

Die Beteiligung an den Spielen, anfänglich nur auf die nächste Nachbarschaft beschränkt, dehnte sich allmählich auf ganz Griechenland aus. Bis in das Jahr 724 v. Chr. bestanden die Spiele bloß aus einem Stadionlauf, der wie bereits angedeutet, in Olympia etwa 192,28 Metern entspricht. Mit den Jahren kamen jedoch andere Sportarten hinzu. Zunächst weitere Laufwettbewerbe, dann diverse Faust- und Ringkämpfe sowie das Pentathlon. Dieser antike Fünfkampf bestand aus Diskuswurf, Weitsprung, Speerwerfen, Laufen und Ringen. Ab 680 vor Christus wurden dann nach und nach verschiedene Pferdesportwettbewerbe eingeführt. Welche Bedeutung die griechischen Geschichtsschreiber den Spielen zumaßen, lässt sich daran erkennen, dass sie die ersten Olympischen

---

[47] nach Sinn

Spiele als Ausgangspunkt ihrer kalendarischen Zeitrechnung festlegten: »Den Brauch, Ereignisse der Zeitgeschichte mithilfe der Olympiadenzählung genau zu fixieren, hat der an der berühmten Bibliothek in Alexandria wirkende Gelehrte *Eratosthenes* im 3. Jahrhundert v. Chr. eingeführt. Wenn Pausanias im 2. Jahrhundert n. Chr. beispielsweise den Zeitpunkt der Auslöschung der Stadt Helike durch ein Erdbeben benennt, lautet die Formulierung: *‚Die Vernichtung von Helike geschah, […] im vierten Jahr der einhundertsten Olympiade, in der Damon von Thourioi zum ersten Mal siegte.'*«[48]

An den ersten Olympischen Spielen durften nur junge Athleten griechischer Abstammung[49] teilnehmen. Selbst Alexander der Große, Sohn des makedonischen Königs Philipp II, musste in Olympia nachweisen, dass er kein Barbar sei. Diese Regel wurde mit der Zeit gelockert und die Spiele wurden für weitere Athleten aus der Region zugänglich. Sie mussten allerdings Vollbürger eines griechischen Stadtstaates sein, durften kein Verbrechen begangen haben und nicht unehelich geboren sein.

Zudem mussten alle Athleten 30 Tage vor Beginn der Spiele in Olympia eintreffen. Wer zu spät kam, wurde disqualifiziert. Weil die Athleten nun in mehreren Disziplinen gegeneinander antraten, fanden die Spiele traditionell an fünf Tage statt und hatten einen bestimmten Ablauf, in dem auch Feste und Opfergaben für die Götter enthalten waren.

Vom Barbaren zum Griechen

Makedonien war ein Gebiet, das im Norden des Kulturraums des antiken Griechenlands lag. Die Makedonen wurde von den Griechen, vornehmlich von Athen, für »barbarisch« (ein nicht griechisch sprechendes Volk) gehalten, denn sie unterschieden sich

---

[48] ebenda
[49] Dazu zählten als Volksstämme die Hellenen, Achäer, Ionier, Graeci (Griechen der Magna Graecia – Milons´ Heimat).

kulturell und gesellschaftlich deutlich von den Griechen: Makedonien hatte keine städtische Kultur, pflegte als Binnenreich kaum Kontakte zum mediterranen Kulturraum und war von der Gesellschaftsordnung ein Königreich, was in Griechenland nicht die Regel war. Erst ab dem 6. Jahrhundert v. Chr. beeinflusste die griechische Kultur zunehmend die mazedonische Oberschicht.

Vor diesem Hintergrund müssen wir das Ansinnen Alexander des Großen sehen, als Wettkämpfer an den Olympischen Spielen teilnehmen zu wollen: Im frühen 5. Jahrhundert v. Chr. reiste Alexander der I. (später der Große genannt) zum ersten Mal mit einer Delegation seiner Heimat zu den Spielen nach Olympia. Sein Vorhaben, erstmals als Wettkämpfer an den Spielen teilzunehmen, war eigentlich zum Scheitern verurteilt. Denn als *Makedone* galt er den Griechen als Barbar, als solcher durfte er an den Wettkämpfen, die nur Griechen vorbehalten waren, nicht teilnehmen. Doch auf dieses Veto vonseiten der Kampfrichter war der König der Makedonen bestens vorbereitet. In einer mitreißenden Rede legte Alexander dar, »dass die peloponnesische Stadt Argos eigentlich die Urheimat der Makedonier sei. Er selbst und seine Sippe können sich auf *Temenos*, einem Urenkel von *Herakles* zurückführen. Diese Argumentation ließ den Kampfrichtern gar keine andere Wahl, sie mussten Alexander zum Wettkampf zulassen. Beim Stadionlauf soll er gleichzeitig mit dem Sieger ins Ziel gekommen sein.

Dieser Auftritt Alexanders bei den Spielen war nur Teil seines Vorhabens, Makedonien als Mitglied der griechischen Staatenwelt anerkannt zu sehen.«[50]

Für die Wettkämpfer galt, sich unter den Augen von Zeus zu bewähren, die Kräfte bis zum Äußersten anzuspannen, um sich selbst und die Mitbewerber zu übertreffen. Angefeuert von Homers Mahnung: »*Immer der Beste zu sein und es vorzutun allen anderen*«.

Eine Aufforderung, die in dem heutigen lateinischen Motto der Olympischen Spiele nachklingt: »citius, altius, fortius«, »schneller, höher, stärker.« - Wenn heute vom olympischen Motto oder dem

---

[50] nach Sinn

olympischen Gedanken die Rede ist, meint man oft »*dabei sein ist alles*«. Diese Aussage steht interessanterweise im klaren Gegensatz zum klassischen Motto. Denn dieses stellte den Wettbewerb und den Siegeswillen in den Vordergrund, während heutzutage »*dabei sein ist alles*« die Olympischen Spiele nur als Fest des Sports und somit das Ereignis in den Vordergrund stellt und, das sei sarkastisch angemerkt, von uns im bequemen Fernsehsessel nachempfunden wird.

NACH OLYMPIA

GEOGRAFISCHE WELT DER ALTEN GRIECHEN
Kurz vor den Olympischen Spielen fanden am gleichen Ort die »Spiele der Hera« im Heiligtum statt. Gemeinsam bestiegen Milon, sein Vater sowie Atlante und ihre Mutter begleitet von *Hadubalt* und weiteren Sklaven sowie dem Trainer Milons´ und der offiziellen Gesandtschaft Krotons ein für Olympia gechartertes Schiff, um rechtzeitig und möglichst gefahrlos nach Elis zu gelangen.

Milon erhielt nun endlich Gelegenheit, die Welt kennenzulernen, von der er im Vorschulalter durch Gänge mit seinem Vater zum Hafen von Kroton, einen ersten Vorgeschmack bekommen hatte. Bisher waren ihm aus dem Unterricht zur Geografie lediglich die praktischen Erfahrungen der Phönizier bekannt, die um 600 v. Chr. im Auftrag des Pharaos *Necho* II. eine 3jährige Expedition um Afrika unternommen hatten. Mit Schiffen von etwa 40 m Länge, ausgestattet mit 40 Riemen (Ruderern) und einem Segel sollten sie von der Sinaihalbinsel über Somalia, den Äquator nach Südafrika, und dann entlang der Westküste Afrikas zurück ins Mittelmeer gesegelt sein. Eine schier unglaubliche Reise, die aber durch die Aussage der Seefahrer, »sie hätten die Sonne des Nordens gesehen«, später von *Herodot* für glaubwürdig befunden wurde: Dafür spricht, dass die westwärts fahrenden Seefahrer die Mittagssonne auf der rechten Seite (Steuerbord) also im Norden zu sehen bekommen hatten.

Von den alten Griechen wurde die Geografie empirisch, daher nach den jeweils gemachten Erfahrungen betrieben, anfangs als Schauplatz des menschlichen Wirkens; später, als man kolonisierbare Küstengebiete erkundete, entstand daraus der Begriff (*Periplous*),[51] mit dem die Umschiffung der zur damaligen Zeit bekannten Regionen gemeint war. Von *Homer* erfahren wir etwas über die geografischen Kenntnisse und Vorstellungen der griechischen Frühzeit in der *Ilias*. Danach ist es aber fraglich, wo sich Odysseus nach dem Sieg über *Troja* in seiner 10jährigen Irrfahrt zu seiner Heimat, der Insel Ithaka, wirklich herumgetrieben hat: »*Es gibt sehr unterschiedliche Interpretationen der Odyssee, während sich die einen auf das Mittelmeer beschränken, gibt es andere, die darin die Insel der Kirke nahe der Färöerinseln und Skylla sowie Charybdis an der Westküste Schottlands erkennen.*

Anaximander wird zugeschrieben, eine erste Landkarte erstellt zu haben und von Hekateios von Milet (geboren um 550 v. Chr.) sind einige geringfügige Fragmente einer Erdbeschreibung erhalten. Über erhebliche persönliche Kenntnis wenigstens des östlichen Mittelmeerraumes, des Vorderen Orients und Ägypten verfügte Herodot, der aufgrund seiner Erfahrungen auf den weiten Reisen und wohl auch auf der Grundlage der philosophischen Anschauungen von der Kugel als dem idealen Körper die Idee von der Kugelgestalt der Erde vertrat*«*[52] – so viel zur Geografie vor und in der Zeit Milons´!

Im Verhältnis zu zeitgleichen Stadt-Land-Fluss-Kulturen, wie Ägypten oder Mesopotamien, ist Griechenland eine maritime Kultur. Ihre von Ruderern und Segeln bewegten Schiffe sind schneller und boten den Griechen einen größeren Aktionsradius, als dies per

---

[51] Diese Navigationshilfe enthielt eine Seerouten-Beschreibung, die Häfen und Landmarken einer Küstenlinie mit den ungefähren Entfernungen zueinander beschreibt.

[52] Aus: Reader zur Allgemeinen Wissenschaftsgeschichte; von Walter Höflechner – Zentrum für Wissenschaftsgeschichte – Graz, März 2008

Menschen- oder Pferdefüße in großräumigen Kulturkreisen möglich ist. Aus der Biografie Solons[53] erfahren wir etwas über die Handelstätigkeit der Griechen: »*Vermutlich ist Solon in seiner Zeit als seereisender Händler weit in der Welt herumgekommen. In der Ägäis, in Kleinasien und an den Küsten des Schwarzen Meeres. Überall bewegte er sich in heimatlichen Gewässern, saßen doch die Griechen inzwischen dort wie ‚Frösche um den Teich'. Mit seinen Waren, Öl und Wein in versiegelten Amphoren, wird Solon ein willkommener Handelspartner gewesen sein. Denn nirgends, so sagte man, gediehen Ölbäume und Weinstöcke so gut wie im karstigen Attika.*«[54]

Mit einem seetüchtigen Schiff und einem erfahrenen Kapitän, den Milons´ Vater als solchen kannte, sollte die Fahrt nach Elis für die Heraia- und Olympiadelegation aus Kroton problemlos verlaufen sein. Milon musste in Elis an der 30tägigen Olympiavorbereitung teilnehmen, während Atlante, ihre Mutter und deren Hausklaven sich ebenfalls in Elis einquartierten. Atlante konnte hier mit einigen Mädchen, die ebenfalls zur Heraia wollten, trainieren und beizeiten mit diesen in Begleitung der 16 Kampfrichterinnen und deren Tross zu den Spielen der Mädchen aufbrechen.

DIE SPIELE DER HERA (HERAIA)

Wenn auch Frauen von den Olympischen Spielen ausgeschlossen waren, verfügten sie doch in Olympia über ihr eigenes Fest; es galt *Hera*, der Gattin und gleichzeitigen Schwester des *Zeus*. Die *Heraia*, wie man diese Spiele nannte, fanden ebenfalls alle vier Jahre vor den Olympischen Spielen statt; im Unterschied zu diesen gab es aber nur eine einzige Disziplin, den Lauf.

Dabei wurden drei getrennte Wettbewerbe für Mädchen in drei unterschiedlichen Altersklassen ausgerichtet. Einzelheiten über die Organisation dieser Spiele erfahren wir von *Pausanias*: »*Dieser Wettkampf ist ein Wettlauf für Jungfrauen. Sie sind aber nicht alle gleichaltrig, sondern zuerst laufen die jüngsten, nach diesen die nächst älteren und als letzte*

---

[53] Solon gehörte als Staatsmann (Reformen in Athen) und Lyriker zu den sieben Weisen Griechenlands.
[54] nach Zitelmann

laufen die ältesten von den Mädchen. Sie laufen so: Das Haar fällt lose herab, das Gewand reicht bis etwas über die Knie und die rechte Schulter zeigt sie bis zur Brust. Auch ihnen wird für den Wettkampf das olympische Stadion angewiesen, doch ziehen sie ihnen beim Stadionlauf etwa den sechsten Teil ab. Den Siegerinnen geben sie Ölbaumkränze und einen Anteil von der der Hera geweihten Kuh. Sie dürfen sich auch Bilder malen lassen und weihen.«

Nach *Pausanias* trugen sechzehn der gerechtesten Frauen von Elis die Verantwortung, unterstützt wurden sie dabei von jeweils einer Dienerin. Eine Tradition, die auf die Hochzeitsfeierlichkeiten der *Hippodameia* zurückging, die ebenfalls 16 verheiratete Frauen auswählte, die ihr bei der Einführung der *Heraia* helfen sollten. – Einer anderen Legende zufolge sollen die *Heraien* zum ersten Mal von den sechzehn respektabelsten Frauen Elis und Pisa im 6. Jahrhundert v. Chr. eingeführt wurden sein, um Frieden über das Land zu bringen, der die dauernden Streitigkeiten zwischen Ihren Stadtstaaten Elis und Pisa beendet. Eines der vielen nur wenig beachteten und befolgten historischen Gesten von Frauen, das dem Frieden geschuldet war! – Weitere *Heraien* wurden vom 6. Jahrhundert v. Chr. bis in die römische Kaiserzeit in mehreren Städten Griechenlands begangen.

So ähnlich, wie später von den Knaben und Männern berichtet, könnten sich auch die Mädchen in Elis den Augen der Kampfrichterinnen gestellt haben. Es ist anzunehmen, dass auch sie schwören mussten, sich langfristig auf diese Spiele vorbereitet zu haben. Sicher gab es ebenso Probeläufe, mit der die Kampfrichterinnen den Leistungsstand der Läuferinnen einschätzten, um sie gestaffelt nach den von *Pausanias* beschriebenen Kriterien einzelnen Laufwettbewerben zuzuordnen. Auch hier ging es nicht nach dem Alter der Mädchen, denn wie bei den Knaben gab es hierfür im alten Griechenland keinen klaren Nachweis. Selbst wenn Atlante 8 Jahre alt gewesen wäre, hätten die Kampfrichterinnen das hochgewachsene, schmalhüftige Mädchen mit den langen Läuferbeinen in die Klasse der älteren Mädchen eingereiht. Ihre hervorragenden Leistungen in den Probeläufen gaben ihnen Recht. Atlante störte es nicht, bei den schon Älteren und daher vermutlich schnelleren zu starten; ihre körperlichen Voraussetzungen, das Training mit Milon und dessen immer schnellere Laufgeschwindigkeit, hatte auch bei ihr eine weitere Leistungssteigerung bewirkt.

Einige Tage vor ihrem Fest machte sich der Zug der Mädchen mit den Kampfrichterinnen und deren Begleitmannschaft auf den Weg zum Heiligtum. Beschützt von einer Wachmannschaft pilgerten sie die gleiche Strecke, wie Wochen später Milon und die anderen Athleten, von Elis zur Altis, dem Ort der Spiele.

Die Laufbahn im Stadion wurde eigens für ihre Wettkämpfe von den bei Männern üblichen 192,28 Metern um ein Sechstel auf knapp 160 Meter gekürzt. Bei dieser seltsamen Änderung sollten wir von der männlichen Sicht der Griechen ausgehen: die – wie zum Teil noch heute bei uns – in der Frau das schwache Geschlecht sahen. Die Laufbahn bestand aus einer zuvor durch Sklaven von Verunreinigungen gesäuberten und einigermaßen geglätteten Sandfläche. Den schnellen Start ermöglichte die *Aphesis*, eine auch von den Männern benutzte steinerne Startschwelle mit zwei parallel angeordneten Einkerbungen, in die die Zehen der Läuferinnen Halt für den Start fanden. Gestartet wurde so, wie heute im Mittelstreckenlauf, nämlich aus dem Stand in leicht vorgebeugter Haltung.

Mit Atlante hatte sich eine große Anzahl der als älteren Klasse eingeteilten Mädchen eingefunden. Es mussten also erst Vorläufen gestartet werden, von denen die jeweils vier Schnellsten sich für das Finale qualifizierten. Das Los entschied, wer in welchem Vorlauf startet. Atlante erwische nur den letzten Vorlauf, damit das Handicap, nach kurzer Verschnaufpause bereits im Finale laufen zu müssen. Das machte ihr jedoch überhaupt nichts aus; während einigen Läuferinnen noch die Strapazen der Vorläufe anhingen, hatte sie sich, dank ihres Grundlagentrainings mit Milon, wieder ausreichend erholt. Beim Start verursachte eine Läuferin aus Sparta einen Fehlstart, zur Strafe wurde sie ausgepeitscht, durfte aber, so gedemütigt, erneut am Lauf teilnehmen. Dieser Zwischenfall gab auch den abgekämpften Mädels etwas mehr Zeit, sich zu erholen.

Nicht wie die Männer nackt, sondern so, wie von Pausanias beschrieben: Angetan mit einem knapp bis zum Knie reichenden Gewand, das die rechte Schulter bis zu Brust entblößte, stellten sich die Mädchen dem Start. Man könnte glauben, in der Kleiderordnung kopierten sie die sagenhaften Amazonen, die ebenfalls die rechte Schulterseite entblößt ließen, um beim Umgang mit dem Wurfspeer oder dem Einsatz von Pfeil und Bogen nicht durch ihr Gewand behindert zu sein.

Dank guter Reflexe startete Atlante als Schnellste, gab diese Position während der 160 m nicht auf, im Gegenteil, vergrößerte deutlich ihren Abstand zu den nächstfolgenden Läuferinnen und errang unangefochten den Sieg in der Klasse der älteren Mädchen.

Übrigens: Der Inbegriff starker Frauen in der Antike sind die Amazonen, von Homer als »männergleich« charakterisiert, weil sie wie die Männer gerne kämpften. Sie zogen es vor, ohne Männer zu leben, diese wurden nur zeitweise zur Fortpflanzung gebraucht. Das machte die Amazonen für die Griechen zu gefährlichen, barbarischen Fremden, deren Heimat nur außerhalb der bekannten, zivilisierten Welt liegen konnte. Von den antiken Schriftstellern werden ganz unterschiedliche Gegenden wie z. B. das nördliche Kleinasien und Gebiete um das Schwarze Meer, aber auch Libyen und Äthiopien als die Heimat der Amazonen genannt. Wo Amazonen herrschten, hatten Männer nichts zu lachen. Alle Berichte über Amazonen zeugen von Gehörtem oder entsprangen der Phantasie. So gehört dazu auch die Geschichte, dass sich die Amazonen die rechte Brust weggepresst hätten oder schon im Kindesalter die Brust wegbrannten, damit diese beim Kampf mit dem Wurfspeer oder beim Bogenschießen nicht störe. »Brustlos« heißt auf Griechisch »a-mazos«, weil man damit in späteren Zeiten das fremdartige Wort »Amazone« zu erklären versuchte, entstand offenbar die »Brustlegende«.

Atlante, sowie die Siegerinnen in den Klassen der jüngeren Mädchen bekamen, wie auch bei männlichen Olympiasiegern üblich, Kränze aus den Zweigen des heiligen Olivenbaumes und Teile einer der *Hera* geopferten Kuh. Außerdem hatten sie wie die männlichen Olympioniken das Recht, Statuen oder Bilder ihrer Person zu weihen. So kamen die weiblichen Siegerinnen in den Genuss, ihre Bildnisse im Tempel der Hera aufstellen zu dürfen.

Nach einer anderen Überlieferung fuhr die Priesterin des Herakults auf einem von vier weißen Rindern gezogenen Wagen zum Tempel der Hera, dem Heraion, wobei sie von einer feierlichen Prozession des Volkes und einer streitbaren Mannschaft in Waffen begleitet wurde. An ein großes Stieropfer schlossen sich ein allgemeiner Opferschmaus und außer dem bereits genannten 160-Meter-Lauf weitere Wettkämpfe an. So schleuderten die Kämpferinnen beispielsweise Wurfspeere auf ein als Ziel aufgestelltes Schild. Der Siegerpreis sollte aus einem eisernen Schild und dem üblichen Siegerkranz bestanden haben.

Weitere *Heraien* wurden außerdem in *Argos*, in *Elis*, auf *Ägina* und *Stratonikeia* in *Karien* begangen.

OLYMPIA

VORBEREITUNG - TRAININGSVARIANTEN

Bisher hatte Milon alles richtig gemacht; seine zehnmonatige intensive Vorbereitung auf den Wettkampf bei Olympia, das galt als Pflicht, hatte er nicht nur eingehalten, sondern durch mehrjähriges Training sogar überboten. Dies würde er und seine Begleiter (sein Vater, sein Trainer sowie weitere Offizielle der Polis Kroton) zu Beginn der Spiele am Altar des Schwurgottes wahrhaft schwören können.

»Du sagst, du möchtest in Olympia gewinnen. Aber warte. Schau, was das bedeutet [...]. Du musst dich an Anweisungen halten, musst auf Süßigkeiten verzichten, darfst nur zu festgesetzten Zeiten essen, egal, ob bei Hitze oder Kälte. Du darfst kein kaltes Wasser trinken und auch keinen Wein, wann immer du Lust dazu hast. Du musst dich deinem Trainer sowie einem Arzt völlig überlassen. Im Wettkampf dann musst du deinem Gegner die Augen ausbohren und umgekehrt. Manchmal wirst du dir das Handgelenk verstauchen, den Fuß vertreten, jede Menge Sand schlucken und Prügel beziehen. Und nach alledem kann es dir noch immer passieren, dass du verlierst.« (Epiktet[55] bezieht sich bei diesen Hinweisen offensichtlich auf das Pankration, einer Kombination von Ringen und Boxen.)

»Wenn du hart genug gearbeitet hast, um würdig zu sein, nach Olympia zu gehen, wenn du nicht faul oder undiszipliniert gewesen bist, dann begib dich voller Zuversicht dorthin; diejenigen hingegen, die nicht ausreichend trainiert haben, mögen ziehen, wohin sie wollen.« nach Philostrat d. Ä.[56] Gemeint sind damit weitere lokale Wettkämpfe, die man mit weniger Trainingsaufwand bestreiten konnte, denn als »Ableger« der olympischen und der drei anderen panhellenischen Spielen gab es eine Unzahl weiterer Wettkämpfe in den Stadtstaaten des antiken Griechenlands! Auch bei ihnen wurden die Götter verehrt, Geschäfte gemacht und Zusammentreffen von Politikern u. a. organisiert.

WETTKAMPFVORBEREITUNG
30 Tage vor Beginn der Wettkämpfe hatten sich alle Athleten in Elis einzufinden, um dort im Sinne einer unmittelbaren Wettkampfvorbereitung unter der strengen Aufsicht der Kampfrichter *hellanodikai* zu trainieren. Damit sich in dieser Zeit kein Athlet durch eine leistungsfördernde Ernährung Vorteile verschaffen konnte, war für alle, wie von *Epiktet* beschrieben, eine einheitliche Diät festgesetzt. Diese Regelung bestand aber erst seit dem 5. Jahrhundert v. Chr.!

»Für das Gemeinschaftstraining stand in Elis das ‚Alte Gymnasion' zur Verfügung. Von Pausanias wird es als eine ausgedehnte,

---

[55] *Epiktet* war ein antiker Philosoph, seine Gedanken sind uns durch die Schriften seines Schülers *Arrian* überliefert.
[56] Griechischer Sophist, verfasste u.a. eine Schrift über die Gymnastik sowie die griechische Athletik und insbesondere über die Olympischen Spiele.

mit Platanen bewachsene und von einer Mauer eingefasste Anlage beschrieben. Geweiht war das Gymnasion dem sagenhaften Herakles, neben Apollon einer der Patrone der Athleten. Innerhalb dieses weitläufigen parkähnlichen Areals gab es verschiedene Sportanlagen, in denen, räumlich voneinander getrennt, die Athleten ihr Training absolvierten. – Eine der Anlagen, das Stadion, stand den Läufern und Fünfkämpfern zur Verfügung. Im ‚Viereckigen Gymnasion' trainierten die Schwerathleten, also Ringer, Faustkämpfer und Allkämpfer. Im ‚Weichen Gymnasion' trainierten die jugendlichen Athleten, zu denen auch Milon gehörte. Für sie war die Anlage mit einem etwas weicheren Boden ausgestattet. Statuen von erfolgreichen Athleten, aber auch von denen, die wegen Verstoßes gegen die Wettkampfregeln mit Strafgeldern belegt worden waren, standen den Wettkampfaspiranten ansporned aber auch warnend vor Augen.«

Ein solches, den Wettkämpfen obligatorisch vorgeschaltetes Gemeinschaftstraining, setzte bei den Athleten die Bereitschaft zu einer recht langen Klausur voraus. Das schuf von vornherein eine soziale Hürde, die es nur den »Wohlhabenden« ermöglichte, zehn Monate vor den Spielen intensiv zu trainieren und sich der einmonatigen Klausur zu unterziehen. Hinzu kam noch die mehr oder weniger lange und beschwerliche An- und Abreise. Wer also mit Arbeit seinen Lebensunterhalt verdiente, der hatte kaum eine Chance, sich an den Wettkämpfen bei Olympia zu beteiligen.

Diese Regel machte sogar einigen Berufsathleten zu schaffen, die in dieser belegten Zeit andernorts noch Preisgelder einheimsen konnten: »*Eine hohe Geldbuße musste beispielsweise der Boxer Apollonios aus Alexandria zahlen, weil er sein verspätetes Eintreffen in Elis mit widrigen Winden bei der Anreise begründete in Wirklichkeit aber an gewinnbringenden Wettkämpfen in Kleinasien teilgenommen hatte. Sein Kampf- und Reisegefährte Herakleides, der die Wahrheit ans Licht gebracht hatte, wurde für seine Aussage kampflos zum Sieger erklärt.*«

Knabe oder Mann
Während der 30tägigen Wettkampfvorbereitung standen die Athleten unter der dauernden Beobachtung durch die Kampfrichter. Zunächst bestand deren Aufgabe darin, die Olympiatauglichkeit der Athleten festzustellen. Hatten die Athleten diese Hürde genommen, wurden sie einer weiteren Musterung unterzogen. Denn bei den Wettkämpfen traten jugendliche und erwachsene Athleten gesondert zum Wettkampf an. Ausschlaggebend dafür war nicht ihr Alter, da es keine Möglichkeit zur Alterskontrolle gab; stattdessen galten als Kriterium ihre körperliche Konstitution sowie ihre Leistungsstärke. Auf den Kampfrichtern lastete bei dieser Auswahl eine enorme Verantwortung, sie mussten unbedingt Gerechtigkeit walten lassen! Denn es konnte für die weitere Karriere eines Nachwuchsathleten entscheidend sein, ob man seine Siegeschancen erhöhte, indem man ihn noch der Knabenklasse, den *Paides* zuordnete, oder ob er sich bereits mit den *Andres*, den ausgewachsenen Männern, messen musste.

Pausanias weiß von einigen Fällen zu berichten, die die Problematik solcher Entscheidungen durch die Kampfrichter sichtbar machten: »Der Aiginete Pherias [...] schien in der 78. Olympiade noch absolut zu jung zu sein und wurde deshalb nicht zum Ringkampf zugelassen. Als er in der nachfolgenden Olympiade dann zum Ringkampf antreten durfte, errang er sofort den Sieg.«

»Der rhodische Ringer Nikasylos wollte als Achtzehnjähriger noch in der Klasse der Knaben antreten, wurde aber von den Kampfrichtern den Erwachsenen zugeordnet. Er holte sich dennoch den – in dieser Kategorie natürlich höher angesehenen – Sieg. Als er zwei Jahre später verstarb, hatte er, so jung er war, dank des Kampfrichterentscheids doch das höchste Ziel eines Athleten erreicht.« In diesem Zusammenhang sei die Frage erlaubt, ob wir es bei Nikasylos mit einem zu früh auf Höchstleistung gepushten Jugendlichen zu tun hatten, was zu seinem frühzeitigen Tod führte?

»Es kam auch vor, dass ein Athlet, der bei Olympia nur als Knabe antreten durfte, wenig später bei Wettkämpfen in anderen

Orten, die gerade bei Olympia gekürtem Sieger in der Männerklasse bezwang.«

Vor diesem Hintergrund wird verständlich, warum die Kampfrichter vor Beginn der Wettkämpfe beeiden mussten, bei der Zuordnung in Alters- und Leistungsklassen gerecht zu entscheiden und keine Geschenke entgegenzunehmen.

DIE HELLANODIKAI

Die Unparteilichkeit der Kampfrichter (*hellanodikai*) besaß in der olympischen Verwaltung einen so hohen Stellenwert, dass sie, wie *Herodes* berichtet, im frühen 6. Jahrhundert v. Chr. mit einer Delegation aus Elis den Pharao *Psammis* in Ägypten aufsuchten, um sich beraten zu lassen, wie die Organisation der Spiele verbessert werden könnte. Nach Konsultation seiner Ratgeber sagte *Psammis*: »*Wirkliche Unparteilichkeit sei nur gewährleistet, wenn die Eleier selbst von den Spielen ausgeschlossen wären.*«

Nach *Pausanias* wurden die *hellanodikai*, als die wichtigsten Beamten der Spiele, durch die *nomophylakes* (Gesetzwächter) zehn Monate vor Beginn der Spiele in den Wettkampfregeln unterwiesen.

Der Name *hellanodikai* bedeutet wörtlich »griechische Richter« und verweist auf den nationalen Charakter der Spiele. Zu Milons´ Zeit stammten die *hellanodikai* bereits aus Elis, das sich dieses Schiedsrichteramt sowie die 30tägige Wettkampfvorbereitung aus Prestigegründen zu der Zeit gesichert hatte, als *Iphitos* und *Lykurgos* die Spiele neu ordneten.

Die *hellanodikai* hatten ihr eigenes Haus in Elis, das sogenannte *hellanodikaion*. Sie wurde jeweils durchs Los bestimmt, und obwohl ihre Zahl schwankte, während der gesamten Zeit der Spiele waren sie fast immer zu zehnt. Einer von ihnen betätigte sich als Oberaufseher, während die restlichen in drei Gruppen unterteilt wurden, wobei jede Gruppe den Vorsitz über verschiedene Wettkämpfe innehatte. Die erste organisierte die Reiterwettbewerbe und Wagenrennen, die zweite den Fünfkampf und die dritte die übrigen Wettkämpfe. Durch die Jahrhunderte hindurch waren die

Schiedsrichter für ihre Unparteilichkeit berühmt. Sie trugen Gewänder aus Purpur, der königlichen Farbe, die an die Zeit erinnerte, als König *Iphitos* die Spiele leitete und als einziger Kampfrichter fungierte.

Die Achtung und der Respekt, der den *eleischen Hellanodikai* im Allgemeinen entgegengebracht wurde, scheint jede ungerechtfertigte Einmischung verhindert zu haben. Wahrscheinlich wurden die Schiedsrichter gern aus dem Kreis ehemaliger Olympiasieger gewählt. Als Beispiel sei *Euanoridas* genannt, der im Knabenalter Olympiasieger im Ringkampf war. Doch auch für diese Fachleute dürfte es oft schwierig gewesen sein, den Sieger bei den Stadion-Läufen oder Wagenrennen nur nach Augenschein so eindeutig zu ermitteln, wie es uns heute durch Fotofinish möglich ist. Deshalb wurde bei einem »Unentschieden« der Siegerkranz einem der Götter verliehen!

Die Stadionläufe wurden ab der zweiten Hälfte des 6. Jahrhunderts v. Chr. übersichtlicher, als man die Startlinie mit einer Schwelle aus Kalkstein kennzeichnete, in die zwei Rillen eingelassen waren, in die der Startende seine Zehen krallen konnte. Außerdem verbreitete sich das Stadion in der Mitte und bot so eine bessere Sicht und zugleich mehr Platz für Speerwurf, Weitsprung, Diskuswurf und die Zweikämpfe. Man nimmt an, dass etwa zehntausend Zuschauer auf den Wällen und Hängen Platz fanden.

REGELVERSTÖSSE BEIM SPORTLICHEN WETTKAMPF
Nicht ohne Grund schworen die *Hellanodikai* die Teilnehmer der Spiele ein, sich an die strengen Regeln zu halten, auf die sie zu Beginn der Spiele hingewiesen wurden. Bei Verstößen gab es folgende Strafen: »*Entweder der Teilnehmer wurde sofort von den weiteren Wettkämpfen ausgeschlossen und in Unehren in seine Heimatstadt geschickt; oder auf Kosten des Regelverletzers wurden Zeusstatuen angefertigt und am Zugang zum Stadion aufgestellt, an deren Postament der Name und der Herkunftsort des Regelverletzers verewigt wurde.*«

Pausanias berichtet von 16 solcher Statuen, davon wurden 6 mit den Bußgeldern errichtet, die der Stadt Athen auferlegt waren.

Grund: »Der Athener Kallipos hatte seinen Gegner im Fünfkampf bestochen. Athen weigerte sich zu zahlen, bis das delphische Orakel damit drohte, erst dann wieder Prophezeiungen für die Stadt zu verkünden, wenn die Strafe in voller Höhe bezahlt wäre.«

Wie Pausanias anmerkte, waren solche Bestechungen eigentlich selten. Niemand konnte sich vorstellen, dass die Athleten so wenig Respekt vor dem Gott haben könnten, dass sie die Regeln umgingen. Besonders abscheulich fand er, dass ausgerechnet ein Eleier so tief sinken könne: »*Es handelte sich um den Eleier Damonikos, den Vater eines jugendlichen Athleten, der seinen Sohn unbedingt hatte siegen sehen wollen. Er bestach den Vater des Gegners seines Sohns. Als das herauskam, wurden beide Väter mit einer Geldstrafe belegt.*«

Obendrein konnten Wettkämpfer und Trainer, die sich nicht an die Regeln hielten, von den *mastigophorai* (Peitschenträgern) ausgepeitscht werden, einer entwürdigenden Strafe, die normalerweise nur für Sklaven galt. Wie *Thukydides*[57] berichtet, wurde diese Strafe bei dem Spartiaten *Lichas* angewandt: Dieser hatte sich als Thebaner für das Wagenrennen registrieren lassen, weil die Spartiaten zu dieser Zeit von den Spielen ausgeschlossen waren: »*Das Kultfest des Jahres 420 v. Chr. fand im Schatten des Peloponnesischen Krieges statt. Der Begeisterung in den Wettkampfstätten tat das aber keinen Abbruch. Gerade war das Wagenrennen mit dem Zweigespann entschieden worden, nun stand die Siegerehrung an. Ungewöhnlich genug, dem ‚Volk von Theben' war der Siegerkranz zugesprochen worden. Die Freude der anwesenden Thebaner dürfte, wenn sie sich denn überhaupt entfaltet hatte, von kurzer Dauer gewesen sein. Dem Publikum bot sich nämlich umgehend ein neuer Anblick. Ein alter Mann betrat die Szenerie, ließ sich den Siegerkranz aushändigen und schritt auf den Wagenlenker des siegreichen Gespanns zu. Den Zuschauern dürfte der Atem gestockt haben. Bahnte sich hier ein geradezu revolutionärer Akt an, indem statt des Rennstallbesitzers der Wagenlenker als der wahre Leistungsträger geehrt wurde? Tatsächlich legte der Greis dem Wagenlenker den Kranz*

---

[57] *Thukydides* war ein antiker Historiker und attischer Stratege. Sein Maßstäbe setzendes Werk »*Der Peloponnesische Krieg*« zeichnet sich durch neutrale Wahrheitssuche aus.

auf das Haupt. Alsbald war der vermeintliche Revolutionär identifiziert. Niemand anderes als der bekannte Rennstallbesitzer Lichas aus Sparta nahm diese unerhörte Zeremonie vor. Die Empörung war groß und die Kampfrichter beauftragten den Ordnungsdienst, Lichas mit Peitschenhieben aus dem Heiligtum zu verjagen.«

VON ELIS ZUR ALTIS

Wie schon Tage vor ihnen, die Teilnehmerinnen an den »Spielen der Hera«, brachen zwei Tage vor Beginn der Spiele die männlichen Olympiateilnehmer auf, um von Elis das ca. 60 Kilometer entfernte Heiligtum zu erreichen. An der Spitze die *hellanodikai* und andere Offizielle, ihnen folgten die Athleten mit ihren Trainern sowie Pferde und Wagen nebst Jockeys, Wagenlenker und deren Besitzer. Es ist vorstellbar, dass sich die »Begleitmannschaften« der Athleten, bepackt mit allen für den Aufenthalt in Olympia notwendigen Utensilien sowie einer ausreichenden Menge an Nahrungsmitteln, diesem Tross anschlossen. Die Route führte über die »Heilige Straße« entlang der Küste, unterwegs gab es einen Halt, bei dem ein Schlachttier[58] geopfert wurde und es erfolgten weitere Riten an der Quelle von *Piera*. Die Nacht verbrachte die Prozession wahrscheinlich in *Letrini*, um am nächsten Tag, dem Tal des Alpheios folgend, die Altis zu erreichen.

Der zweitägige Fußmarsch über eine mehr oder weniger befestigte Wegstrecke dürfte den Athleten nicht leichtgefallen sein. Hinzu kamen noch die zu dieser Jahreszeit besonders große Hitze und die intensive UV-Strahlung. Man könnte meinen, mancher von Ihnen, weil solche Strapazen nicht gewohnt, wäre vor Schwäche zusammengebrochen. Wahrlich kein ermutigender Auftakt für das zu erwartende Wettkampfgeschehen.

Empfangen wurde die Prozession von bereits angereisten Zuschauern, die in großer Zahl dem Spektakel beiwohnen wollten.

---

[58] Möglicherweise eine erste Wegzehrung, denn beim Opfern eines Tieres bekam der jeweilige Gott nur ein Teil davon, der Rest wurde von den Opfernden zu Ehren des Gottes verspeist.

Alle kamen trotz hochsommerlicher Hitze, ließen sich weder von der Entfernung noch durch die Strapazen der Reise von ihrem Wunsch abhalten, bei Olympia dabei zu sein: Adlige und Tyrannen aus Milons´ Heimat und anderen griechischen Küstenorten schipperten auf prächtigen Schiffen den Alpheios bis nahe dem Heiligtum herauf. Andere näherten sich per Schiff der Küste und nahmen den etwa 18 Kilometer langen Fußmarsch zum Heiligtum in Kauf. Über Land per Pferd und Wagen folgten weitere Aristokraten, Plutokraten[59] und reiche Bürger. Alle prächtig ausstaffiert, um sich bei ihrem Auftreten gegenseitig zu übertreffen. Griechen aus ärmeren Schichten kamen auf Eseln, in Karren oder auch zu Fuß.

Nur die offiziellen Delegationen fanden – allerdings erst ab dem 4. Jahrhundert v. Chr. – im Gästehaus, dem Leonidaion eine Unterkunft. Zu Milons´ Zeiten schliefen selbst die Festgesandtschaften der Stadtstaaten wie alle anderen in Zelten oder suchten sich wie ein Großteil der Angereisten einen Platz, an dem sie ihre Habe niederlegen und des Nachts unter dem Sternenhimmel schlafen konnten. Die Zahl der Anreisenden war so gewaltige, dass es bei Sonnenaufgang des ersten Tages vermutlich keinen Platz mehr gab, von dem aus man die Wettkämpfe verfolgen konnte.

Atlante und ihre Mutter wohnten mit ihren Sklaven während der Spiele auf dem von Milons´ Vater gecharterten Schiff, das auf dem Alpheios, der damals noch schiffbar war, vor Anker lag. Weil Frauen bei den Wettkämpfen der Knaben und Männer nicht zuschauen durften, nutzten sie die Gelegenheit, sich das Markttreiben in der Ebene nahe des Alpheios anzuschauen. Begleitet von zwei grimmig aussehenden Mitgliedern der Schiffsbesatzung, hatte Atlante, kenntlich als Siegerin bei der vorangegangenen Heraia, und ihre Mutter, keine Belästigung zu befürchten. Soweit es ihre Teilnahme an den Spielen erlaubte, gesellte sich Milon und sein Vater zu ihnen.

---

[59] Schon im alten Griechenland galt als Plutokrat, wer sich nur durch Reichtum Macht und Ansehen verschaffte.

„Es lässt sich nicht mit Gewissheit sagen, wie viele Besucher zum großen Kultfest nach Olympia strömten. Orientiert man sich an den Ausmaßen des Stadions, ist eine Größenordnung von mindestens fünfzigtausend Menschen nicht unrealistisch. Um diese gewaltige Herausforderung bewältigen zu können, bedurfte es ausgereifter organisatorischer Strukturen. Das dem Zeus geweihte Heiligtum mit seiner von elischen Bürgern ausgeübten Verwaltung stand im Ruf, dieser Aufgabe bestens gewachsen zu sein. Dazu liegt uns im antiken Schrifttum eine Nachricht vor, die an Deutlichkeit nichts zu wünschen übrig lässt: Zwischen Sparta und Elis war es zu feindseligen Auseinandersetzungen gekommen, die mit einer empfindlichen Niederlage der *Eleier* endeten. Im Friedensvertrag mit den Spartiaten wurden die *Eleier* unter anderem genötigt, die im frühen 6. Jahrhundert eroberten Gebiete im *Alpheiostal* und im südlich angrenzenden *Triphylien* wieder in die Selbstständigkeit zu entlassen. Damit hätte *Elis* eigentlich die Aufsicht über Olympia verloren, doch die Spartiaten entschieden anders, die Beweggründe erfahren wir durch *Xenophon*: *»Einzig die Leitung und Verwaltung des Heiligtums des olympischen Zeus durften sie behalten, obwohl auch das ihnen nicht seit alters gehörte. Die Spartiaten sagten sich nämlich, dass die anderen, die sich darum bewarben (d. h. die Triphylier), nur Bauern und folglich unfähig seien, diese Aufgabe zu übernehmen«.*"[60]

HADUBALT, SKLAVEREI

Während der Wettkämpfe bezogen die Athleten – wie alle aktiven Festteilnehmer – im Heiligtum Quartier. Östlich der Altis befand sich das Stadion, westlich davon die Palaistra, in der die Athleten der Kampfsportarten trainierten. In der Nähe der Palaistra bezog Milon und seine Begleitmannschaft wie auch andere Athleten in mitgebrachten Zelten oder anderen provisorischen Unterkünften Quartier. *Hadubalt* blieb während der Spiele dort, um die Habe seiner Delegation zu bewachen, das Essen vorzubereiten und weitere Dienstleistungen zu verrichten. Als Sklave war ihm das

---

[60] nach Sinn

Recht verwehrt, als Zuschauer die Wettkämpfe zu verfolgen. Gern hätte Milon diese Vorschrift umgangen, lag ihm doch viel daran, seinen Freund und Helfer beim Kampf dabei zu haben. Doch vor allem sein Trainer aber auch die anderen Begleiter aus Kroton hätten dies verhindert.

Bei den alten Griechen war der Begriff Sklave vom Verb skyleúo (»Kriegsbeute machen«) abgeleitet. Das traf für den Großteil der Sklaven zu, denn bei den unzähligen Auseinandersetzungen zwischen den Stadtstaaten blieb es den Besiegten beschieden, als Sklave behandelt zu werden. Andere gerieten durch Schuldhaft in die Abhängigkeit, wurden geraubt oder waren als Sklave geboren. Wie die Ziegen, Rinder und Pferde gehörten sie zum Haushalt freier Griechen und besaßen kein Eigentumsrecht an ihrer Person.

Wer ohne Sklaven lebte, war eben kein freier Bürger! Einen Sklavenhandel größeren Stils gab es im antiken Griechenland erst ab dem 6. Jahrhundert. Beispielsweise bestand die mit Abstand größte Bevölkerungsgruppe Athens aus Sklaven. Das Los der Sklaven war hart. Während die Haussklaven (Köche, Diener, Putzhilfen, Ammen usw.) immerhin als Mitglieder des Haushalts verhältnismäßig freundlich behandelt wurden, hatten die Arbeitssklaven, die in Bergwerken, Steinbrüchen, dem Bau, in den Manufakturen und zum Teil auch diejenigen, die in der Landwirtschaft arbeiten mussten, unter mehr oder weniger grausamen Bedingungen zu leiden.

Selbst der durch nachfolgende Anekdote in meinem Gedächtnis gebliebene Philosoph *Diogenes* von Sinope, der für ein enthaltsames Leben eintrat, hielt sich einen Sklaven. Nach einem von Seneca falsch übersetzten Ausspruch »*Lebte Diogenes angeblich in einer Tonne. Er soll auf die Frage Alexander des Großen, der vor seiner Tonne stehend, ihm den Sonnenschein verdeckte, nach seinem größten Wunsch geantwortet haben: ‚Geh mir ein wenig aus der Sonne!' Darauf soll Alexander geantwortet haben, ‚Wäre ich nicht Alexander, wollte ich Diogenes sein.'*

Als, was auch vorkam, sein Sklave ihm weglief und er nichts unternahm, ihn wieder zurückzubekommen, meinte Diogenes: ‚Es wäre doch komisch, wenn der Sklave ohne mich leben könne oder ich nicht ohne den Sklaven.'«

Einer der größten Sklavenmärkte der Antike war Chios, in ihrer Blütezeit ab 700 v. Chr. als Seemacht und Handelsmetropole eine der reichsten Inseln im Ägäischen Meer; zu späterer Zeit dominierten Athen, Korinth, Delos und Herakleon den Sklavenhandel. Auf Delos sollen zeitweise bis zu 1.000 Sklaven pro Tag verkauft worden sein! Der Erwerb eines Sklaven war eine teure Angelegenheit; zwischen sechs durchschnittlichen Monatseinkommen oder mehr als zwei durchschnittlichen Jahreseinkommen kostete ein Sklave. Da auch der Lebensunterhalt des Sklaven zu tragen war, konnte sich nicht jeder beliebig viele Sklaven halten.

Sklaven waren immerhin so wertvoll, dass man ihnen bei Krankheit oder Verletzungen medizinische Hilfe zugestand. Dafür gab es sogar *Valetudinarien*, die man als Krankenhäuser für Sklaven bezeichnen könnte; hier praktizierten auch Sklavenärzte, die als solche ausgebildet waren oder sich als Gehilfe eines Arztes medizinische Kenntnisse angeeignet hatten.

In den homerischen Epen ist die Sklaverei das Schicksal, das allen Kriegsgefangenen drohte. Selbst die griechischen Philosophen sahen durchaus nichts Verwerfliches in der Institution der Sklaverei. Nicht selten waren Haussklaven – das können wir am Beispiel von Hadubalt erleben – ihren Besitzern freundschaftlich verbunden. *Aristoteles* schlug sogar vor, dass treue Sklaven zum Dank für ihre loyalen Dienste freigelassen werden sollten. Er hielt jedoch die Sklaverei für gerechtfertigt, insbesondere wenn es um versklavte Barbaren ging: »*Sklave sei, wer ‚mit den Kräften seines Leibes das so Vorgesehene auszuführen imstande' sei. Dies traf nach seiner Meinung nicht für alle zu, die körperlich dafür geeignet sind, sondern nur auf Nicht-Griechen, sogenannte Barbaren (Menschen, die nicht griechisch sprechen). Barbaren sind nach Aristoteles Sklaven von Natur aus. Sie besäßen nicht nur den Körper, der sie zur Verrichtung der Arbeit prädestiniere, sondern seien auch in ihrer geistigen Fähigkeit eingeschränkt, sodass sie von der Sklaverei profitierten, indem ihr Besitzer für sie denke. Ohne diese Ansicht war*

Aristoteles Theorie der Polis undenkbar, da diese Theorie auf der Muße der Herrschenden aufbaute, sich mit ‚höheren Dingen' zu beschäftigen!«

Hadubalt sprach griechisch, war der Herkunft nach kein Barbar, wurde in Milons´ Familie als ein mit der Familie freundschaftlich verbundener Haussklave betrachtet und als solcher behandelt. Obwohl als Sklave nur für die Erziehung Milons´ während dessen Schulzeit im Gymnasion verantwortlich, hatte er diesen vor Prügeleien seitens seiner Mitschüler bewahrt und darauf aufbauend Milon nicht nur für die Kampfsportart Ringen begeistert, sondern engagiert mitgeholfen, ihn zu einem zukunftsträchtigen Ringkämpfer auszubilden. Aus diesem Grund gehörte Hadubalt der Begleitmannschaft Milons´ an, als dieser zu seinen ersten Spielen aufbrach. Wie bereits angedeutet, durfte Hadubalt nach den damaligen Gepflogenheiten dem jungen Milon nicht bei dessen Kämpfen sekundieren, das hätte schon Milons´ Trainer nicht gestattet. Andererseits ist es aus heutiger Sicht undenkbar, dass die an Sklavenarbeit gewöhnten Griechen ausnahmsweise während der Spiele ohne deren Dienstleistungen auskamen.

PROGRAMM

Die Spiele fanden immer zur Sommersonnenwende nach dem darauffolgenden ersten Vollmond im Hochsommer statt. Bedingt durch die klimatischen Verhältnisse Griechenlands, die durch die mediterrane Klimazone geprägt sind, zeichnet sich der Sommer durch große Hitze (Mitteltemperatur in Athen 27^0 Celsius) und Regenlosigkeit aus. Es herrschen in dieser Zeit die *Etesien*, auch Jahreszeitenwinde genannt. Ursächlich dafür sind große Tiefdrucksysteme, die über Südwestasien lagern und bis Kleinasien reichen und das im Sommer bis ins Mittelmeer vorstoßende Rossbreitenhoch, das Azorenhoch. Als trockene, sehr regelmäßige Nordostwinde bringen die *Etesien* stets heiteres Wetter und gute, klare Sicht mit sich. Die einjährigen Pflanzen haben dank der milden Wintertemperatur ihre Vegetationsperiode bereits im Winter und im

Frühjahr, während im Sommer das Wachstum ruht. Bei uns würden wir jetzt das »Erntedankfest« feiern, eine Zeit, die es vielen Griechen erlaubte, bei den Spielen dabei zu sein.

Der hier geschilderte Programmverlauf könnte zu Milons´ Zeit, also ab Mitte des 6. Jahrhunderts v. Chr., in etwa so gewesen sein:

ERSTER TAG

Zuschauer sein ...
»Das ganze Hellas komme in Olympia zusammen«, schreibt Pausanias. »Die einen, weil sie den Ruhm und die Ehre eines Siegerkranzes erstreben, andere, um Geschäfte zu tätigen, die dritten um als Zuschauer dabei zu sein.«
Schon bevor der erste Tag graute, besetzten Tausende die Wälle des Stadions, die Hänge des Kronoshügels und die Umgebung der Palästra, »Und wie geht es in Olympia zu? Schwitzt ihr da nicht in der Hitze? Werdet ihr nicht im Gedränge zusammengepfercht? Könnt ihr euch dort anständig waschen? Werdet ihr nicht bis auf die Haut nass, wenn es regnet? Habt ihr nicht unter all dem Lärm, Geschrei und anderen Belästigungen zu leiden? Aber mir scheint, ihr nehmt das alles auf euch und ertragt es gern, weil ihr es geringer achtet, im Vergleich zu dem, was ihr dort seht.«
Diese spöttischen Fragen eines antiken Philosophen könnten auch an Sportfans gestellt werden, die in unserer Zeit ebenfalls ähnliche Widrigkeiten auf sich nehmen, nur um dabei zu sein. Offenbar waren die olympischen Wettkämpfe für Menschen aus allen Schichten und Gegenden von Sizilien bis Kleinasien eine solche außergewöhnliche Attraktion. Sie nahmen es auf sich, in der Ebene am *Alpheiosfluss* in Zelten, Laubhütten und provisorischen Schutzdächern oder unter freiem Himmel zu kampieren. Dort lagerten sie ihre Habe, schliefen zur Nacht und pflegten in diesem Provisorium ihr geselliges Beisammensein bei Speis und Trank. Sie alle, ob Bauern, Händler, Philosophen oder Politiker, wollten versorgt sein. Das war nicht leicht, denn der Fluss führte im heißen Sommer

nur wenig Wasser. Um dem abzuhelfen, hatte man 7 m tiefe Brunnen gegraben, die das Grundwasser nur zeitweise erschlossen, zumal sie entweder schnell versiegten oder in sich zusammenbrachen, weil der Brunnenschacht nicht abgesteift wurde. Vor den Tribünen des Stadions hatten die Veranstalter ein kleines Rinnsal mit Wasserstellen angelegt, das notdürftig für Erfrischung sorgte. Weil es in der näheren Umgebung keine Stadt gab, hatten abseits vom Festgelände Speisen- und Getränkehändlern aus naher und ferner Umgebung ihre Verkaufsstände aufgeschlagen, um hier das »Geschäft ihres Lebens« zu machen. »*Prostituierte beiderlei Geschlechts gingen ihrem Gewerbe nach, Wasserträger bahnten sich mit ihren Eseln den Weg durch die Menge, Marionettenspieler unterhielten das Publikum. So bunt ging es in Olympia zu. Aber auch die üblichen Andenkenhändler sowie Sänger, Musiker und Artisten, die die Leute unterhielten, nutzten das Markttreiben in ihrem Sinne.*«

Wie nicht anders zu erwarten, traf sich auch die politische Prominenz aus »*ganz Hellas*« in diesen Tagen zu informellen Gesprächen, die von Priestern und Veranstaltern der Spiele gern vermittelt wurden. Denn das Auftreten bei Olympia war für die Hochwohlgeborenen, den Adel, für die Gewählten der Stadtstaaten, für Militärs und Strategen von großer Bedeutung. Auch geschulte Redner, Schriftsteller, professionelle Erzieher und Intellektuelle aller Art nutzten die Spiele, um für sich zu werben.

Vereidigungszeremonie
Am frühen Morgen, einigermaßen erholt vom langen Marsch von Elis zum Heiligtum, trafen sich alle Olympiateilnehmer (Priester, Kampfrichter, Wettkämpfer, Trainer und Begleiter) in dem von einer Mauer umschlossenen heiligen Hain am Tempel des Zeus. Nach dem Opfer, das die Eleier dem olympischen Zeus am großen Aschealtar darbrachten, opferten auch die Festgesandtschaften und überreichten kostbare Präsente ihrer Stadtstaaten.

In der nun folgenden feierlichen Zeremonie leistete Milon mit allen anderen Athleten und den *Hellanodikai* den »Olympischen

Eid« vor dem Altar und der Statue des Zeus Horkios, dem Schwurgott mit dem drohenden Blitz in der Hand. Ruhigen Gewissens konnte Milon schwören, sich insgesamt zehn Monate in Folge einem intensiven Training unterzogen zu haben. Ausführlich beschreibt Pausanias dieses Ritual: »*Die Zeusstatue im Buleuterion, die von allen Zeusstatuen ganz besonders zur Abschreckung von Bösewichtern geschaffen ist, hat den Beinamen ‚Horkios' (Schwurgott), Sie hält in jeder Hand ein Blitzbündel. Bei ihr müssen die Athleten und ihre Väter und Brüder und auch die Trainer über einem Eberopfer schwören, dass sie sich keinen Verstoß gegen die olympischen Wettkämpfe zuschulden kommen lassen werden. Die Athleten leisten dazu noch folgenden Schwur, dass sie sich insgesamt zehn Monate nacheinander intensiv dem Training gewidmet haben. Es schwören auch diejenigen, die die Knaben und bei den Pferderennen die Fohlen zu beurteilen haben, dass sie ihr Urteil nach Recht und ohne Geschenke abgegeben und die Gründe für die Zulassung oder Zurückweisung geheim halten werden.*«

Wettbewerbe der Jugendlichen
In der Nähe des Stadioneinganges fanden die Wettbewerbe der Herolde und Trompeter statt, sie ermittelten ihre Besten, denen eine wichtige Aufgabe zukam, nämlich die Wettkämpfe einzuleiten oder die Sieger zu verkünden. Inzwischen bereiteten sich die jugendlichen Läufer, Boxer und Ringkämpfer auf ihre Wettkämpfe vor.

Wie die Auslosung der gegeneinander antretenden Ringer ablaufen wird, wusste Milon bereits von seinem Trainer. Nach einem inbrünstigen Gebet an *Zeus* sowie *Herakles*, dem Schutzpatron der Ringer, wartete er gelassen ab, bis die Reihe an ihm war, aus der vom Kampfrichter gereichten bronzenen Schale sein Los zu entnehmen. Gemäß der Regel behielt er es in der geschlossenen Hand, bis alle ihr Los gezogen hatten. Gleich ihm warteten vierzehn junge Kämpfer äußerst gespannt darauf, wer wohl gegen wen zuerst kämpfen müsse. Milon kannte nur zwei seiner möglichen Widersacher, beide kamen aus dem benachbarten Sybaris, welches zu dieser Zeit noch freundschaftlich mit Kroton verbunden war. Bereits bei den von beiden Stadtstaaten alljährlich durchgeführten

Zeremonien zu Ehren ihrer Götter trafen die jungen Kämpfer aufeinander, um den Besten zu küren. Wie nicht anders zu erwarten, könnte Milon einige dieser Städte-Wettkämpfe für Kroton gewonnen haben.

Jeweils zwei der gezogenen Lose kennzeichnete ein Buchstabe des griechischen Alphabets. Kämpfer, die den gleichen Buchstaben zogen, musste gegeneinander zum Kampf antreten. Wie so oft, wenn eine ungerade Zahl an Kämpfer ihr Los zog, blieb einer ohne Gegner, besaß für die erste Runde ein Freilos.

Seine ersten Gegner, die sich in der Aufeinanderfolge der Kämpfe ergaben, bezwang Milon dank technischer Überlegenheit. Wie schon angedeutet, hatte er sich eine große Zahl technischer Varianten aneignen können, auch deshalb, weil *Hadubalt* die Finessen der älteren Ringer im Gymnasion von Kroton für ihn ausspioniert hatte.

Milons´ letzter Gegner, der ebenfalls alle seine vorangegangenen Kämpfe gewann, kam aus dem Stadtstaat Rhodos. Siegesgewiss schien er zu sein, als er den um einen Kopf kleineren Milon im letzten entscheidenden Kampf vor sich sah. Doch Milon ließ sich von dem dank seiner körperlichen Überlegenheit bisher siegreichen Ringer aus Rhodos, den wir hier als *Rhodoer* bezeichnen, nicht einschüchtern. Zu Beginn des Kampfes gelang ihm blitzschnell eine günstige Ausgangsstellung, aus der er seinen überraschten Gegner aus dem Gleichgewicht bringen und zu Boden werfen konnte. Das durch die vorangegangenen Kämpfe in Begeisterung versetzte Publikum ließ dem schmächtigeren Milon sogleich sein Wohlwollen spüren, als er den körperlich beeindruckenden *Rhodoer* aufs Kreuz legte. – Sollte ihm das noch zweimal gelingen, wäre er Olympiasieger. – Doch der *Rhodoer* blieb nach dieser ersten Niederlage aufmerksamer, parierte den zweiten Überraschungsangriff Milons´ und legte ihn kraft seiner überlegenen Größe und Stärke auf die Schulter. Es stand 1 : 1.

Wie zu Milons´ Zeiten noch[61] üblich, gingen auch die Kämpfe »Knabe gegen Knabe« solange, bis einer der Kämpfer dreimal mit dem Rücken, der Schulter oder der Hüfte den Boden berührte. Im Laufe des langen Kampfes in der prallen Mittagssonne verfügte der konditionell stärkere Kämpfer über die besseren Gewinnchancen; immerhin hatten beide schon 3 Kämpfe[62] hinter sich. Dem dank des Zusatztrainings mit Atlante ausdauernden Milon schienen diese Umstände weniger auszumachen. Zudem machte sich seine vielseitige athletische Ausbildung im Gymnasion, zu denen, wie bereits bemerkt, die Disziplinen im Pentathlon sowie kämpferische Varianten des Spieles mit schweren Bällen gehörte, jetzt zu seinem Vorteil bemerkbar. Der *Rhodoer*, das konnte Milon bei den vorangegangenen Kämpfen beobachten, war ein grobschlächtiges Kraftpaket; ihn zeichneten die Anstrengungen der bisherigen Kämpfe. Diesen Koloss durch einen Hebewurf zu Fall zu bringen, sollte Milon vergessen, er konnte den *Rhodoer* nur zum Fallen zwingen, indem er ihn aus dem Gleichgewicht brachte. Mit beidhändigem Griff packt Milon den linken Arm des *Rhodoers*, zog ihn daran über seine rechte Hüfte, mit der er ihm das Gleichgewicht nehmend zu Fall brachte. Es stand 2 : 1 für Milon, das Publikum raste vor Begeisterung.

Nachdem sein Gegner sich aufgerappelt hatte, gönnte Milon ihm keine Pause, mit seinem rechten Fuß hakelte er das Standbein des *Rhodoers* aus und warf im Vorwärtsschreiten den vor Müdigkeit torkelnden Riesen durch einen »sanften« Stoß mit der Schulter auf den Rücken.

Der junge Milon von Kroton errang seinen ersten Sieg bei Olympia. Dies dank seiner guten Kondition, ausgefeilten Technik

---

[61] Später änderte man das Reglement, die Dauer eines Kampfes wurde durch Verkleinern des Platzes verkürzt.

[62] Die ersten 7 Kampfpaarungen ergaben 7 Sieger, mit dem Athleten, der das Freilos zog, standen sich also noch 4 Paarungen gegenüber, daraus ergab sich nach weiteren Kämpfen die Paarung Milon : Rhodoer.

und taktischem Einfühlungsvermögen. Auf Händen trugen die Zuschauer den mit wollenen Bändern um Stirn und Arm als Sieger gekennzeichneten Milon durch die Altis; die eigentliche Siegerehrung sollte erst am letzten Tag im Tempel des Zeus stattfinden.

Wie bereits erwähnt, übernachtete Atlante mit ihrer Mutter auf dem Schiff, das sie aus Kroton nach Elis brachte und jetzt auf dem Alpheios nahe der Wettkampfstätte ankerte. Nach seinem Sieg hatte Milon nichts Eiligeres zu tun, als zu seiner Atlante zu eilen. Begleitet von ihren Eltern zeigten sich beide als bekränztes Siegerpaar bei der Heraia sowie bei Olympia dem begeisterten Volk. Atlante nutzte die Gelegenheit, bei einem talentierten Porträtmaler ein Bild anfertigen zu lassen, welches sie als bleibende Erinnerung an ihren Sieg im Tempel der Hera aufhängen durfte.

Ruhm, Geschäfte, Politik
Die Festgesandtschaften der griechischen Stadtstaaten nutzten Olympia als »Marktplatz der Eitelkeit«. Ihre prächtigen Gewänder, Schmuckstücke, Wagen, Pferde sowie mitgebrachten Schätze und Opfergaben sollten die Macht und den Reichtum ihrer Heimat vor ganz Hellas präsentieren. In der großen Schar der Hellenen aller Gaue und Mundarten, die sich unter dem freien Himmel der Alpheiosebene versammelten, fanden sie ihr Publikum. Während die einfachen Griechen begierig darauf waren, in den Tagen des Festes spannende Wettkämpfe, Kunst und Herrlichkeit zu schauen, die die Pracht und Stärke Hellas bezeugten, nutzten die Repräsentanten der Macht und der Künste die Gelegenheit, sich bei Olympia zu profilieren.

Abends waren Atlante und Milon, anlässlich ihrer glorreichen Siege, die sie für Kroton errangen, zum Empfang bei der Festgesandtschaft ihrer Heimatstadt geladen. Voller Stolz auf das *erste* Siegerpaar ihrer Stadt überreichten ihnen die Gesandten Krotons ein kostbares Essgeschirr und verkündeten den beiden neuen Ehrenbürgern ihres Stadtstaates, dass weitere Auszeichnungen nach der Heimkehr in Kroton zu erwarten seien. Milons´ Vater, gerührt von der Begeisterung, die das Pärchen entfachte, konnte sein Geheimnis nicht länger für sich behalten. Das Haus, das er beiden bauen ließ, sei fertig, es warte auf den Einzug des künftigen Hochzeitspaares, verkündete er vor allen. Großer Jubel und Glückwünsche von allen Seiten überschütteten Atlante und Milon, die glücklich und froh ihrer Zukunft entgegensehen konnten.

Selbstdarstellung durch die Spiele
Theophrastos[63] lächelt über Leute, die sich bei Lebzeiten schon prunkvolle Grabmäler errichten lassen, um ihren Namen zu verewigen. Letztendlich möchte keiner umsonst gelebt haben. *»Der Mensch ist in seinem Leben wie Gras, er blüht wie eine Blume auf dem Felde. Doch wenn der Wind darüber geht, so ist er nicht mehr da, und ihre Stätte kennet sie nicht mehr«*, dichtete der hebräische Psalm Sänger. Wie jedes Volk wussten das die Griechen. Indessen setzten sie dem Tod ihren Namen entgegen, der ihnen bleiben würde, wenn sie selbst im lichtlosen Reich des Hades verschwanden.

„Sich einen Namen zu machen, wurde zum Protest gegen den Tod, die einzig mögliche Gegenwehr gegen das Gebär- und Schlachthaus der Natur. Zu eigenwillig, zu groß, um klein beizugeben, setzten die Griechen auf das Überleben ihres Namens. Sie machten daraus einen regelrechten Kult.

Aus keiner der gleichzeitigen Weltkulturen jener Zeit sind uns so viele Einzelnamen bekannt wie aus dem antiken Griechentum. Es erschuf eine Kultur zahlloser bekennender Individualisten. Jeder einzelne von ihnen, sie alle haben es erreicht, dem flüchtigen Hauch des Mundes, der zuerst ihren Namen formte, Dauer zu verleihen. Noch heute kennen wir die Namen von mehr als 400 der antiken Olympioniken."[64] Womit nach dem altgriechischen »*nike* = Sieg« nur die Sieger bei den Olympischen Spielen gemeint waren.

---

[63] Theophrastos war ein griechischer Philosoph und Naturforscher, er gilt als Schüler von Aristoteles
[64] nach Zitelmann

Abweichend von seiner eigentlichen etymologischen[65] Bedeutung bezeichnen wir heute jeden an den Spielen teilnehmenden Sportler so, setzen *Olympionike* umgangssprachlich dem Olympiateilnehmer gleich.

In einer Rede zitierte Isokrates den Sohn des Alkibiades mit folgenden Worten: »Als mein Vater [...] sah, dass die Festversammlung in Olympia von allen Menschen hoch geschätzt und bewundert wurde und dass die Griechen dort ihren Reichtum, ihre Körperkraft und ihre Erziehung zur Schau stellten; als er erkannte, dass die Athleten beneidet und die Heimatstädte der Sieger berühmt wurden, und da er der Meinung war, dass Leistungen, die man in der Heimatstadt Athen vollbringt, zwar dem Einzelnen bei seinen Mitbürgern Ansehen einbringen, dass aber die in Olympia erbrachten Leistungen den Ruhm der Heimatstadt in ganz Griechenland vermehren [...], da wandte er sich der Pferdezucht zu. Dies war ein Privileg, das allein den Begütertsten vorbehalten war. Als er seine Pferde in die Rennen schickte, übertraf er nicht nur alle seine Gegner, sondern auch alle, die jemals vorher siegreich gewesen waren, denn er meldete zum Wettrennen (in Olympia) so viele Gespanne an, wie dies nicht einmal vonseiten der mächtigsten Staaten geschah.«

Pausanias erzählt von einer Mutter, die während der Schwangerschaft träumte, sie trage »*einen bekränzten Jungen im Leib*«. Sie lässt den Jungen später trainieren und er gewinnt tatsächlich im olympischen Wettlauf der »*paides*« (Knaben).

So mancher Grieche träumte vom unauslöschlichen, himmelhohen Ruhm, wie ihn Homer in seiner Ilias und der Odyssee hundertfach besingt. »Achilleus, vor die Wahl gestellt, sich für ein langes, ruhiges Leben zu entscheiden oder für den ruhmreichen Tod in der Blüte des Lebens, wählte den Ruhm, den frühen Tod.« Und

---

[65] Bereits im griechischen Altertum ging man der »Richtigkeit« der »Namen« respektive der »Bezeichnungen« nach. So fragte sich schon *Heraklit von Ephesos* (um 500 v. Chr.), inwiefern der Name eines Dinges die Wahrheit einer Sache widerspiegelt.

nicht einmal Thetis, seine göttliche Mutter, versuchte ihn zurückzuhalten.

„Im Jahre 448 v. Chr. wurden die Besucher des Festes von Olympia Zeuge einer bewegenden Siegesfeier. Aus Rhodos war der sechzehn Jahre zuvor in Olympia siegreiche Faustkämpfer *Diagoras* angereist. In seiner aktiven Zeit hatte er sich durch die kontinuierliche Siegesfolge bei den vier panhellenischen Wettkämpfen in Delphi, Isthmia, Nemea und Olympia den begehrten Ehrentitel eines »*Periodoniken*« erworben und war durch zahllose Siege in anderen Wettkämpfen zu einer ‚Sportlegende' geworden (Pindar, *siebte Olympische Ode*). Jetzt kehrte er nach Olympia als Begleiter zweier seiner Söhne zurück, die sich bereits einen Namen als erfolgreiche Athleten gemacht hatten: *Damagetos* hatte bei dem voraufgegangenen olympischen Fest bereits den Sieg im Pankration errungen, *Akusilaos* trat im Faustkampf an. Beide bestritten ihre Wettkämpfe am gleichen Tag, und beide gingen daraus als bejubelte Sieger hervor. Die Emotionen erreichten ihren Höhepunkt, als die Brüder, statt sich selbst feiern zu lassen, ihren Vater auf die Schultern hoben und durch das Heiligtum trugen. Man überschüttete *Diagoras* mit Blumen und pries ihn glücklich, weil er nicht nur mit erfolgreichen, sondern auch mit wohlgeratenen Söhnen gesegnet sei. Wer so augenscheinlich in der Gunst der Götter stand, dem konnte nach fester Überzeugung der Griechen eigentlich nichts Besseres widerfahren, als in einem solchen Augenblick des höchsten Glücks aus dem Leben zu scheiden. Tatsächlich verbreitet man in der griechischen Welt die Version, *Diagoras* sei an diesem Tag des familiären Triumphes in Olympia gestorben. Ob das der Realität entsprach oder doch nur Teil der Legendenbildung um die von den Göttern auserwählte Familie war – die eindrucksvolle Szene an jenem Augusttag des Jahres 448 v. Chr. hatte weitreichende Folgen: Die Nachkommen des *Diagoras* genossen bei allen Griechen eine außergewöhnliche Hochachtung. Das galt insbesondere für *Dorieus*, den jüngeren Bruder des *Akusilaos* und des *Damagetos*. Auch er zeichnete sich als ein überragender Athlet aus. Dreimal in Folge – 432, 428 und 424 v. Chr. – errang er den olympischen Siegeskranz im Pankration. Wie alle anderen vor ihm und nach ihm nutzte *Dorieus* sein in Olympia erworbenes ‚internationales' Renommee, um sich politisch zu engagieren. Nur wenige waren darin so erfolgreich wie *Dorieus*. Es ist nicht zuletzt seiner Autorität zuzuschreiben, dass sich die drei souveränen Stadtstaaten seiner Heimatinsel Rhodos im Jahr 408/407 v. Chr. zusammenschlossen. – Damit begann eine neue Epoche in der Geschichte der Insel. Nach der Auflösung des Attischen Seebundes 404 v. Chr. wurde Rhodos vollständig unabhängig. Es bewahrte im Antalkidasfrieden 387 v. Chr. seine Unabhängigkeit gegenüber Persien und verband sich 364 v. Chr. mit Theben gegen den Zweiten Attischen Seebund. In einer Zeit, als sich das übrige Griechenland in fortwährenden inneren Kämpfen selbst zerfleischte, kann die gegenläufige Entwicklung auf Rhodos gar nicht hoch genug eingeschätzt werden. Es ist kaum vorstellbar, dass *Dorieus* ohne die glanzvolle olympische Vorgeschichte Gehör bei seinen Landsleuten gefunden hätte. Für Rhodos begann mit der so gewonnenen inneren Stabilität eine Blütezeit, die in der machtvollen Neugründung der Stadt Rhodos, im Ausbau des Hauptheiligtums in *Lindos* und in einer ausgeprägten eigenständigen Lebensform ihren sichtbaren Ausdruck fand. Stolz und dankbar blickte man auf die Familie des *Diagoras* zurück. In Olympia erhielt man die Erinnerung an *Diagoras* und seine insgesamt fünf als Olympioniken ausgezeichneten Nachkommen in einer vielfigurigen Statuenweihung wach."[66]

ZWEITER TAG

Wagenrennen und Reiterwettkämpfe
Die Wagenrennen der Antike waren ein Spektakel für sich. Sie genossen die besondere Gunst der Schaulustigen, weil bei ihnen Sensationen und Nervenkitzel pur durch gewollte oder zufällige Zusammenstöße, Defekte an den Wagen, durchgehende Pferde und sogar tödliche Unfälle durch Mitschleifen oder Überfahren

---

[66] nach Sinn

heruntergefallener Wagenlenker zu erwarten waren. Dies ein Grund dafür, dass die Rennstallbesitzer selbst kaum Zügel und Peitsche in die Hand nahmen, sondern diesen riskanten Part ihren Domestiken überließen. Zudem waren es prestigeträchtige Wettkämpfe, denn nur vermögende Aristokraten oder ruhmsüchtige Stadtstaaten konnten sich diese teure Sportart leisten. Immerhin soll ein gutes Rennpferd in der heutigen Währung 30 bis 35 tausend Dollar gekostet haben.

Ursprünglich sind Wagenrennen wahrscheinlich aus festlichen Leichenspielen hervorgegangen: Erinnert sei nur an das unfaire Wagenrennen des Pelops, mit dem er den König Oinomaos von Elis bezwang, um die schöne Hippodameia und damit ein Königreich zu gewinnen; oder an die Leichenspiele, die Achilleus zu Ehren seines gefallenen Freundes Patroklos inszenierte.

Der Enthusiasmus der reichen Wagenbesitzer ging sogar so weit, dass sie sich nach ihrem Ableben nicht von Pferd und Wagen trennen mochten, sondern, wie Ausgrabungen erbrachten, sich mit ihnen beerdigen oder verbrennen ließen.

Bei den Wagenrennen gab es zwei unterschiedliche Kategorien: Die Viergespanne (*tethrippon*) und die Zweigespanne (*synoris*), diese noch unterteilt nach dem Alter der Pferde, in Fohlen oder ausgewachsene Pferde. Das erforderte großes Urteilvermögen von Seiten der Kampfrichter, so ließen diese zum Beispiel das Gespann des Spartiaten *Lykinos* nicht in der »Klasse der Fohlen« starten, weil eins der Pferde in seinem Fohlengespann bereits das Fohlenalter überschritten hatte. *Lykinos* brachte daraufhin sein Gespann im Rennen der »offenen Klasse« an den Start und gewann dort einen überlegenen Sieg.

Alle Rennen gingen über eine brutale Distanz: Für Fohlen begann sie bei 4 km und reichte bis zu 13 km bei den ausgewachsenen Pferden. In Olympia wurde erstmals 680 v. Chr. das Rennen der Viergespanne eingeführt, das der Zweigespanne aber erst 408 v. Chr., im gegebenen Fall vermutlich beeinflusst von Gefechten mit Streitwagen.

Als kriegsentscheidende Waffe mögen die Streitwagen denen der *Ägypter* in der Schlacht bei *Kadesch* (1274 v. Chr.) geähnelt haben, bei der der Hethiterkönig *Muwatalli* II mit seinen 2.500 bis 3.500 mit drei Mann besetzten schweren Streitwagen gegen die leichten nur mit zwei Mann besetzten Streitwagen von *Ramses* II keine Chance hatten.

Die von den Griechen bei Olympia eingesetzten Wagen waren superleichte »Rennmaschinen«, die nur von einem Mann gefahren wurden. Ihre dem Rennen geschuldete »Leichtbau« führte zum Sieg oder in die Katastrophe, wie bereits angeklungen, stillten die zahlreichen Unfälle die Sensationsgier der Zuschauer.

Die Pferderennbahn von Olympia war nicht nur wegen der Prominenz der Rennstallbesitzer berühmt, die hier Pferde und Gespanne auf die Bahn schickten. Bewundert wurde auch die spezielle Konstruktion der Startanlage.

„Vermutlich gingen bei einem Rennen in Olympia 10 bis 20 Wagen bzw. Reiter an den Start. Gestartet wurde aus Boxen, die wie ein Schiffsbug in Laufrichtung angeordnet waren. Dadurch sollte es möglich gewesen sein, zuerst die Teilnehmer aus den hinteren Boxen und bei deren Vorbeilaufen die jeweils Nächsten aus der Box zu starten, sodass alle auf gleicher Höhe das Rennen aufnehmen konnten. Die mehr als dreihundert Meter lange Anlaufstrecke führte bereits zu einer Entzerrung des Teilnehmerfeldes und ermöglichte ein problemloses Einfädeln in die eigentliche Rennstrecke. Entlang der relativ schmalen, dafür aber umso längeren Rennbahn konnten die Zuschauer aus unmittelbarer Nähe die packenden und gefährlichen Überholmanöver verfolgen."[67]

Der Sieg eines Gespannes hing wesentlich von der Leistung des ganz links laufenden Pferdes ab. An der Wendesäule nahm es zuerst die Kurve, die ihm als Leitpferd die engste und kürzeste ist. Dabei reißt es die drei anderen Pferde mit herum und bestimmt die Schnelligkeit. Für den Platz links innen im Gespann wählte man

---

[67] nach Sinn

immer das schnellste Pferd, das außerdem sehr talentiert sein musste.

Zweifellos war das Gerangel an der Wendemarke am gefährlichsten. An der Wende sollte man möglichst an der Spitze liegen, um schadlos herumzukommen.

Doch nicht jedem glückte dies, wie Sophokles[68] berichtet:
»Doch jener, hart zum Rande der Wendesäule haltend,
strich dicht daran vorbei stets mit der Achsenröhre,
Und, seinem rechten Leinenpferd die Zügel lassend,
Hielt er stets kurz das innere, anliegende [...].
Da stieß er, während er den linken Zügel
Dem einbiegenden Rosse freigab, unversehens
Gegen den Rand der Wendesäule, und es brachen
Die Zapfen an der Achse mitten durch.
Und aus der Wagenmuschel glitt er und
Verwickelte sich in die Lederriemen,
Und während er zu Boden stürzte, stoben
Die Füllen auseinander mitten in die Bahn.«

Vor Verletzungen und Stürzen schützten sich die Wagenlenker, indem sie Knie und Schenkel mit dicken Binden bandagierten. Um bei Stürzen nicht mitgeschleift zu werden, trugen sie griffbereit ein Messer bei sich, mit dem sie die um den Leib geschlungenen Zügel durchschneiden konnten.

Obwohl sie den gefährlichen Part leisteten und sie es waren, die den Sieg errangen, blieben die Wagenlenker ruhmlos, denn den Siegeskranz erhielt der Besitzer des Gespanns. Es sollte aber von Vorteil für den Besitzer gewesen sein, wenn er seinen Wagenlenker für dessen erfolgreichen Einsatz gut belohnte oder ihm, so er ein Sklave, die Freiheit gewährte.

Wie Pindar berichtet: »*Machte Herodotos von Theben rühmlich auf sich aufmerksam, weil er sein eigenes Gespann lenkte.*« Über den ‚Gekauften Sieg' des Kaisers Nero berichten wir unter »Regelverstößen«.

---

[68] *Sophokles* war ein griechischer Tragödendichter

Bei Olympia fanden die Pferderennen nach den Wagenrennen statt. Wie man sich vorstellen kann, erfolgte dies auf einem Untergrund, der durch die Wagen zerfurcht und aufgewühlt war; außerdem ritten die Jockeys ohne Sattel und Steigbügel. Nicht allein daraus ergab sich der Nervenkitzel für die Zuschauer. *Galen* wusste nur allzu gut über die Folgen scharfen Reitens Bescheid, wie beispielsweise Verletzungen der Brust, der Nieren und der Fortpflanzungsorgane: »*Um gar nicht erst das Straucheln der Pferde zu erwähnen, dass die Reiter häufig vom Pferd stürzen und auf der Stelle zu Tode kommen ließ.*«

Pausanias berichtet von »der Stute des Korinthers Pheidolas namens Aura. Obwohl sie ihren Reiter schon zu Beginn des Rennens abgeworfen hatte, lief sie schnurstracks weiter und umrundete die Wendesäule. Als sie den Klang der Trompete vernahm, rannte sie noch schneller und besiegte die anderen Pferde. Die Eleier erklärten Pheidolas zum Sieger und gestatteten ihm, dieser Stute eine Statue zu weihen.«

Wen wundert es, dass die Reiter ebenso wie die zuvor erwähnten Wagenlenker zumeist nur Domestiken waren. Hochachtung verdienten nur wenige Pferdebesitzer, die selbst das Risiko des Rennens auf sich nahmen. – Ob Domestiken die Wagen lenkten oder die Pferde ritten, letztendlich ging es um die Eigentümer der Gespanne und Pferde, die als eigentliche Gewinner, geschmückt mit dem Siegerkranz und dem Aufstellen verherrlichender Statuen, mit dem Ergebnis ihrer Pferdezucht wirtschaftlichen Gewinn und gesellschaftliches Prestige erzielten.

Fünfkampf (Pentathlon)
Obwohl Milon zu den Griechen gehörte, die in Unteritalien beheimatet waren, ein Gebiet, das für seine Pferdezucht bekannt wurde, interessierten ihn die vormittags durchgeführten Wagenrennen und Reiterkämpfe kaum. Er nutzte lieber die Zeit, um gemeinsam mit Atlante das Markttreiben auf der Alpheiosebene zu besuchen.

Aber nachmittags erschien ihm und seinem Vater das Pentathlon sehenswerter. Allein schon deshalb, weil beide im Gymnasion Krotons den Fünfkampf trainierten und Milon diesem seine allgemeine körperliche Fitness verdankte. Hinzu kam noch, dass die letzte der 5 Disziplinen Milons´ Lieblingsdisziplin war.

Philostratos verlegte die Ursprünge des Fünfkampfes in mythische Zeiten, indem er ihn mit der Argonautensage in Verbindung brachte. »Jason[69] habe seinem Gefährten Peleus zuliebe das Pentathlon erfunden, weil dieser zwar ein ausgezeichneter Ringkämpfer, in den anderen Disziplinen jedoch immer nur zweitbester war.« Als Sterblicher bekam Peleus die Meeresnymphe Thetis zur Frau. Diese ungleiche Heirat kam zustande, weil der Thetis prophezeit wurde, ihr Sohn würde stärker und mächtiger werden als sein Vater. Keiner der Götter wollte deshalb die Göttin heiraten, und sie überließen ihr den sterblichen Peleus zum Mann: »Peleus überraschte Thetis schlafend in einer Grotte, packte sie und ließ sie nicht wieder los. Darauf versuchte sie, sich ihm durch Verwandlungen in verschiedene Gestalten zu entziehen: Sie wurde zu Feuer und zu Wasser, zu einem Löwen und zu einer Schlange. Zuletzt verwandelte sie sich in einen Tintenfisch. Doch Peleus hielt sie über die ganze Zeit fest, obwohl er verbrannt, durchnässt, gebissen und mit Tinte bespritzt wurde. Letztendlich blieb Peleus aber Sieger dieses Ringkampfes.« Der Sohn beider, der noch stärker als ein Vater sein sollte, war der sagenhafte Achilleus.

Der Fünfkampf galt als Königsdisziplin der antiken Spiele, er war der Wettbewerb für Allround-Könner, deren besondere Fähigkeit in der Vielseitigkeit lag. Vermutlich wurde der Fünfkampf durchgeführt, um eben die Athleten zu küren, die diesen vielseitigen Anforderungen sportlich am besten gewachsen waren. Ihnen kam außerdem eine Vorbildwirkung zu, die auch militärisch motiviert sein konnte, wie wir es bereits im Beitrag zur Gymnastik andeuteten. Dies lässt sich auch mit den Einführungsdaten der Wettbewerbe bei Olympia untermauern:

---

[69] Jason ist eine Heldengestalt aus der Argonautensage.

1. Olympiade – 776 v. Chr.: nur Stadionlauf
14. Olympiade – 724 v. Chr.: Stadionlauf von doppelter Länge
15. Olympiade – 720 v. Chr.: Dolichos, Langstreckenlauf
18. Olympiade – 708 v. Chr.: Fünfkampf plus Ringen
23. Olympiade – 688 v. Chr.: Boxen (ebenfalls eine Kampfsportart)
25. Olympiade – 680 v. Chr.: Tethrippon (vierspänniges Wagenrennen)
33. Olympiade – 648 v. Chr.: Pankration und Pferderennen
37. Olympiade – 632 v. Chr.: Laufen und Ringen für Jugendliche
38. Olympiade – 628 v. Chr.: Fünfkampf für Jugendliche (sofort wieder abgesetzt)
41. Olympiade – 616 v. Chr.: Boxen für Jugendliche
65. Olympiade – 520 v. Chr.: Waffenlauf

Bis zu diesem Zeitpunkt haben wir es mit kriegstauglichen Kampfsportarten zu tun, die gleichzeitig den Gedanken an eine militärische Vorbildwirkung in sich tragen! Abgesehen davon, dass bei der 145. Olympiade – 200 v. Chr. noch das Pankration für Jugendliche hinzukam, scheinen die Spiele ab dem 5. Jahrhundert allmählich zum Leistungssport für professionell trainierende Athleten ausgeufert zu sein. Nicht ohne Grund beklagt *Tyrtaios*, Kriegsdichter aus Sparta, im Zusammenhang mit dem am vierten Tag stattfindenden Waffenlauf, »*dass der Leistungssport den militärischen Aspekt des Fünfkampfes zunehmend verdrängt.*«

Aristoteles lobte »die Leichtfüßigkeit und den muskulösen Körperbau der Pentathleten, deren breit gefächertes Training einen geschmeidigen, vielseitig angepassten Körper hervorbrachte, der sich positiv von der übertriebenen Massigkeit mancher Schwerathleten abhob.« Der Fünfkampf erforderte ein beträchtliches Durchhaltevermögen, dies mag der Grund dafür gewesen sein, dass man den 628 v. Chr. bei Olympia eingeführten Fünfkampf für Knaben sofort wieder abschaffte. Wobei Pausanias mutmaßte, »dass dies geschah, weil einer der zur Härte erzogenen Knaben aus Sparta gewonnen hätte.«

Gekämpft wurde Disziplin für Disziplin, die nächste wurde erst in Angriff genommen, wenn alle Athleten die vorherige abgeschlossen hatten. Zur Reihenfolge der Disziplinen orientierte man sich wahrscheinlich an der Art der Belastung: Demnach wechselten Arm- und Beinübungen einander ab. Stand nach dem Diskuswurf, Weitsprung, Speerwurf und Lauf der Sieger noch nicht fest, dann entschied der Ringkampf.

Um diesen Wertungsmodus eindeutiger zu formulieren, hielt der Philologe und Sporthistoriker Ebert[70] folgendes Modell zur Siegerermittlung im Pentathlon für wahrscheinlich: „Es beruht auf der grundlegenden Auffassung, dass das Pentathlon als Dreikampf mit maximal zwei Zusatzrunden zu verstehen ist. Voraussetzung für diese Auffassung ist die eben genannte Austragungsreihenfolge der Disziplinen, bei der die drei für das Pentathlon spezifischen Disziplinen: Diskuswurf, Weitsprung und Speerwurf zuerst durchgeführt wurden. Ebert legte seiner Theorie das ‚Prinzip des dreifachen relativen Sieges' zugrunde. Das bedeutet, dass ein Athlet als Gesamtsieger aus dem Pentathlon hervorging, wenn er jede der ersten drei Disziplinen zu seinen Gunsten entscheiden konnte. Stand nach den ersten drei Disziplinen noch kein eindeutiger Sieger fest, dann wurde der Wettkampf mit dem Stadionlauf fortgeführt, zu dem nur die Athleten zugelassen wurden, die noch keine dreifache relative Niederlage gegenüber einem anderen Mitbewerber erlitten hatten. Das bedeutet, dass ein Athlet, der in allen drei Disziplinen schlechter war als ein und derselbe andere Athlet, ausgeschlossen wurde. Nach der Austragung des Laufs zog man abermals Bilanz: Auch an diese Stelle konnten drei Einzelsiege einem Athleten den Gesamtsieg bringen. War das nicht der Fall, schieden wiederum jene aus, die drei relative Niederlagen erlitten hatten. Die

---

[70] Joachim Ebert: Zum Pentathlon der Antike, Untersuchungen zum System der Siegerermittlung und der Ausführung des Halterensprunges; 1963 (Abhandlungen der sächsischen Akademie der Wissenschaften)

wenigen verbleibenden Pentathleten kämpften im Ringen um den Gesamtsieg, dabei wurde das K.o.-System angewendet."

Die Schiedsrichter befanden sich während des Wettkampfes unmittelbar an der jeweiligen Austragungsstätte im Stadion, jeder hatte einen Stock in der Hand und ahndete Regelverstöße mit Schlägen. Eine der Regel bestand darin, dass sich Werfer und Springer nach einem »Zeitmesser« richten mussten. Dieser, ein Flötenspieler, stand neben den Werfern bzw. Springern. Bevor der Flötenspieler seinen Vers oder seine Strophe zu Ende gespielt hatte, musste der Athlet werfen bzw. springen.

Es ist nicht bekannt, wie viel Athleten an einem Wettkampf teilnahmen; nach der Anzahl von 21 Laufbahnen könnte dies als Teilnehmergrenze angenommen werden.

Platon empfahl allen Jugendlichen, den Fünfkampf zu trainieren, als Beispiel für eine vorbildliche Trainingseinstellung nennt er *Ikkos* aus Tarent: »*Um des Wettkampfes in Olympia und andernorts willen [...] hat er, wie erzählt wird, während der ganzen Zeit seines harten Trainings niemals eine Frau noch einen Knaben angerührt.*« *Aelianus*[71] weiß darüber hinaus zu berichten, dass *Ikkos* Mäßigung auch beim Essen bewies. Er soll der erste Athlet gewesen sein, der sein Training mit solcher Selbstbeherrschung und Konsequenz absolvierte. *Philostrat* meint: »*Wer im Fünfkampf auftreten will, soll eher schwer als leicht und eher leicht als schwer sein, ferner schlank, wohlgebaut, hochgewachsen, nicht übermäßig muskulös, aber auch nicht verkümmert.*«

Die folgenden Beispiele sind typisch für den Berufssport, der sich besonders nach Milons´ Zeit entwickelte, als das Kräftemessen zu Ehren der Götter dem des Strebens nach Reichtum und Einfluss weichen musste: „Dass aber auch Kurzstreckenläufer den Herausforderungen des Fünfkampfes gewachsen sein konnten, bewies 480 v. Chr. zum Beispiel *Phaullos* aus Kroton, der in Delphi zweimal den Fünfkampf und einmal den Stadionlauf gewann. Gleich zweimal in Folge soll *Demetrios* aus Salamis ein Doppelsieg

---

[71] Aelianus war ein Sophist und Lehrer der Rhetorik (sein Spitzname: Honigzunge)

im Stadionlauf und im Fünfkampf gelungen sein. Noch erfolgreiche war in dieser Hinsicht der mehrfache Olympionike *Granianos* aus Sikyon, der in den Jahren 133, 137 und 141 n. Chr. wiederholt mit Siegen im Stadion- und Dauerlauf, im Waffenlauf und im Pentathlon aufwartete."[72]

Diskuswurf
Der vermutlich älteste Diskus ist der »*Discos* von *Phaistos*«. Diese Scheibe aus gebranntem Ton ist eines der bedeutendsten Fundstücke aus der Bronzezeit. Er wurde auf das 17. Jahrhundert v. Chr. datiert. „Die im Durchmesser 16 cm messende Tonscheibe ist mit Schrift- und Tierzeichen verziert, die mit einzelnen Stempeln aufgedruckt wurden. Der Diskus weist damit den ersten »Druck« der Menschheitsgeschichte auf, dies in dem Sinne, dass zum ersten Mal ein kompletter Textkörper mit wiederverwendbaren Zeichen produziert wurde."[73]

Lukian: »Du sahst in der Übungsstätte auch ein anderes Ding liegen, aus Bronze und rund, das einem kleinen Schild gleicht, doch keinen Griff oder festen Trageriemen zeigt; du hast dich mit ihm versucht, als es am Boden lag, doch es schien dir zu schwer und war wegen seiner Glätte auch nicht leicht zu fassen. Diese Scheibe werfen sie weit und zugleich ziemlich hoch. Sie wetteifern, wem der weiteste Wurf gelingt und wer von ihnen alle anderen übertrifft. Dieser Sport stärkte die Schultern und verleiht ihren Händen und Zehen Spannkraft.«

Der Wurfplatz zum Diskuswerfen in der Antike war nicht wie heute üblich kreisförmig, sondern nach hinten offen. Nach anderer Darstellung soll von einem 60 bis 70 cm großen Podest geworfen worden sein, wie es in Gestalt des »Diskuswerfers von Myron« dargestellt ist.

---

[72] nach Sinn
[73] nach Herbert E. Brekle: Das typographische Prinzip. In Gutenberg-Jahrbuch. Band 72, 1997, S. 60 f..

Die Athleten warfen mit einem Diskus aus Bronze, der 5 – 6 Kilo statt der heute übliche 2 kg wog. Auch der Durchmesser des antiken Diskus war mit ca. 35 cm um einiges größer als die heutigen 22 cm. Es gab keine genormten Diskusscheiben, wichtig war, dass alle Wettkämpfer unter den gleichen Bedingungen antraten. – Deshalb bewahrte man in Olympia im Schatzhaus der *Skyonier* drei »offizielle« Disken auf, die einen fairen Wettbewerb gewährleisten sollten.

Philostrat äußert sich zum idealen Körperbau des Diskuswerfers: »Auch soll er eher lange als normal proportionierte Beine haben, und eine biegsame und bewegliche Lende. […] Und er muss auch große Hände und lange Finger haben, denn er wird viel besser werfen, wenn die Diskusscheibe infolge seiner langen Finger mit stärker gekrümmter Hand entsendet wird.«

Das Werfen eines antiken, schwereren und größeren Diskus scheint aus heutiger Sicht ein reiner Kraftakt gewesen zu sein. Wahrscheinlich wurde der Diskus nur aus einer halben Drehung mit viel Kraft weggeschleudert. *Statius*: »*Phlegyas von Pisa […] raut zuerst den Diskus und seine Hand mit Erde auf, dann schüttelt er den Sand ab und dreht den Diskus kunstvoll hin und her, um zu sehen, welche Seite sich von seinen Fingern am besten greifen lässt oder sich der Mitte seines Armes besser anpasst. Er hatte diesen Sport immer geliebt und pflegte den Diskus dort über den Alpheios zu werfen, wo er am breitesten war. Stets überwand er den Fluss, niemals fiel der Diskus ins Wasser […].*«

Wie aus der griechischen Mythologie hervorgeht, hätten *Hermes* und *Apollon* beim Diskuswurf versehentlich zwei Zuschauer getroffen. Die beiden Götter ließen ihre Opfer, namens Krokos und Hyakinthos, unsterblich werden, um ihre Schuld zu sühnen. Uns sind beide als Gewächse, nämlich als Schwertlilien und Rittersporn überkommen.

Bei Olympia wurden der Diskus- und der Speerwurf innerhalb eines großräumig abgesperrten Bereichs im Stadion ausgeführt. Um die Zuschauer vor den geworfenen Disken bzw. Speeren zu schützen, musste also auch der unmittelbar naheliegende Teil der Tribüne publikumsfrei bleiben.

Über die Wurftechnik ist uns nichts bekannt, wahrscheinlich wurde aus dem Stand geworfen, so wie es die Bronzestatue des berühmten Diskuswerfers zeigt, die der Bildhauer *Myron*[74] schuf. Die Statue zeigt einen rhythmisch bewegten, kraftvollen und stolzen Athleten in Aktion. In dieser Aktion wählt *Myron* den einzigen Moment der Ruhe, gewissermaßen den toten Punkt.

Philostratos will wissen, dass es eine Abwurfschwelle (bálbis) gegeben hat; außerdem berichtet er über die Wurftechnik: »Eine Schwelle ist abgegrenzt und nur für einen Stehenden hinreichend (außer rückwärts), die dem rechten Bein Stand verleiht bei der Neigung des vorderen Teils und das linke Bein entlastet, das mit der Rechten sich emporheben und mitschwingen muss. Die Haltung dessen, der den Discos hält: Er muss den Kopf nach rechts drehen und sich soweit biegen, dass er an seiner Seite hinabsehen kann, dann muss er den Discos werfen, wie wenn er etwas hochzöge und die ganze Kraft seiner rechte Seite in den Wurf legen.« Auch scheint als Wurfweite nicht der Aufprall des Diskus, sondern die Entfernung, bei der er liegen blieb, für die Weite entscheidend gewesen zu sein.

Aus den Leichenspielen zu Ehren des Patroklos vor den Mauern Trojas, die Homer in der Ilias beschreibt, stammt folgende Legende: »Achill habe bei den Leichenspielen zu Ehren Patroklos einen wertvollen Barren aus Eisen als Preis ausgesetzt, einem damals sehr kostbaren Metall, den der Mann erhalten solle, der ihn am weitesten werfen könne. Von noch erhaltenen Exemplaren wissen wir, dass ein solcher Barren einem Diskus ähnelt. Das Metall wurde nämlich in offene runde Formen gegossen, die in den Sand gegraben waren. Auf diese Weise entstanden Barren, die auf der einen Seite gewölbt und auf der anderen flach waren. Dass es sich dabei um geeignete Wurfgeräte handelte, war wohl offensichtlich.« Homer gibt außerdem einen Hinweis auf den materiellen Wert eines

---

[74] Myron war ein vielseitiger Künstler: Holzschnitzer, Erzgießer und Ziseleur. Er schuf Götterstatuen sowie Heroen- und Athletenbilder, die sich meist in Delphi und Olympia befanden.

solchen Barrens, er berichtet: »Das das Wurfgeschoss gleichzeitig der Wettkampfpreis für den Sieger war und dass ein adeliger Großgrundbesitzer damit seinen Metallbedarf für fünf Jahre decken konnte.«

„Etwa 20 antike Disken sind noch erhalten. Die meisten sind aus Bronze, wenige aus Marmor, einer aus Blei. Ihr Durchmesser beträgt zwischen 17 und 35 cm, die durchschnittliche Dicke 0,5 cm. Das Gewicht bewegt sich zwischen ungefähr 1,5 und 6,5 kg, mehr als das Mindestgewicht eines modernen Diskus, der normalerweise aus Holz besteht, außen mit einem Metallring und im Inneren mit einer Metallplatte versehen ist.

Überliefert ist, dass *Phaullos* von Kroton, den wir noch als Sieger im Weitsprung kennenlernen, zweimal im Pentathlon erfolgreich war. Er führte den einzigen Diskuswurf aus, der in einem Epigramm zur Sprache kommt, und deshalb dürfte es sich um eine außergewöhnliche Leistung gehandelt haben. Der Wurf lag gerade mal bei 30 m. Zum Vergleich: Der aktuelle olympische Rekord steht heute bei 74,08 m."[75]

Weitsprung

Der Weitsprung war bei den Olympischen Spielen der Antike der einzige Sprungwettbewerb. Auch diese Disziplin erinnert an ihren kriegerischen Ursprung, denn beim Marsch durch unwegsames Gelände war es oft unerlässlich, Gräben, Bäche oder andere Hindernisse zu überspringen. Es ist also durchaus vorstellbar, dass die Krieger die in den Händen mitgeführten Waffen beim Absprung nach vorne schwangen, wie es dann auch bei den Spielen mit den Sprunggewichten (*haltéres*) praktiziert wurde.

Bei den Spielen sprang man offenbar aus dem Stand, wobei man die Sprunggewichte mit größtmöglicher Kraft nach vorne schwang, diese unterstützten den Absprung, indem sie den Körper nach vorne rissen. Bei der Landung konnte ein Zurückfallen verhindert werden, wenn der Athlet die Fliehkraft der Sprunggewichte

---

[75] nach Swaddling

nutzte, indem er sie dosiert zurückführte. Anders als beim Diskuswurf war das Gewicht der Sprunggewichte nicht vorgeschrieben, jeder Athlet benutzte seine eigenen, individuell seiner körperlichen Voraussetzung angepasste Sprunggewichte. Wie Ausgrabungen erwiesen, wogen die Sprunggewichte zwischen 1 bis 4,5 kg mit einer deutlichen Tendenz zu Stücken von 2 bis 2,5 kg. Überliefert ist ein Epigramm, das nochmals *Phaullos* von Kroton würdigte, der eine Sprungweite von 16,30 Meter schaffte. *Chionis* von Sparta soll sogar 16,70 m gesprungen sein, erst diese Weiten ließen darauf schließen, dass wir es mit aneinandergereihten Mehrfachsprüngen (man vermutet 5 Sprünge) zu tun haben.

Philostratos: »Das Sprunggewicht ist eine Erfindung der Fünfkämpfer, erfunden aber wurde er für den Sprung, von dem er auch den Namen hat; denn die Spielregeln betrachten den Sprung als schwierige Kampfart und feuerten den Springenden mit Flötenspiel an und beflügelten ihn mit dem Sprunggewichte; es ist nämlich ein sicherer Führer für die Hände und bringt die Füße fest und elegant auf den Boden. Was das aber wert ist, zeigen die Spielregeln. Sie gestatten nämlich nicht das Ausmessen des Sprunges, wenn die Sprungspur nicht tadellos ist.«

Philostratos macht nicht ohne Grund darauf aufmerksam, dass der Sprung nur ausgemessen wurde, wenn die Sprungspur tadellos war. Daraus ist zu vermuten, dass die Springer auf dem gelockerten Boden deutlich beieinanderliegende Abdrücke hinterlassen mussten, weil nur so sichtbar war, dass ein Weitengewinn durch »unbemerktes« Vorwärtsschreiten bzw. Nachziehen des hinteren Fußaufsatzes ausschlossen wurde! Die Weite eines jeden Springers könnten mit Pflöcken markiert worden sein.

Um eine gute Leistung zu erzielen, ging es nicht nur um Sprungkraft, sondern auch um hohes technisches Können. Rhythmisch untermalt, so nahm man an, wurden die Sprünge möglicherweise durch die Melodien eines Flötenspielers. Es sollte aber nicht ausgeschlossen bleiben, dass sich die Springer nach diesem als „Zeitmesser" richteten, daher zum nächsten der 5 Sprünge ansetzen, bevor der Flötenspieler seine Melodie zu Ende gespielt hatte.

„Nach Studien und Computersimulationen aus dem Jahre 2002 ergab sich, dass durch die Wahl individuell angepasster Hanteln pro Sprung etwa 17 cm mehr Weite erreicht werden konnten. Für den Fünfsprung aus dem Stand bedeutet das ein mehr von etwa 85 cm: Schon vor 2700 Jahren wussten altgriechische Olympioniken ihre Leistungen mit mechanischen Mitteln zu steigern." Zu diesem Schluss kommen zwei britische Sportwissenschaftler im Magazin »Nature«: „Beim Weitsprung aus dem Stand schwangen die Athleten demnach mehrere Kilogramm schwere Handgewichte, sogenannte Halteren, um einen typischen 3-Meter-Satz um fast zwanzig Zentimeter zu verlängern."

„Bei den Halteren könnte es sich um die ersten passiven Werkzeuge handeln, die zur Verbesserung der menschlichen Fortbewegung gedacht waren", schreiben Alberto Minetti und Luca Ardigó von der *Manchester Metropolitan University*. Durch Computersimulationen und praktische Versuche konnten sie die Frage klären, ob die Handgewichte als zusätzliches Handicap oder als Hilfsmittel dienten.

Erstmals wurden die aus Stein oder Blei gefertigten Halteren bei den 18. Olympischen Spielen im Jahr 708 vor Christus eingesetzt. Bis heute sind davon zahlreiche Exemplare erhalten. Auf welche Weise die Gewichte eingesetzt wurden, zeigen Darstellungen auf antiken Gefäßen: Beim Absprung wurden die Arme mit den Gewichten nach vorne geschwungen und kurz vor der Landung wieder nach hinten geführt.

„Unter diesen Bedingungen konnten zwei drei Kilogramm schwere Halteren die Position des Körperschwerpunkts und die Flugbahn des Athleten derart beeinflussen, dass sich der Sprung um rund 17 Zentimeter verlängerte, berechnen Minetti und Ardigó. Zwar hatten die Beinmuskeln beim Absprung ein zusätzliches Gewicht zu beschleunigen, aber je nach Gewicht der Halteren konnte dies zu einem insgesamt kraftvolleren Absprung und damit zu einer höheren Sprunggeschwindigkeit führen.

Simulationen und praktische Versuche mit vier Probanden zeigten, dass Halteren-Paare bis zu neun Kilogramm einen positiven

Einfluss auf die Sprungweite haben. Als Idealgewicht errechneten die Wissenschaftler fünf bis sechs Kilogramm. »Der Massenbereich zur Optimierung all dieser Effekte korrespondiert eng mit der tatsächlichen Größe archäologischer Halteren-Exemplare«, schreiben die Forscher. „Dies lässt vermuten, dass die Athleten vor langer Zeit bereits die gleiche Entdeckung gemacht hatten."[76]

Speerwurf
Ursprünglich ist der Speer eine der ältesten Jagdwaffen der Menschheit. Wir wissen nicht, wann zum ersten Mal eine bearbeitete Steinspitze an einem zur Jagd benutzen Stock befestigt wurde. Ebenso unklar ist, wann im Dunkel der Urgeschichte dieses »Werkzeug« erstmalig zum sportlichen Kräftemessen verwendet wurde. Am Rande eines Braunkohletagebaus in Schöningen (Niedersachsen) wurden 400.000 Jahre alte Speere gefunden. Diese altsteinzeitlichen Wurfgeräte sind die ältesten vollständig erhaltenen Jagdwaffen, die belegen, dass Menschen schon zu dieser Zeit Großwildjagd betrieben haben.

Im Jahre 708 v. Chr. soll der Speerwurf erstmals als Disziplin des Fünfkampfes im Programm der Olympischen Spiele gestanden haben. Von allen Disziplinen der Leichtathletik war er am engsten mit militärischen Auseinandersetzungen verbunden. Seit dem Späthelladikum (späte Bronzezeit des griechischen Festlandes) bis ins Römerreich vertrauten die Krieger vorrangig auf den Speer als Angriffswaffe. Er unterschied sich von der Stoßlanze der Hopliten durch sein geringeres Gewicht und dadurch, dass er nicht gestoßen, sondern geworfen wurde. Dies ermöglichte dem Krieger, den Feind aus einiger Entfernung anzugreifen, bevor er sich auf den Nahkampf einließ, und war besonders wirkungsvoll, wenn er, wie Xenophon[77] darlegte, vom Pferd aus geworfen wurde: »*Wir empfehlen zwei persische Speere aus dem Holz der Kornelkirsche [...]. Und*

---

[76] Quelle: NZ-Netzzeitung GmbH: 14.11.2002
[77] Xenophon war ein griechischer Schriftsteller, Politiker und Feldherr.

wir raten dazu, den Speer aus möglichst großer Entfernung zu werfen, da man dann mehr Zeit hat, das Pferd zu wenden und den anderen Speer zu ergreifen. – Hier sind einige kurze Anweisungen für das wirkungsvollste Werfen des Speers: Wenn man die rechte Körperseite zurücknimmt und die linke entsprechend nach vorne zieht, sich ein wenig aus dem Sitz erhebt und den Speer mit leicht nach oben gerichteter Spitze losschleudert, wird der Wurf am kraftvollsten und erreicht die größte Weite.«

Die Speere der Krieger bestanden aus Hartholz und hatten eine bronzene später eiserne Spitze. Bei den Athleten kam es eher auf die Weite an, weswegen sie Speere aus leichterem Holz (z. B. Holunder) benutzten, die beim Training unangespitzt waren, um Verletzungen zu vermeiden. Für den Wettkampf verwendeten sie aber einen daumendicken und körperlangen Speer mit einer Spitze aus Metall, damit dieser nach dem Wurf in der Erde stecken blieb, wodurch die Kampfrichter die Weite markieren konnten. Jeder Werfer hatte wahrscheinlich drei Würfe, der weiteste wurde gewertet. Auf die Zahl »3« kam man, weil die auf Vasen abgebildeten Speerwerfer mit drei Speeren dargestellt waren. Überliefert ist auch, dass bei den Spielen auf der Insel Kos die Sieger drei Speere als Siegerpreis erhielten.

Zwischen der antiken und der modernen Technik des Speerwurfs gab es einen außergewöhnlichen Unterschied: Die griechischen Athleten wickelten um die Mitte des Schafts einen Lederriemen, der in einer Schlaufe (*ankyle*) endete. In diese Schlaufe griff der Werfer mit Zeige- und Mittelfinger, die anderen Finger führten den Speer. Beim Abwurf spulte sich der Lederriemen aus seiner Umwicklung ab und verlieh dem Speer einen für den Flug stabilisierenden Drall. Von Sportstudenten ausgeführte Versuche zeigten, dass die Benutzung des Riemens dem Speer einen ruhigeren Flug gab, außerdem erhöhte sich auch die Wahrscheinlichkeit eines zielgenauen Wurfes, wobei letzteres für die Weite kaum von Belang ist.

Abgesehen von der Benutzung des Lederriemens könnte die griechische Speerwurftechnik mit der heutigen identisch gewesen sein. Der Athlet lief, den Speer mit der rechten Hand horizontal auf Ohr-Höhe haltend, bis zur Abwurflinie, holte dabei zum Wurf aus, wobei er den linken Arm nach vorne streckte, um das Gleichgewicht zu bewahren und schleuderte dann den Speer nach vorn oben. Der Wettbewerb fand im Stadion statt, die Speerwerfer mussten, wie die Diskuswerfer, von derselben *balbis* (einer rechteckigen Anlage) werfen. Es gibt keine näheren Informationen über die in der Antike erzielten Weiten, weil man bei den Wettkämpfen wenig Interesse an Aufzeichnungen hatte, denn nach den Regeln des Fünfkampfes ging es bei jedem der fünf Disziplinen nur um den Sieger. Zeitgenössische Autoren deuten an, dass Würfe von 91 m möglich waren, diese könnten beim heutigen Weltrekord von 98,48 m durchaus mithalten.

Lauf

Der Stadionlauf wurde einer der fünf Disziplinen des Pentathlons; als Einzellauf gehörte er bereits zur ältesten Disziplin der Spiele. In der Antike war »Stadion« ein Längenmaß (= 600 olympische Fuß[78]); das sind umgerechnet rund 192 Meter. Wie die im Laufschritt gegen die Perser anstürmenden Athener in der Schlacht bei Marathon demonstrierten, besaß der Lauf beim Pentathlon durchaus militärische Bedeutung.

Wie schon angemerkt, kam es beim Pentathlon nur dann zur vierten Disziplin, dem Stadionlauf, wenn bis dahin noch keiner der Fünfkampfteilnehmer als Sieger feststand.

Mehr zum Lauf in seinen Einzeldisziplinen am 3. Tag nachmittags und dem Ringkampf am 4. Tag mittags!

DRITTER TAG

Prozession

Während der Spiele gab es ein großes Fest zu Ehren des *Zeus*. Es fand am mittleren Tag der Spiele statt; traditionell fielen also Vollmond und Opfer immer auf denselben Tag. Die Offiziellen

---

[78] Der Sage nach, soll Herakles dieses Maß in Olympia festgelegt haben.

Olympias, die Gesandten der griechischen Stadtstaaten und alle Athleten zogen mit Opfertieren um die Altis hin zum Aschenaltar vor den Tempel des Göttervaters *Zeus*. Dort wurden das offizielle Opfer, 100 blumenbekränzte Stiere, gestiftet von der Stadt Elis, zu Ehren des Gottes dargebracht. Mit diesem Tieropfer bekundeten die Prozessionsteilnehmer ihre Gottesfurcht, brachten sie doch den Göttern den ihnen zustehenden Anteil vom Fleisch. In Olympia waren es nur die Schenkel der Stiere; das übrige Fleisch bereiteten sich die Prozessionsteilnehmer zum eigenen Verzehr an ihren Feuerstellen. Wer das als frevelhaft empfindet, sei durch den nachfolgenden Mythos eines Besseren belehrt: *Prometheus*, »der Voraussehende«, ist zwar nicht göttlicher, dafür aber titanischer Herkunft. In der griechischen Mythologie ist *Prometheus* der Freund und Kulturstifter der Menschen. Bei *Platon* wird er auch als Schöpfer der Menschen und Tiere bezeichnet: »*Prometheus wollte die Menschen aus der Erde erwecken. Also ging er auf die Erde und formte sie aus Ton. Da sie noch leblos waren, gab er ihnen von verschiedenen Tieren je eine Eigenschaft: Vom Hund die Klugheit, vom Pferd den Fleiß usw. Athene, unter den Göttern seine Freundin, gab ihnen den Verstand und die Vernunft. Da lebten nun die Menschen, und Prometheus war ihr Lehrmeister.*«

Die Götter wurden auf die Menschen aufmerksam und verlangten von ihnen Opfer und Anbetung. »Da verfiel Prometheus zu ihren Gunsten auf eine List: Er schlachtete im Namen der Menschen einen Stier und machte daraus zwei Haufen, einen größeren aus den Knochen und einen kleineren aus dem Fleisch. Dann umhüllte er beide mit Stierhaut, um den Inhalt zu verbergen. Schließlich forderte er Zeus auf, einen der Haufen zu wählen. Dieser wählte den größeren, obwohl er als Göttervater naturgemäß den Betrug durchschaute, den Menschen aber Verderben bringen wollte. Seitdem werden bei Tieropfern nur die Knochen und ungenießbare Teile verbrannt, das Fleisch aber für den menschlichen Verzehr abgezweigt. Doch damit noch nicht genug, der zornige Göttervater bestrafte die Menschen, indem er ihnen das Feuer vorenthielt. Daraufhin stieg Prometheus zum Himmel auf, um eine Fackel am Feuer der Sonne zu entzünden, die er den Menschen schenkte. Als der Betrug offensichtlich wurde, sagte Zeus voller Zorn, dass Prometheus dafür büßen müsse, er ließ ihn fangen und in die schlimmste Einöde des Kaukasus schleppen, wo er ihn an einen Felsen über einem Abgrund fesseln ließ. Ohne Speis, Trank und Schlaf musste Prometheus dort ausharren, und jeden Tag kam der Adler Ethon und fraß von Prometheus´ Leber, die sich zu dessen Qual immer wieder erneuerte, da er ein Unsterblicher war. Vergeblich flehte Prometheus um Gnade. Wind und Wolken, die Sonne und die Flüsse machte er zu Zeugen seiner Pein. Doch Zeus blieb unerbittlich. Und so sollten seine Qualen viele Jahrhunderte dauern, bis der Held Herakles, von Mitleid erfüllt, ihn erlöste. Doch selbst da musste er fortan einen Ring mit einem Stein aus dem Kaukasus tragen, damit sich Zeus rühmen konnte, er sei noch immer daran gefesselt.«

Laufdisziplinen
Je nach Austragungsort unterschieden sich beim Stadionlauf die Distanzen, die sich am antiken griechischen Längenmaß (*Stadion*) orientierten, wonach im Wortsinn das Stadion einer Strecke von 600 Fuß entsprach. Wer in Olympia an den Start ging, der hatte es mit einer Stadionlänge von 192,24 Meter zu tun. Dies entsprach den 600 Fuß, mit denen Herakles das Stadion in Olympia abschritt. 600 Fuß galten zwar für alle Stadien, allerdings mit dem Unterschied, dass das Maß des Fußes von Polis zu Polis variierte. Das machte nur 167 Meter in Delos, einer kleinen Insel im Ägäischen Meer, auf der es zu Milons´ Zeit ein Apollonheiligtum und ein Orakel gab. Dort fanden alle fünf Jahre Wettkämpfe statt, an denen alle Stämme Griechenlands teilnahmen. Bei den *Pythien* in Delphi waren es 177,35 m, in Epidauros 181,30 m und in Athen 184,30 m.

Nach *Hippias* von Elis[79] war von 776 bis 728 v. Chr. der Stadionlauf der einzige Wettkampf bei den Olympischen Spielen, entsprechend groß auch die Teilnehmerzahlen; deshalb waren schon

---

[79] Hippias von Elis war Erfinder und Privatlehrer für die Kinder begüterter Bürger.

damals Vorläufe nötig. Die Startplätze loste man zuvor aus. Beim Start stellten die Athleten ihre Zehen in eine steinerne Rille, streckten die Arme in Schulterhöhe vor sich aus und hielten den Körper leicht nach vorn gebeugt. Auf manchen Anlagen gab es sogar richtige Startmaschinen, bei denen sich durch Ziehen an einer Schnur ein Querholz vor dem Läufer senkte und so Fehlstarts verhinderten. Von Orten, wo eine solche Einrichtung fehlte, wird berichtet, dass Frühstarter vom Schiedsrichter mit Rutenschlägen bestraft wurden.

Man begann mit dem Dauerlauf; der *dolichos* war ein Langstreckenlauf, der je nach Austragungsort, über 7 bis 24 Stadien ging. In Olympia ging es über 20 Stadien, also 3,84 km. Dabei bemühten sich die Läufer, die Wendemarken geschickt zu umlaufen, um möglichst wenig Zeit einzubüßen. Mit dem *dolichos* wurden die Wettbewerbe eröffnet, aller Wahrscheinlichkeit nach, weil er der längste und weniger spektakuläre Lauf war.

Ein Epigramm auf einen Sieger sagt über einen Langstreckenläufer:

»Nur an den Schranken erblickten wir ihn, des Menekles Sprössling,

Oder am äußersten Ziel, nicht in der Mitte der Bahn.«

Der auf Vasen abgebildete gleichmäßige Rhythmus der Langstreckenläufer, die in aufrechter Körperhaltung mit mäßig eingesetzten Armbewegungen ihre Bahnen ziehen, ist lebensnah dargestellt. Bei den Langstreckenläufern dominiert der schlanke, hochgewachsene Typ: Durchtrainierte Ausdauer-Athleten zeichneten sich damals wie heute durch eine weniger hypertrophierte (verdickte) Muskulatur aus, die gut durchblutet sowie mit einer großen Zahl von Mitochondrien (Zellkraftwerken der Muskulatur) versehen ist. – Die so durch Ausdauertraining angepasste Muskulatur verbraucht bestmöglich die ihr zugeführten Energiestoffe (Fette und Kohlenhydrate) und hätte den Athleten sogar den legendären »Marathonlauf« ermöglicht.

Der Langstreckenlauf unterscheidet sich also deutlich von dem kraftvollen Lauf der Sprinter, auf Vasen und Schalen dargestellt mit raumgreifenden Bein- und weit ausholenden Armbewegungen. Vom Künstler, der die Gefäße bemalte, sind nicht nur die Bewegungsabläufe, sondern auch das Erscheinungsbild der kraftstrotzenden Läufer sehr anschaulich dargestellt. Als schnellkräftige Sprinter verfügen sie über eine sichtlich verdickte Muskulatur, die momentan zwar nicht so intensiv durchblutet wird, wie die der Langstreckenläufer, dafür aber mit sofort verfügbaren Energiereserven bevorratet ist, die für kurzzeitige maximale Muskelkontraktionen ausreichen.

Der einfache Stadionlauf, der Kurzstreckenlauf (*dromos*) war bei den ersten 13 Olympiaden die erste und einzige Disziplin. Bei ihm wurde die Bahn nur einmal durchmessen. Der Sieg beim einfachen Stadionlauf galt als besonders ehrenhaft, weil – wie schon angemerkt – nach dem Sieger traditionell die Olympiade benannt und zur »kalendarischen« Einordnung nennenswerter Ereignisse benützt wurde.

Der *diaulos* war ein Lauf über die Distanz von zwei Stadien, bei dem die Wettkämpfer um einen Pfosten (*Kamter*) wendeten und zur Startlinie zurückliefen. Am *Kamter* mag es wohl zu einigem Gedränge gekommen sein; wer hier vorne lag und zudem noch über akrobatische Fähigkeiten verfügte, konnte an dieser Stelle Zeit gutmachen. Es wird auch berichtet, dass mancher *Kamter* die Form einer Säule hatte, an der man sich nicht mit Hilfe des dem *Kamter* zugewandten Arms vorteilssuchend herumschwenken konnte.

Statius, ein römischer Komödiendichter beschreibt die Startvorbereitungen, das letzte Aufwärmen und die Lockerungsübungen für den *dromos* und den *diaulos* sehr treffend: »*Auf der Stelle laufen, in die Hocke gehen, sich gegen die Brust schlagen, vorwärts sprinten und plötzlich abstoppen. Dann standen sie unruhig und ungeduldig da, bereit für die entscheidende Prüfung.*« Denken wir dabei nur an die gleichen Vorbereitungsrituale derzeitiger Sprinter: Insbesondere bei den Laufdisziplinen hat sich so manches Bewährte über Jahrhunderte gehalten.

Das Gleiche ließe sich auch vom Training der Läufer sagen: *Lukian*, ein griechischsprachiger Dichter, legte dem athenischen Gesetzgeber *Solon* folgendes in den Mund: »*Auch zu tüchtigen Läufern suchen wir sie auszubilden, indem wir sie gewöhnen, sowohl eine lange Strecke durchzuhalten als auch eine kurze mit größter Geschwindigkeit zurückzulegen. Und der Lauf findet nicht auf festem, hartem Boden statt, sondern im tiefen Sand, weil der Fuß ihnen immer wieder im nachgiebigen Boden fortrutscht.«*

Leonidas von Rhodos gilt als der erfolgreichste Läufer bei den Olympischen Spielen der Antike. Als *triastes* (Dreifachsieger) gewann er jeweils sämtliche Stadion-, Doppel- und Waffenläufe der vier olympischen Turniere, die zwischen 164 und 152 v. Chr. in Olympia stattfanden. Ihm gelangen also 12 Olympiasiege! Wie Milon für seine Sportart, das Ringen, hatte *Leonidas* wohl auch für sich ein erfolgreiches Trainingsmodell entwickelt. Immerhin ist es erstaunlich, dass er seine Höchstform zwölf Jahre lang halten konnte. Dabei sollten wir nicht übersehen, dass Erfahrungen, die *Leonidas* wie auch Milon im Laufe ihres Trainings erwarben, für beide als genauso wertvoll galten, wie die aus heutiger Sicht bei uns gemachten Trainingserfahrungen, die zu Spitzenleistungen führen, wenn sie gesammelt, analysiert und erprobt werden! Es dürfte also nicht verwunderlich erscheinen, dass dies im antiken Griechenland ebenfalls möglich war, zumal der Lauf, eine der natürlichsten Fortbewegung des Menschen, zu *Leonidas* Zeit nicht nur bei den Olympischen Spielen in den genannten Disziplinen gepflegt wurde. Im Pentathlon, das in fast allen Stadtstaaten von den Griechen trainiert wurde, spielt der Lauf ebenfalls eine bedeutende Rolle. Es mag abertausende Griechen gegeben haben, die das Pentathlon und damit auch den Lauf trainierten und wettkampfmäßig betrieben. Hinzugefügt sei noch, dass die Ära des *Leonidas* in eine Zeit der Spiele fiel, die wir getrost schon dem Leistungssport zurechnen dürfen. Nach dem ca. 400 Jahre vor ihm lebenden Milon zählte *Leonidas* bereits zu denen, die wir heute als Profis bezeichnen.

Nacktheit

Bei den Olympischen Spielen der Antike trainierten und kämpften die Athleten nackt, ausgenommen waren die Teilnehmer an den Pferderennen. Weinschalen des 6. Jahrhunderts v. Chr., die mit Bildern nackter Athleten aber auch nackter Götter und Heroen geschmückt sind, lassen darauf schließen, dass man sich bei Trinkgelagen damit zuprostete. Die nackten Heroen auf den Weinschalen symbolisieren die Nacktheit der männlichen Götter. Diese sind so stark und übermächtig, dass sie keiner Kleider bedürfen. Die Nacktheit von *Apollon, Hermes, Poseidon* und *Zeus* ist das bildhafte Zeugnis ihrer sieghaften Unsterblichkeit. Die nackten Athleten von Olympia versinnbildlichten sich mit ihnen.

So gesehen hatte die athletische Nacktheit für die Griechen der Antike eine rituelle Bedeutung. Dem entsprechend begann Alexander der Große seinen legendären Asien-Feldzug damit, dass er und seine Freunde das Grab des *Achilleus* bei Troja nackt umrundeten. Die Nacktheit sollte außerdem das Ideal des harmonischen Gleichgewichts zwischen Körper und Geist widerspiegeln. Gemäß diesem Ideal, konnte nur wer seinen Körper trainiert, auch seinen Geist entwickeln. Diese Vorstellung finden wir bei den alten Römern wieder »*mens sana in corpore sano*« (sinngemäß: »*In einem gesunden Körper wohnt auch ein gesunder Geist.*«).

Dass es überhaupt zum Brauch des Nacktlaufens kam, soll folgendes Histörchen von Pausanias erläutern: »In Megara findet sich das Grab eines gewissen Orsippos, der in Olympia im Wettlauf siegreich war. Sein Erfolg fiel in eine Zeit, als es noch üblich war, dass alle Athleten nach alter Sitte mit einem Lendenschurz angetan waren. Orsippos war der erste Läufer, der völlig nackt lief.« Pausanias zählt sich zu jenen, die der Meinung sind, »Orsippos habe seinen Schurz nicht versehentlich verloren. Sicherlich hatte er erkannt, dass ein nackter Mann gegenüber einem gegürteten beweglicher, also schneller ist.« Aus anderer Quelle: »Über den Lendenschurz wird folgende Geschichte überliefert: Bei der vierzehnten Olympiade ereignete es sich, dass ein gewisser Orsippos, der durch den Schurz behindert wurde, hinfiel und dadurch zu Tode kam oder – anderen zufolge – dadurch um den sicheren Sieg gebracht wurde. Daher wurde festgesetzt, von da an nackt zum Wettkampf anzutreten.«

Völlig nackt eilten die Läufer im tiefen Sand über die Bahn. Aristoteles erläutert den Sinn des Nackt-seins bei den Wettkämpfen aus medizinischer wie ästhetischer Sicht: »*Warum ist der Schweiß, selbst wenn er in geringerer Menge auftritt bei einem nackten Läufer nützlicher als bei einem, der bekleidet läuft? Es ist doch wohl grundsätzlich besser, sich anzustrengen als sich nicht anzustrengen, und der Schweiß mit Anstrengung ist besser als der ohne Anstrengung [...] Mit stärkerer Anstrengung aber verbunden ist der Schweiß, der bei einem nackten Läufer entsteht. Denn wenn er nicht mit großer Anspannung läuft, kann er in nacktem Zustand nicht schwitzen. Bekleidet nämlich kann er, auch wenn er nur ganz mäßig läuft, schnell schwitzen infolge der durch die Kleidung verursachten Hitze. Es bekommen aber diejenigen, die im Sommer nackt laufen, auch eine bessere Farbe als die, die in Kleidern laufen.*« In Letzterem spielt *Aristoteles* auf die natürliche Ganzkörper-Bräune an, die sich schon damals die Begüterten im Sinne eines Schönheitsideals leisteten.

Aus Sicht der Ästhetik gibt es noch weitere Seiten, die für das Nacktsein im sportlichen Training und Wettkampf des antiken Griechenlands sprechen:

Was will die Nacktheit der Körper besagen? »Nackt tritt man in eine Sphäre mit eigenen Regeln über. Überall sonst im Alltag war und ist man bekleidet.«

Nackt zeigte man sich ungeschützt: »Der Gegner ist kein Feind, der Streit nur ein Spiel. Zum Krieg zieht man den Panzer an, nimmt Schild und Waffe zur Hand. Sport und Krieg verlangten höchsten Einsatz, doch sonst sind sie Gegensätze. Während der Spiele ruhte die Feindschaft zwischen den Gegnern, dies sogar im Falle, dass sich ihre Stadtstaaten im Krieg miteinander befanden.«

Mit dem Gewand wird abgelegt, was sonst die Menschen unterscheidet: »Herkunft, Stand, Besitz, Beruf, besondere Fähigkeiten. Es gilt nur die Leistung des Körpers.«

Ganz anders dazu verhielten sich Wagen- und Reitsportler: »Der Sieger war der Besitzer der Pferde, Wagenlenker und Jockeys wurden von ihm engagiert. Die Vornehmsten und Reichen, die sich der »demokratischen« Konkurrenz nicht stellen wollten (oder konnten), hatten ihre Chance, als Sieger ausgerufen zu werden.

Dazu gehörten Könige und sogar Frauen, deren Abgehobenheit eben der Kleidung bedurfte, die gar nicht prachtvoll genug sein konnte, um körperliche Unzulänglichkeiten zu überdecken.«

Denkbar ist aber auch, dass die griechischen Athleten, es blieb ja nicht nur bei den Läufern, stolz auf ihren muskelbepackten und sonnengebräunten Körper waren und nur allzu gerne ihre hervorragende körperliche Verfassung mit jener der Barbaren verglichen, die lieber vollständig bekleidet blieben.

Fitness und Körperkult

Letztgenanntes führt zu einem Beitrag aus heutiger Zeit, der zum Nachdenken anregt: „Die Körperformen der berühmten klassischen Athletenstatuen werden heute oft als schön und perfekt empfunden. Trotzdem sollte man mit der Annahme, dass sich die Definition eines schönen Körpers von der Antike bis heute nicht wesentlich gewandelt hat, vorsichtig sein. Es stellt sich grundsätzlich die Frage, inwiefern der heutige Fitnessgedanke und Körperkult mit dem der Antike vergleichbar ist.

Heutzutage hat der Bedarf an Fitnessprogrammen zugenommen, da viele dem alltäglichen Stress mit dem Streben nach körperlicher und mentaler Fitness entgegenwirken wollen. Fitnesstraining will Gesundheit fördern und Leistungsfähigkeit steigern. Das wird sowohl durch Sport als auch durch die richtige Ernährung erreicht.

Die Motivation für körperliches Training und übermäßige Pflege liegt heute jedoch oft mehr in der Erhaltung der Schönheit als der Gesundheit. Daher wird Körperkult, per Definition die Pflege und Entwicklung des Körpers, oft mit Verschönerung des Körpers gleichgesetzt. Der männliche Körper soll muskulös und stark sein. Der Druck, diesem Ideal zu entsprechen, veranlasst manche Männer dazu, durch Krafttraining in übermäßigem, ungesundem Maß ihre Muskeln aufzubauen, um »schön« zu sein und zusätzlich Kraft zu repräsentieren.

Ein Extrem des Körperkults stellt Bodybuilding als Leistungssport dar. Hier dient die Muskelbildung nicht mehr dazu, Kraft für eine bestimmte Leistung aufzubauen, sondern lediglich zur Präsentation der Muskeln und ihrer kurzzeitigen Belastbarkeit bei Wettkämpfen. Oft ist die Art des Trainings für die Gesundheit kaum förderlich; denn diese kann durch Einnahme von Stereoiden und Hormonen zur Förderung des Muskelaufbaus erheblichen Schaden nehmen.

Das Schönheitsempfinden in der Antike scheint jedoch im Gegensatz zu unserem heutigen ein völlig anderes gewesen zu sein. Übermäßige Muskelausbildung war eher verpönt und wurde als unschön empfunden. Bei antiken »Schönheitswettbewerben« wurde eher die allgemeine Fitness des Körpers bewertet. Die »Schönheit« des athletischen Körpers könnte in der Kraft und Ausdauer gelegen haben, die er zeigt. Der Stolz auf einen makellosen Körper beruht dabei vielleicht weniger auf der Eitelkeit der Athleten. Erst durch die Kunst, die sich des Motivs des durchtrainierten Athleten bediente, um ihr Ideal darzustellen, entstand um den Körper ein Kult, der vielmehr Verehrung als nur Pflege gleichkam.«[80]

Bankette
„Abends fanden, abgesehen von den öffentlichen Banketten für die Sieger, auch noch verschiedene private Feiern statt. Je wohlhabender der Sieger, desto rauschender und üppiger die von ihm ausgerichteten Feste. *Alkibiades* von Athen als auch *Anaxilas* von Rhegium wurden weniger als Sieger, sondern noch mehr bekannt, weil sie prächtige Feste gaben. *Empedokles* von Agrigent war ein Schüler des Pythagoras und wie dieser Vegetarier. Anstelle eines leibhaftigen Ochsen ließ er einen Ochsen aus Teig, versetzt mit kostbaren Kräutern und Gewürzen, zubereiten und verteilte ihn unter seinen Gästen. – Oftmals wurde die ganze Nacht durchgefeiert und am nächsten Morgen legten die Sieger (die hoffentlich

---

[80]Johanna Eisterer: »Sport im Wandel der Geschichte«; Archäologische Sammlung der Universität Wien

an diesem Tage nicht wieder zu einem Wettkampf antreten mussten) feierliche Gelübde ab und opferten den zuständigen Göttern."[81]

VIERTER TAG

Ringkampf (Pale)

Hervorgehoben durch die Zeichen des Siegers, begleitete Milon seinen stolzen Vater zu den Kämpfen der erwachsenen Ringer. Als Zuschauer sollte er jetzt erleben, was Ihn nach zwei Olympiaden, er war dann 23 Jahre alt, erwartet. Denn auch bei den Männern gab es keine Gewichtsklassen, wie wir sie heute kennen. Was das bedeutet, hatte Milon bei den Knabenkämpfen zu spüren bekommen, als er auf den massigen *Rhodoer* traf. Bei den Männern hätte er nur dann Gewinnchancen, wenn er an Körperkraft und einem damit einhergehenden Körpergewicht zunahm. Was das Körpergewicht anging, hatte *Aristoteles* noch zugunsten der jungen Athleten gewarnt: »*Man solle den jungen Athleten nicht zu viel zu essen geben und sie nicht übermäßig trainieren. Er glaubte, sie würden sonst zu muskulös und zudem lethargisch.*« Ein Hinweis, der für junge Athleten, die sich noch im Wachstum befinden, gut sein mochte. Für die nach Jahren mögliche Teilnahme an den Kämpfen der Erwachsenen galt es jedoch, die weitere körperliche Entwicklung zu intensivieren, weil sie eine unbedingte Voraussetzung für das Auftreten im Kreise der erwachsenen Ringkämpfer sein sollte. Dass dem so war, lässt sich daran nachweisen, dass nur einige wenige der jugendlichen Athleten später auch bei den Kämpfen der Erwachsenen antraten. Unter allen überlieferten jugendlichen Olympiasiegern finden sich lediglich zwei auf der Siegerliste der Erwachsenen – einer davon sollte Milon sein, der jetzt seine Anwesenheit bei diesen Spielen nutzte, um sich einen Eindruck von den Kämpfen der Erwachsenen zu verschaffen.

Als noch unbefangener Olympiasieger sollte Milon erleben, welche Wertigkeit dem Ringen sowohl als Einzeldisziplin aber

---

[81] nach Swaddling

auch als Abschlussdisziplin des Pentathlons bei den Spielen sowie selbst für das Alltagsleben zukam. Gehörte das Ringen zur Krönung der Spiele, so lag seine tiefere Bedeutung vor allem in der Wehrfähigkeit der stets kampfbereiten, kriegerischen Griechen. Darauf bezieht sich sogar *Platon*, der ein Bewunderer dieser Kampfsportart gewesen zu sein scheint. Nicht von ungefähr stellte er die Kampf-Athleten als Vorbilder der Waffenkämpfer dar: *»Denn so wie einer, der sich bis zur Vollkommenheit im Pankration geübt hat, oder im Faustkampf oder im Ringen, ist durchaus fähig, auch auf der linken Seite zu kämpfen, und sich nicht lahm zeigt und ungeschickt die Glieder nachschleppt, wenn ihn jemand auf der anderen Seite wendet und ihn dort sich zu wehren zwingt, genauso, meine ich, muss man es auch bei den schweren Waffen und bei all den anderen als richtig ansehen, dass derjenige, der doppelte Gliedmaßen besitzt, um sich zu verteidigen und andere anzugreifen, nach Möglichkeit keine davon untätig und unausgebildet lassen darf.«*

Als Beispiel dafür könnte die Phalanx der Spartiaten gelten: Im griechischen Altertum leitete die Phalanx den Übergang von Einzel- zu Formationskämpfen ein. Sie wurde von den Spartiaten vermutlich im 7. Jahrhundert v. Chr. eingeführt und bestand aus gepanzerten Hopliten. Das waren mit körpergroßem Schild, Helm, Bein- und Armschienen geschützte Kämpfer, die außer dem Kurzschwert für den Nahkampf mit einer 2 m später bis zu 7 m langen Lanze eine in mehreren Reihen gestaffelte Angriffsformation bildeten, die dem Gegner ihre langen Lanzen wie die Stachel eines Igels zuwandten. In dieser geschlossenen Schlachtreihe war es das Bestreben eines jedes Phalangiten, seine ungeschützte rechte Seite in den Schutz des Schildes seines rechten Nebenmannes zu bringen, darauf die Anspielung des Zitats von *Platon*.

Dazu *Oreibasios* (berühmter griechischer Arzt aus Pergamon, u. a. Leibarzt des römischen Kaisers Julian und Autor einer zweiundsiebzig Bände umfassende medizinische Enzyklopädie): *»Anstrengendes Ringen macht die Atmung kräftig und stark, den Körper fest und muskulös, kräftigt die Nerven, schärft die Sinne und stärkt die Tätigkeit des Körpers; es macht das Fleisch straff und fest, lässt es keinesfalls üppig sein.*

Fett, Geschwülste und Tumore sowie jede Art von Wassersucht lässt es verschwinden.«

Für die Griechen war das Ringen eine so einflussreiche kulturelle Schöpfung, dass sie dem Halbgott *Herakles* zugeschrieben wurde. Als Schutzpatron und Gott der Ringer wurde er vornehmlich durch die Dorier verehrt. Aber der ionische *Theseus*, so sagte man in Athen, habe die Ringkunst begründet und die Techniken und Regeln festgelegt. *»Der Heros Theseus war der ionische (speziell athenische) Held, den seine Verehrer zu gleichem Glanz wie die Dorier den Herakles zu erheben versuchten, seine Nachkommen bezeichneten sich als Thesiden. Theseus war Repräsentant des volkstümlichen Königtums.«*

Theseus erlebte, dass erfahren wir in den Sagen, ähnliche Abenteuer wie Herakles anlässlich seinen zwölf Aufgaben, die er für Eurystheus zu erledigen hatte. Dies mit dem Unterschied, das Theseus bei seinen Abenteuern überwiegend die Kunst des Ringens gebrauchte: *»Als der athenische König Aigeus mit seiner Frau Meta und auch mit seiner zweiten Frau Chalkiope kinderlos blieb, und die Söhne seines Bruders Pallas sich inzwischen Hoffnung auf den Königsthron machten, ging er nach Delphi, um das Orakel zu befragen. Er erhielt als Orakelspruch: ‚Dass er bei keiner Frau liegen solle, bevor er nicht nach Athen zurückgekehrt sei.' Da er die Weissagung nicht verstand, begab er sich nach Troizen zu dem weisen König Pittheus. Dieser verstand den Orakelspruch und brachte Aigeus dazu, mit einem Mädchen zu schlafen. Später erfuhr er, dass das Mädchen Aithra die Tochter von Pittheus war. Weil Aigeus glaubte, dass sie von ihm schwanger sei, versteckte er sein Schwert und ein Paar Sandalen unter einem schweren Stein. Wenn Aithra ein Sohn geboren werde, so sollte dieser, wenn er stark genug sei, den Stein zur Seite rollen und mit den deponierten Dingen zu ihm nach Athen kommen. Daraufhin verließ Aigeus Troizen.*

Als Theseus alt genug war, offenbarte ihm Aithra, dass Aigeus sein Vater sei und dass dieser Gegenstände für ihn verborgen hätte. Er solle diese als Erkennungszeichen nehmen und über den sicheren Seeweg zu seinem Vater nach Athen reisen. Theseus rollte den Stein zur Seite, nahm Schwert und Sandalen und plante, lieber den gefahrvollen Landweg zu nehmen, schließlich hatte er Herakles, seinen Cousin zweiten Grades, zum Vorbild.

Als erstes begegnete er dem Keulenträger Periphetes. Dieser lauerte mit seiner eisernen Keule auf ahnungslose Reisende, um sie auszurauben. Theseus forderte ihn zum Ringkampf auf, bei dem er ihn tötete. Die Keule des Periphetes blieb von nun an seine bevorzugte Waffe und sein heldenhaftes Kennzeichen.

Am Isthmus von Korinth traf er auf Sinis den Fichtenbeuger. Dieser berüchtigte Straßenräuber band die von ihm Überfallenen zwischen zwei Fichten, die er zuvor mit seinen starken Armen zueinander gebogen hatte. Ließ er diese zurückschnellen, so zerriss dies sein Opfer. Theseus bekam Sinis zu fassen und töte ihn nach dessen Methode.

An der Grenze zu Megara lauerte der Räuber Skiron den Passanten auf, raubte sie aus und tötete sie. Diesen schulterte Theseus und warf ihn über die Klippen ins Meer.

Als nächstes traf er den Riesen Prokrustes. Dieser bot Reisenden ein Bett an. War der Wanderer groß, hackte er ihm die Füße ab, damit er hineinpasste. War er eher klein, gab er ihm ein großes Bett und reckte ihm die Glieder auseinander. Auch ihn bezwang Theseus, bevor er Athen erreichte.

Nach diesen und weiteren Abenteuern mehr, bei denen Theseus seine Schlagkraft und sein Können im Ringkampf bewies, erreichte er endlich Athen. Dort lebte inzwischen die zauberkundige Medea mit seinem königlichen Vater Aigeus zusammen. Mithilfe ihrer Zauberkünste wollte sie dessen Kinderwunsch erfüllen. Weil sie die Anwesenheit des Helden Theseus fürchtete, überredete sie den König, ihn zum Essen einzuladen, um ihn mit dem Geifer des Höllenhundes Kerberos zu vergiften. Als Theseus jedoch das Schwert verwendete, um das Fleisch zu schneiden, erkannte Aigeus es wieder und stieß den vergifteten Trank um. In Nebel gehüllt gelang es der hinterlistigen Medea zu entfliegen. Vor der Bürgerversammlung erkannte Aigeus offiziell Theseus als seinen Sohn und Nachfolger an. Die Bürger respektierten Theseus wegen seines ihnen bekannten Heldenmuts.«

Übrigens: Guts Muths (1759 bis 1839 unserer Zeit) beurteilte den Ringkampf folgendermaßen: »Die ganze Lehre von der Leibesübung hat nicht eine einzige Disziplin aufzustellen, welche alle Muskeln und Glieder so allgemein in Anstrengung brächte, welche zugleich unter dem schnellsten Wechsel bald diese, bald jene Muskeln und Glieder in Anspruch nehmen, als das Ringen.«[82]

Ausgetragen wurden im Kampf der Männer zwei unterschiedliche Disziplinen: dem von Milon bevorzugten aufrechten Ringen (*orthe pale*) und das Ringen am Boden (*alindesis*), auch »Wälzringen« (*kylisi*) genannt. Vermutlich ist diese Doppelung darauf zurückzuführen, dass der Ringkampf als Bestandteil des Pankration auch als »Wälzringen« möglich war. Denn beim Pankration durfte am Boden liegend weitergekämpft werden. Dabei entschied nicht das am Bodenliegen den Kampf, sondern dieser endete erst, wenn einer der Kämpfer mit erhobener Hand und ausgestrecktem Zeigefinger anzeigte, dass er den Kampf aufgeben will. Außerdem unterschied sich das stehend Ringen von dem Ringen am Boden dadurch, dass andere Grifffassungen erlaubt waren.

Der Ringkampf wurde im alten Griechenland in drei klar voneinander getrennten Klassen durchgeführt:
1. als Ringkampf der Knaben,
2. als Einzeldisziplin der Männer und
3. als Endkampf des Pentathlons, dem Fünfkampf mit den Disziplinen Weitsprung, Speer- und Diskuswerfen sowie Laufen und eben Ringen, als letztlich alles entscheidende Disziplin.

Das Kennzeichen des griechischen Ringkampfes war der Standringkampf. Beim aufrechten Ringen galt der als Sieger, der seinen Gegner dreimal in den Staub warf. Als Bodenkontakt zählte der Kontakt mit dem Rücken, der Schulter oder der Hüfte. Nach dem dritten Wurf wurde der Sieger als *triakter*, als Dreifach-Werfer bezeichnet:
- Wie beim heutigen Freistilringen waren Grifffassungen am ganzen Körper vom Kopf bis Fuß erlaubt.

---

[82]Turnbuch für die Söhne des Vaterlands; Frankfurt 1817

- Ein Bein zu stellen oder es auszuhakeln, in die Kniekehle schlagen, den Gegner auszuheben oder ihn durch Nieder- oder Rumreißen zu Fall zu bringen war ebenfalls erlaubt.
- Fielen beide Athleten gleichzeitig in den Staub, dann entschied der Kampfrichter, wer den Fall bewirkt hat.
- Schläge jeglicher Art waren ebenso verboten wie etwa den Gegner zu beißen, die Finger in Augen, Mund oder andere Körperöffnungen zu bohren. Erlaubt war es aber, einen Würgegriff zu beenden, indem der Gewürgte seinem Gegner einen Finger ausrenkte.

Die gebräuchlichsten Aktionen, um den Gegner in den Staub zu werfen bzw. zu bezwingen, waren:
- Das Umfassen des Körpers mit beiden Armen.
- Ergreifen oder Emporziehen eines oder beider Beine.
- Das Beinstellen.
- Das Treten mit der Ferse in die Kniekehle.
- Das Umschlingen und Drosseln des Halses.
- Der kraftvolle Stirnstoß.
- Das Verdrehen oder Zusammendrücken der Finger, um den Griff des Gegners zu lösen.

Außerdem: Meldete sich für den Ringkampf nur ein Teilnehmer, so wurde dieser zum Sieger gekürt, in dem Fall gewann er *akonitei*, »*ohne den Staub berührt zu haben*«.

Schon wegen der erbarmungslos scheinenden Sonne rieben sich die Kämpfer ihren nackten Körper mit Olivenöl ein. Darauf streuten sie Sand, weil die durch das Öl glitschig gewordene Haut während des Kampfes keine sichere Grifffassung ermöglicht hätte.

Wie Aristophanes[83] berichtet, »strichen skrupellose Ringer mit ihrer öligen Hand heimlich über die Stelle ihres Körpers, an der der Gegner wahrscheinlich einen Griff ansetzen würde. Er erzählt

---

[83] Aristophanes war ein griechischer Komödiendichter.

auch von einem Ringer, der zu Boden geworfen war und dann hastig den Sand von seinen Schultern rieb, damit man ihm seinen Fall nicht nachweisen konnte.«

Den Griff in einen zu langen Haarschopf vermieden die Ringer, indem sie die Haare kurz hielten oder den Kopf mit einer Lederkappe bedeckten. Letztere schützte zugleich die Ohren, um diese vor Verstümmelungen in Form der so benannten »Blumenkohl-Ohren« zu schützen.

Sprichwörtlich war die lange Dauer der Ringkämpfe: Es wurde solange gekämpft, bis einer der Kämpfer dreimal im Staub landete, das konnte zur Freude der Zuschauer Stunden dauern. Ein in Olympia errungener Sieg wurde nicht zuletzt auch deshalb in ganz besonderer Weise hochgeschätzt, weil die Ringer der Sommerhitze in praller Sonne ausgesetzt waren. Deshalb bezogen die Ringer in Vorbereitung auf die olympischen Wettkämpfe ihr Trainingslager vorzugsweise in der heißesten Jahreszeit. Wie wir zuvor bei dem jungen Milon erleben konnten, schien er bestens mit diesen Bedingungen zurechtzukommen.

Faustkampf
Nach den Mythen soll *Apollon*, der Gott der Weissagung und der Künste, der auch dem Boxen besonders zugetan war, *Ares*, den Kriegsgott, beim allerersten Boxkampf in Olympia besiegt haben. Aber auch das wird an anderer Stelle berichtet: »*Es war der sagenhafte Theseus, der angeblich unter Anleitung der Athene nicht nur das Ringen, sondern auch das Boxen erfand.*«

Wirklichkeitsnäher scheint es zu sein, den Faustkampf auf die Spartiaten zurückzuführen. Diese sollten ursprünglich ohne schützenden Helm in den Kampf gezogen sein, weil sie nur den Schild für die einzige männliche Form des Schutzes hielten. Durch den Faustkampf härteten sie ihre Gesichter ab und lernten, Schlägen an den Kopf auszuweichen. Ironischerweise nahmen die Spartiaten an den olympischen Wettkämpfen im Pankration und Faustkampf auf gar keinen Fall teil. »*Denn diese Kampfsportart sah außer der Niederlage durch k. o. oder Tod nur die Aufgabe durch Zeigen des Zeigefingers vor, eine Schmach, zu dem kein Spartiat bereit gewesen wäre!«* – Wenn die Mütter Spartas ihren Söhnen eine glückliche Heimkehr aus dem Krieg wünschten, hieß es: »*Aber nur mit deinem Schild oder auf ihm!*« Lieber war es den Müttern, dass ihre Söhne als im Kampf gefallene Krieger ehrenvoll auf ihren Schilden nach Hause getragen wurden, als dass sie lebend, doch ohne ihren Schild und damit besiegt zu ihnen zurückkehrten. Spartas Ehre forderte diesen selbstmörderischen Einsatz seiner Söhne und die Spartiatinnen spornten sie dazu an.

Der Faustkampf wurde erstmals im Jahre 688 v. Chr. bei den 23. Olympischen Spielen des Altertums ausgetragen. Wie alt der Faustkampf wirklich ist, lässt sich nicht exakt feststellen, denn ähnliche Kämpfe sind auch aus Mesopotamien, Ägypten und Kreta bekannt. Die griechischen Faustkämpfer banden sich lange Lederriemen netzartig um Hände und Unterarme. Einesteils wollten sie die Hand schützen, um sich nicht selbst beim Schlagaufprall zu verletzen, andererseits sollten die Schläge wirksamer sein. Später versahen Berufskämpfer die Riemen mit Metalleinlagen und die römischen Gladiatoren bestückten diese sogar mit Metalldornen.

Bei Olympia durfte nur gegen den Kopf geschlagen werden, lose Zähne, eine deformierte Nase, missgestaltete Ohren sowie Blessuren im Gesicht kennzeichneten einen abgekämpften Boxer. Regeln, wie heute beim Boxen üblich, gab es nicht, es konnte hochgesprungen und von oben zugeschlagen werden, eine Deckung, wie wir sie heute kennen, galt als feige und war verpönt. Das änderte sich später, als auch im Faustkampf die Berufskämpfer dominierten, man benutzte für die zahlreicher werdenden Kämpfe defensivere Taktiken, versuchte den Kopf durch emporgehaltene Fäuste zu decken. *Melankomas* aus Karien, ein Olympionike des ersten Jahrhunderts n. Chr., soll imstande gewesen sein, seine Deckung zwei Tage lang hochzuhalten, wobei er um seinen Gegner herumtänzelte, ohne dass es zu einem Schlagabtausch kam, bis der andere schließlich erschöpft und völlig frustriert aufgab. Ein Kampf konnte Stunden dauern, erst wenn ein Kämpfer seine Hand mit ausgestrecktem Zeigefinger erhob und damit seine Niederlage anzeigte, endete der Kampf. Wenn ein Kämpfer im Kampf zu Tode kam, wurde der tötende Kämpfer bestraft. Der berühmteste Faustkämpfer der Antike soll *Theagenes* von Thasos (480 v. Chr.) mit über 1000 Preisen gewesen sein.

Sogar heute, wenn die reckenhaften Klitschko-Brüder ihre Gegner verprügeln, gerät ein ganzes Stadion in Ekstase. Bei den Kämpfen der alten Griechen, die ohne Zeitlimit bis zu Aufgabe eines Kontrahenten gingen, mag es nicht anders gewesen sein.

Wie sich die Griechen bereits damals durch den Hinweis auf den Status eines Kämpfers oder zu seiner Nationalität beeinflussen ließen, erfahren wir von dem griechische Geschichtsschreiber *Polybios*. Es soll im Endkampf bei den Olympische Spielen 212 v. Chr. gewesen sein, bei dem „sich *Kleitomachos* aus Theben und *Aristonikos* aus Alexandria gegenüberstanden. *Kleitomachos* hatte nicht nur bei den voraufgegangenen Spielen gesiegt, sondern wurde im ganzen Mittelmeerraum als der Star unter den Faustkämpfern gefeiert. Dennoch wagte es *Aristonikos*, von dem zuvor niemand etwas gehört hatte, den großen *Kleitomachos* herauszufordern: »*Als dieser nach Griechenland kam und gegen Kleitomachos antrat, neigten sich augenscheinlich sofort alle Aristonikos zu und ermunterten ihn, aus Freude darüber, dass doch wenigstens einer es gewagt hatte, sich Kleitomachos entgegenzustellen. Als er sich dann aber im Verlauf dieses Kampfes diesem gewachsen zeigte und ihm wohl auch einmal einen empfindlichen Schlag versetzen konnte, gab es stürmischen Beifall. Die Menge geriet außer sich vor Begeisterung und feuerten Aristonikos noch mehr an. In diesem Moment soll Kleitomachos etwas zurückgetreten sein, kurz Atem geschöpft und sich an das Publikum mit der Frage gewandt haben, was sie sich eigentlich dabei dächten, dass sie für Aristonikos Partei nähmen und ihn nach Kräften moralisch unterstützten; ob sie etwa zweifelten, dass er den Kampf anständig führe, oder vergessen hätten, dass er, Kleitomachos, für den Ruhm der Griechen, Aristonikos aber für den des Königs Ptolemaios einstehe, ob sie es lieber sehen würden, dass ein Ägypter bei den Olympischen Spielen die Griechen besiege und den Kranz davontrage, oder dass ein Böoter, ein Thebaner als Sieger im Boxkampf ausgerufen werde. Diese Worte des Kleitomachos führten einen solchen Stimmungsumschwung herbei, dass nun umgekehrt Aristonikos mehr von den Zuschauern als von*

Kleitomachos niedergekämpft wurde.« Kleitomachos wurde nach 216 zum zweiten Mal in Folge Olympiasieger im Faustkampf. Seine Bezeichnung des in Alexandria lebenden *Aristonikos* als Ägypter ist politisch nicht korrekt und widerspricht natürlich auch dem Geist der olympischen *Panegyris*[84], die den Anspruch erhebt, ein Fest aller Griechen zu sein. Die aufkochenden Emotionen führen uns aber anschaulich den verbissenen Eifer vor Augen, mit dem um einen Sieg in Olympia gekämpft wurde.'«[85]

Training der Faustkämpfer
Damit die Athleten sich nicht bereits während des Trainings verletzten, galten hier eigene Regeln. Vieles spricht dafür, dass man für das Training weichere *Himantes* (Faust- und Unterarmriemen) verwendete. Um die im Kampf unvermeidlichen Verletzungen der Ohren zu verhindern, trugen die trainierenden Faustkämpfer besondere Ohrenschützer (*Amphotides*), auch kannte man bereits einen Vorläufer des Punchingballs: Man schlug auf einen mit Feigenkernen, Mehl oder Sand gefüllten, an einem Seil aufgehängten Ledersack (*Korykos*) ein. *Platon* spricht davon, dass man sich auch an einer ausgestopften Puppe (*eidolon apsychon*) als Sparringpartner üben konnte. In der Regel trainierte man die Bewegungsabläufe im Schattenboxen. *Antyllos*, ein Autor medizinischer Schriften, empfahl einem Schattenboxer, »*nicht nur seine Hände zu benutzen, sondern auch mit seinen Beinen aktiv zu sein, manchmal so, wie wenn er spränge, manchmal, wie wenn er trete.*« Wichtig war die Beinarbeit ohnehin, *Statius* beschreibt, wie *Alkidamas* seinen schwergewichtigeren Gegner *Kapaneos* besiegt, indem er »*tausendmal dem Tod, der um seine Schläfen huschte, durch schnelle Bewegungen und dank seiner Beine*« entrann.«

---

[84] Panegyris = Fest oder Volksversammlung, hier im Sinne der Fairness.
[85] nach Sinn

Zwei Spottgedichte des Dichters *Lukillios* parodieren das durch Boxkämpfe entstellte Gesicht der Athleten:

»Sieh dir Olympikos an, mein Kaiser! Einst hatte er alles.
Nase, Brauen und Kinn, Ohren und Lider wie wir.
Seit er sich aber als Boxer hat eintragen lassen, fehlt alles;
Selbst sein väterliches Gut ging ihm verloren dabei.
Denn es zeigte seines Bruders Bild dem Richter, und dieser,
der keine Ähnlichkeit fand, hat ihn als Fremden erklärt.«
oder
»Als sich im zwanzigsten Jahr Odysseus nach Hause gerettet,
da erkannte sein Hund Argos ihn an der Gestalt.
Dich aber Stratophon, der eben vier Jahre geboxt hat,
kennen die Hunde zwar noch, aber kein Mensch in der Stadt.
Geh nur, wenn´s dich gelüstet, betrachte dein Antlitz im Spiegel,
und du schwörst dann sofort: »Nein, ich bin Stratophon nicht! «

Allkampf (Pankration)

Nach einer weiteren Legende sei das Pankration ebenfalls von Theseus begründet worden, wie es von einem hervorragenden Ringer und Faustkämpfer nicht anders zu erwarten war. Elemente des Ringens einschließlich des »Wälzringens« verknüpft mit Elementen des Faustkampfes charakterisieren den Allkampf, wie ihn die Griechen bei den Spielen austrugen. Im Gegensatz zum Boxen kämpften die Athleten ohne Bandagen (*Himantes*) an den Händen, eben diese hätten die für das Ringen notwendige Grifffassung behindert. Dieser Verzicht auf die Lederbandagen war es, der die Kämpfer vor schweren Kopfverletzungen bewahrte. Auch die Regel, beim Boxen nur den Kopf des Gegners zu traktieren, entfiel. Die Kämpfe fanden wie beim Ringen auf einer abgegrenzten Fläche im lockeren Sand statt. Der Satiriker *Lukian* legt seinem Gesprächspartner, der fassungslos dem Treiben der Pankratiasten zuschaut, folgendes in den Mund: »*Die einen umschlingen einander oder stellen sich ein Bein. Andere packen sich an der Kehle, versuchen sich gegenseitig zu Boden zu werfen und wälzen sich wie die Schweine im Kot. […] Andere hingegen stehen mit Sand bedeckt aufrecht, fallen ebenso übereinander her, stoßen und treten sich mit den Füßen. Dieser Unglückliche da wird, so scheint es, auch bald seine Zähne ausspucken, so voll ist bereits sein Mund von Blut und Sand, da er, wie du siehst, mit der Faust einen Schlag in den Kinnbacken bekommen hat.«*

Oberflächlich betrachtet scheint das Pankration eine unorganisierte, regellose Prügelei zu sein, bei der jedes Mittel genutzt wurde, um den Gegner kampfunfähig zu machen. *Pindar* ging sogar soweit, den Athleten aufzutragen, alles zu tun, um den Gegner zu vernichten. *Philon*[86] von Alexandria erwähnte sogar eine Kampftechnik, mit der man den Hals des Gegners brechen konnte! In Rückschau aus der Zeit der Gladiatorenkämpfe hält *Epiktet* es sogar für möglich, dass auch die Pankratiasten den Sieg über sich für bedeutender hielten, als den Sieg über den Gegner.

Als Kampfauftakt schien das Boxen vorrangig benutzt zu sein. Mit ihm konnte man sich den Gegner vorerst vom Leibe halten und ihn ermüden oder auch eine günstige Situation für das Ringen herbeiführen. Auf den ersten Blick möchte man meinen, ein solcher Kampf übertreffe in seiner Härte noch das Boxen und das Ringen. In seiner Schrift über die Gymnastik bezeichnet *Philostrat* das Pankration aber als gelungene Mischung aus einer abgemilderten Form des Ringens und des abgemilderten Faustkampfes. Gegenüber dem Ringen entfiel die Auflage des dreimaligen Zubodenwerfens und somit die kräftezehrende Dauer des Kampfes. Der Kampf war entschieden, wenn einer der Kämpfer mit erhobenem Zeigefinger seine Niederlage eingestand. Wie bereits beim Faustkampf angeführt, ließ letzteres vermuten, warum die Spartiaten sich weigerten, am Pankration teilzunehmen.

Die »weit gefassten« Regeln beim Pankration erlaubten es, jede sich bietende Möglichkeit auszunutzen, um den Gegner in einen kampfunfähigen Zustand zu versetzen. Viele der Unterlegenen verließen den Schauplatz als Krüppel oder fanden den Tod. Ein

---

[86] Philon von Alexandria galt als bedeutender Denker des hellenistischen Judentums.

Beispiel, wie man die Regeln im Pankration für seine körperlichen Voraussetzungen ausnutzte, bot ein kleiner, stämmiger Athlet aus *Kilikien*: »*Er fasste seinen Gegner am Fuß, hob ihn hoch und kippte ihn nach hinten um. Lag dieser alsdann am Boden, ließ er dessen Fuß dennoch nicht los, sondern zwang ihn zur Aufgabe, indem er ihm das Gelenk auskugelte.*« *Pausanias* missbilligte die Technik des *Sostratos* aus Sikion, der gleich zu Beginn des Kampfes dem Gegner die Finger brach, weil er körperlich nicht in der Lage war, den Gegner in den Staub zu werfen. Ein beliebter Griff bei den Eleier soll der Würgegriff gewesen sein. *Lukian* beschreibt, wie die Feinde der Griechen aus Furcht vor diesem Griff die Flucht ergriffen: »*Für den Fall, dass sie mit aufgerissenem Maul dastehen, stopf ihnen Sand in den Mund, oder spring herum, um hinter sie zu kommen, umklammere mit beiden Beinen ihren Bauch, presse deine Arme unterhalb ihrer Helme zusammen und stranguliere sie, bis sie tot sind.*« Zu nenne wäre noch der Bauch-Wurf, bei dem der Angreifende den Gegner bei den Armen packt, sich auf den Rücken fallen lässt, wobei er seinen Fuß in den Bauch seines Gegners stemmt und ihn über seinen Kopf hinweg auf den Boden krachen lässt.

Aus Quellen von *Pausanias* erfahren wir, zu welchen Ehren ein professioneller Allkämpfer kommen konnte. Belegt ist dies durch *Theagenes* von Thasos dank einer Inschrift in Delphi: Bei den Olympischen Spielen gewann er 480 v. Chr. im Faustkampf gegen *Euthymos* von Loktoi und 476 v. Chr. im Pankration. Hinzu kommen noch drei Siege bei den Spielen in Delphi, zehn bei den Isthmischen Spielen sowie neun bei den Nemeischen Spielen, Für ihn sind glaubhaft 1200 bis 1400 Siege überliefert, wenn man alle Siege in den einzelnen Kampfrunden mitrechnet.

Es kam sogar vor, dass der Unterlegene den Kampf mit dem Leben bezahlte, aber seinem Leichnam aufgrund seines guten Kampfes der Sieg zuerkannt wurde. Darüber berichtet *Philostrat*: »*Die Leistung des Arrhichion wollen wir ansehen, bevor sie vollendet ist. Denn er scheint nicht nur seinen Gegner, sondern ganz Hellas besiegt zu haben; wenigstens schreien sie, aufgesprungen von ihren Sitzen, und die einen werfen beide Hände empor, andere ihr Gewand, die da springen von der Erde auf, und jene ringen aus Freude mit ihren Nachbarn; denn wirklich aufregende Schauspiele* erlauben den Zuschauern nicht, gefasst zu bleiben; oder wer wäre so gefühllos, über diesen Kämpfer nicht aufzuschreien? Denn obwohl es schon etwas Großes für ihn ist, dass er bereits zweimal in Olympia siegte, so ist doch dies jetzt größer, dass er den Sieg um sein Leben erkauft hat und nun mit Staub bedeckt zum Gefilde der Seligen geleitet wird. [...] Die Pankratiasten bestehen einen gefährlichen Kampf; sie gebrauchen nämlich Kinnstöße, die für den Kämpfer nicht ungefährlich sind, und Griffe, bei denen man nur die Oberhand gewinnen kann, wenn man scheinbar stürzt, und sie brauchen auch die Kunst, bald so und bald anders zu würgen; sie stoßen außerdem mit der Ferse und verdrehen den Arm des anderen, wozu noch Stoß und Sprung auf den Gegner kommen; all dies ist nämlich beim Pankration erlaubt mit Ausnahme von Beißen und Krallen. Bei den Lakedaimoniern [Spartiaten] freilich ist auch dies im Schwang, wohl als Vorübung für den Krieg, die Spiele im elischen Olympia aber verbieten es, doch erlauben sie Würgen. Daher hat der Gegner den Arrhichion schon mitten um den Leib gefasst und will ihn töten; schon hat er ihm den Ellenbogen in den Hals gepresst, um ihn zu ersticken, und nachdem er die Beine in seine Leisten hineingezwängt und die zwei Fußspitzen in die Kniekehlen geklammert hat, kam er ihm zwar mit dem Erwürgen zuvor, durch das der einschläfernde Tod in die Sinnesorgane eindringt. Weil er aber in der Anstrengung der Schenkel nachließ, raubte er Arrhichion nicht die Denkkraft. Nachdem nämlich Arrhichion die Fußsohlen des Gegners [...] abgedrängt hat, presst er jenen mit der linken Seite seines Leibes so zusammen, dass er nicht mehr widerstehen kann, und nachdem er sein ganzes Gewicht in die linke Seite verlegt und die andere Fußspitze des Gegners in seine Kniekehle eingezwängt hat, quetscht er durch die gewaltsame Drehung nach außen den Knöchel aus der Pfanne. [...] Der gewürgt hat, scheint wie tot, man sieht, wie er durch das Heben der Hand das Zeichen zur Aufgabe gibt. Arrhichion aber macht den Eindruck eines Lebenden und lächelt wie jene, die merken, dass ihnen der Sieg sicher ist.« Von dem Kampfgeist des *Arrhichions* beeindruckt, sprechen die Kampfrichter ihm, dem ehrenvoll Verstorbenen, den Sieg zu.[87]

---

[87] nach Sinn

Training der Pankratiasten

Zur besonderen Kräftigung der Pankratiasten kam, so *Philostrat*, bei deren Training eine härtere Variante des »Punchingballs« (*Korykos*)[88] zum Einsatz. »*Ein Korykos soll für die Faustkämpfer bereit hängen, mehr aber noch für die Pankratiasten. Der für die Faustkämpfer bestimmte sollte leicht sein, da die Hände des Boxers bloß auf die Schlagfertigkeit zu trainieren sind. Die Pankratiasten sollen jedoch einen wuchtigeren und größeren verwenden, damit sie einerseits die Standfestigkeit üben, indem sie sich dem Schwung des Sackes entgegenstellen, andererseits sollen sie auch Schultern und Finger kräftigen, indem sie gegen einen Widerstand schlagen. Mit dem Kopf soll der Ahlet gegen den Korykos anrennen und sich überhaupt allen Formen des aufrechten Pankrations unterziehen.*« Ein mit Flüssigkeit gefüllter Schlauch bot die Möglichkeit, die Beinschläge zu trainieren. Für das Imitationstraining könnte auch eine Ringerpuppe, wie *Hadubalt* sie Milon anfertigte, benutzt worden sein.

Waffenlauf (Hoplitodromos)

Der Waffenlauf (*oplon*) wurde 520 v. Chr. als letzte Laufdisziplin ins Programm aufgenommen. *Tyrtaios*, ein dem Urbild entsprechender Kriegsdichter aus Sparta, verdanken wir die Zeilen, die der Standhaftigkeit des Hopliten in der Phalanx gewidmet sind:

»Heimat und sämtliche Bürger schätzen als Kleinod den Helden,
der sich, die Beine gespreizt, standhaft im Vorkampfe hält,
jeden Gedanken auch nur verwirft an schmähliches Fliehen«

Tyrtaios warf dem sich immer mehr entwickelnden Leistungssport vor, dass die zu Athleten trainierten Knaben und Männer durch die einseitige Ausbildung als Ringer, Faustkämpfer, aber auch Fünfkämpfer und schnelle Läufer für das damalige Kriegsgeschehen untauglich seien. Möglicherweise trugen seine Gedichte

---

[88] Der Korykos war ein mit Feigen, Körnern oder Sand gefüllter aufgehängter Ledersack, der zum Schattenboxen, für Kopfstöße und für Schulterrempeleien genutzt wurde.

mit dazu bei, dass der ursprüngliche Sinn der olympischen Sportarten, nämlich der Wehrertüchtigung zu dienen, wenigstens im Waffenlauf wieder aufgegriffen wurde.

Anfangs trugen die Wettkämpfer Helm, Beinschienen und einen runden Schild. Wahrscheinlich wurden in späterer Zeit der Helm und die Beinschienen weggelassen. – Aber in seiner Urform war der Waffenlauf durch das Handicap der Bewaffnung ein lebensnaher Wettkampf. Zusammen mit speziellen militärischen Übungen sollte das Training im Waffenlauf die männliche Bevölkerung einer Stadt wehrfähiger machen. Die Bedeutung des Waffenlaufes mag ein griechisches Sprichwort verdeutlichen: »*Je schwieriger die Aufgabe, desto größer der Ruhm, wenn man sie bewältigt.*«

Auf Vasenbildern kann man aber auch sehen, wie manche Wettkämpfer Teile ihrer Waffen verloren haben, ein kurioses Geschehen für die Zuschauer, die diesen letzten Wettkampf der jeweiligen Spiele möglicherweise als eine Art Unterhaltung betrachteten.

Ärzte und Trainer

Für die Bedeutung einer ärztlichen Betreuung bei den Spielen spricht, dass einer der Beamten Arzt war und ähnlich wie heute »Sanitäter« den Athleten bei Verletzungen medizinische Hilfe leistete.

Damals wie heute waren gute Ärzte in der Welt des Sports gefragt. In der Antike kam ihrem Können angesichts der Härte und Brutalität der Wettkämpfe eine entscheidende Bedeutung zu. Außerdem war es einst - ebenso wie für die heutigen Athleten - wichtig, topfit zu sein. Menschen, die echte Kenntnisse über Heilkräfte und Funktion des menschlichen Körpers besaßen, haben dem Sport große Dienste erwiesen. Man könnte sogar vermuten, dass die Zunahme der medizinischen Kenntnisse in der griechischen und römischen Welt eng mit der Entwicklung des Sports im Zusammenhang zu sehen ist! Dass dies tatsächlich der Fall war, stellte sich heraus, als im späten 4. Jahrhundert n. Chr. die Spiele nicht mehr ausgetragen wurden und dadurch ein Stillstand in der Entwicklung der Medizin eintrat. Erst im Mittelalter kamen wieder erfahrene Ärzte auf, die mit den Ärzten der Antike vergleichbar sind.

Nach einer mythischen Tradition, die Sport und Medizin verbindet, soll *Asklepios*, der griechische Gott der Heilkunst, seine Kenntnisse dem Kentauren *Cheiron* zu verdanken haben; dieser galt als Begründer Arzneikunde: »*Ob als göttliche Eingabe oder meisterlicher Arzt beherrschte Asklepios die Heilkunst wie kein anderer. So erschien er seinem Patienten, der im Asklepiontempel schlief, im Traum und empfahl ihm Diäten und Kuren, die ihn heilen sollten. Sein Meisterstück bestand darin, einen Toten durch einen Trank, den er von Athene erhielt, wieder zum Leben erweckt zu haben. Nach Hades, dem Gott der Unterwelt, hatte er damit seine Befugnisse überschritten. Das sah auch der Göttervater Zeus so, er schleuderte einen Blitz auf Asklepion und tötete ihn.*«

Training und Hygiene hatten bei den alten Griechen - neben ästhetischen Gesichtspunkten - vor allem praktische Gründe. Wie antike Schriften von Medizinern beweisen, hatte die Körperhygiene, Massage und Ernährung einen hohen Stellenwert in der Betreuung der Athleten. Neben seinen Sportgeräten waren der Aryballos (Gefäß für Salböl), der Strigilis (Schabeisen) und der Schwamm die wichtigsten Utensilien eines Athleten. Von *Epiktet* stammt: »*Auch ist Gesundheit kein Gut an sich, Krankheit kein Übel. Nur die richtige oder schlechte Verwendung der Gesundheit macht aus ihr entweder ein Gut oder Übel.*«

Außer den Ärzten standen den Athleten *aleiptai* (Masseure) oder *iatroleiptai* (Heilmasseure) zur Seite, es gab auch *hygienoi iatroi*, so etwas wie Fitnessspezialisten. Letztere kannten sich anscheinend sowohl in der Physiotherapie als auch in der Ernährung aus. Sie waren imstande, kleinere Verletzungen, wie z. B. eine ausgekugelte Schulter, zu behandeln; *Hippokrates* beschrieb schon damals eine einfache Methode, wie diese wieder eingerenkt werden konnte.

Das Behandlungsspektrum der antiken Ärzte war ohnehin beeindruckend: Sie konnten mit allen möglichen Arten von Brüchen umgehen und benutzten dafür verschiedene Schienen und Skalpelle für die Knochen. Sie beherrschten komplizierte Verbände und nähten Wunden. Sie operierten Schädelbrüche, indem sie die kaputten Knochen herausbohrten und manchmal auch den Schädel trepanierten (öffneten). Das größte medizinische Problem bestand in Infektionen, da man von bakteriellen Krankheitserregern noch nichts wusste, sowie im Fehlen der allgemeinen Anästhesie.

Manche Athleten, älter geworden auch der kampferfahrene Milon, besaßen vermutlich Grundkenntnisse in der Funktionsweise des menschlichen Körpers; so z. B. *Ikkos* von Taras: Anhand seines exhumierten Skeletts konnten Forscher seine gesunde Lebensweise, seine leistungsbedingte Ernährung z. B. viel Fleisch und Fisch sowie die anatomisch/morphologischen Veränderungen seines Körpers im Hinblick auf sein professionelles Training als Fünfkämpfer nachweisen. *Ikkos* soll eine Abhandlung über den Sport verfasst haben, war 444 v. Chr. selbst Olympia-Sieger im Fünfkampf.

Außer Sportverletzungen sahen sich die Wettkämpfer bei den Spielen noch anderen Gefahren ausgesetzt: So konnten sie sich z. B. leicht einen Sonnenstich zuziehen oder einen Sonnenbrand holen; immerhin trugen sie ihre Wettkämpfe unter der glühenden Sonne und in der heißesten Zeit des Jahres aus. Wie *Philostrat* betont: »*War die Fähigkeit die Sonne auszuhalten, für einen Athleten von entscheidender Bedeutung. Das Risiko eines Sonnenbrandes wurde vermutlich dadurch bis zu einem gewissen Grade gemindert, dass man sich vor den Wettkämpfen oder dem Training mit Olivenöl einrieb. Es wurde von den Betreuern oder Masseuren auch für Massagen verwendet und später mit einem Schabeisen wieder entfernt, was eine stark belebende Wirkung hatte.*«

Zwischen den Betreuern und Ärzten scheint eine beträchtliche Rivalität geherrscht zu haben. *Philostrat*, der ausführlich über die Olympischen Spiele und den antiken Sport geschrieben hat, diskutiert die Einmischung der Trainer in die Medizin, und vielleicht war es eben dieses sich einmischen, was *Galens*[89] Einstellung den Athleten gegenüber beeinflusste. *Galen* war als Sport- und Wundarzt der Gladiatoren tätig. Währen der Olympischen Spiele untersuchte er die gut trainierten Körper der Athleten und studierte deren akute Verletzungen unmittelbar nach ihrem Auftreten. In seiner Abhandlung »*Ist Gesundheit eine Sache der Medizin oder des Trainings?*« bemerkt er bissig, »*dass sich gescheiterte Athleten als Heiler und Masseure betätigen und sogar versuchen, über dieses Thema Bücher zu schreiben.*« Gewiss gab es für Quacksalber und Profitjäger ein reiches Betätigungsfeld, denn im Zusammenhang mit dem Sport konnte man damals wie heute sehr viel Geld verdienen.

Wie wir später erfahren, soll Milon im gereiften Athletenalter ebenfalls seine Erfahrungen über das Training und den Wettkampf in seiner Sportart veröffentlicht haben. Außerdem ist es ebenso glaubhaft, dass ihn die unterschiedlichen Machtverhältnisse, die er an den zahlreichen von ihm besuchten Wettkampforten vorfand, dazu brachten, sich für die damaligen Ansichten zur Königsherrschaft, Tyrannei, Oligarchie[90] und Demokratie zu interessieren.

In den Schriften von *Hyppokrates* (um 460-380 v. Chr.) gibt es keinen konkreten Hinweis auf die Olympischen Spiele, doch es geht ständig um Ernährung, Training und die Behandlung möglicher Verletzungen im Sport. Angeblich hat er auch in der Weidenrinde das Aspirin entdeckt, das für seine entzündungshemmende und schmerzlindernde Wirkung bekannt ist. Zudem nennt er das Standardrezept einer »braunen Olympiasalbe«, die bei Muskelzerrungen helfen sollte. Die Salbe hätte Kadmium, Opium, Antimon, Zinkoxid, Weihrauch, indische Aloe, Safran, Myrrhe und ein rohes Ei enthalten.

---

[89] Galen war ein griechischer Arzt und Anatom. Er beschäftigte sich ab 146 n. Chr. vornehmlich mit der Medizin. Mit 19 reiste er nach Alexandria, dem damaligen Zentrum der Heilkunst, an dem man Humansektionen durchführte und sogar Leichen untersuchte. Außerdem bot ihm deren Bibliothek eine Fülle medizinischen Wissens.

[90] In der antiken Verfassungslehre = Entartung der Aristokratie.

Die griechische Medizin stand sogar bereits in homerischer Zeit in hohem Ansehen. *Homer* sagte: »*Denn ein ärztlicher Mann ist wert, gleich vielen zu gelten.*« Glaubt man dem »Prometheus-Mythos«, dann verwundert einen das Ausmaß der Krankheiten im antiken Griechenland nicht. Wie wir bereits hörten, hatte »*Zeus den Sterblichen das Feuer versagt. - Um es für die Menschen wieder zu erlangen, hob Prometheus einen langen Stängel des Riesenfenchels in den Himmel, um ihn am vorbeirollenden, Funken sprühenden Sonnenwagen des Helios zu entzünden. Mit dieser lodernden Fackel eilte er zur Erde zurück und setzte einen Holzstoß in Flammen.*

Als Zeus den Raub sah und erkannte, dass er den Menschen das Feuer nicht mehr nehmen konnte, sann er auf Rache: Er befahl seinem Sohn Hephaistos, das Trugbild einer schönen Jungfrau zu gestalten. Athene schmückte sie mit einem Gewand aus Blumen, Hermes verlieh ihr eine bezaubernde Sprache, Aphrodite schenkte dem Trugbild holden Liebreiz. Man nannte sie Pandora, die Allbeschenkte. Zeus aber reichte ihr eine Büchse, in die jeder der Göttlichen ein Unheil bringende Gabe eingeschlossen hatte. Mit Pandora stieg der erzürnte Göttervater zur Erde hinab und überreichte die schöne Jungfrau als Geschenk an Prometheus´ Bruder Epimetheus, der sie entgegen einer früheren Warnung Prometheus´ auch annahm. Da hob Pandora den Deckel, und alles Übel schwebte heraus, und nur die Hoffnung blieb in der Büchse zurück, als sie diese schnell wieder schloss. Seit dieser Stunde rasen bei Tag und Nacht Fieberkrankheiten, Leiden und plötzlicher Tod über den Erdkreis.«

Die »Büchse der Pandora« enthielt Knochentuberkulose, die unter anderem zu einem krummen Buckel führte, wenn sie die Wirbelknochen befiel. Auch Rachitis, Skorbut, Arteriosklerose als Folge falscher Ernährung waren bekannt. Pest und Lepra blieben schlechten hygienischen Bedingungen geschuldet und die Syphilis durch die freizügige »Liebe« der alten Griechen eine weitverbreitete Ansteckungsgefahr.

Folgt man den Werken *Homers*, so könnte der Eindruck entstehen, im antiken Griechenland hätten es die Ärzte vornehmlich mit

Verwundungen aus kriegerischen Handlungen zu tun. Dass dem nicht so ist, bestätigten Ausgrabungen bei einer altgriechischen bäuerlichen Siedlung (Lerna). Wie Paläopathologen an den gefundenen Skeletten feststellten, gab es arbeitsbedingte Gelenkschäden durch Arthrose und Arthritis sowie Wirbelsäulenschäden. Auch Zahnschäden wie Karies, Paradentose, Abszesse und Zahnverluste schienen den Bewohnern bereits in jungen Jahren zu schaffen gemacht haben. Bei den reicheren Bürgern ließen sich sogar schon Wohlstandserkrankungen wie Gallensteine und Blasensteine nachweisen.

Im 5. Jahrhundert v. Chr. entstanden in Knidos und in Kos hervorragende medizinische Schulen, denen solche in Kroton und in Agrigent auf Sizilien folgten. Von Kroton ging der bedeutende Arzt *Demokedes* aus, der in Griechenland und auch in Susa am Hof des *Dareios* wirkte. Genannt sei außerdem als berühmter Arzt vor *Hippokrates* der Arzt *Alkmaion* von Kroton, er soll ein Schüler des Pythagoras gewesen sein. *Alkmaion* lebte um 520 v. Chr. und veröffentlichte ein Buch »Über die Natur«. Als erster Arzt hatte er Tiere seziert und vergleichende Anatomie betrieben. *Alkmaion* vertrat die Auffassung, dass Gesundheit auf ein Gleichgewicht oder einer Ausgewogenheit der gegensätzlichen polaren Kräfte im menschlichen Körper zurückzuführen sei. Als Beispiele der Gegensatzpaare nennt er das Feuchte und das Trockene, das Kalte und das Warme, das Bittere und das Süße; als Krankheitsursache kommen insbesondere übermäßige Kälte oder Hitze in Betracht. – Ein Krankheitsausbruch erfolgt entweder im Blut, im Mark oder im Gehirn; als Anlass führt *Alkmaion* unter anderem ein Übermaß oder einen Mangel an Nahrung an. Im Gehirn sieht *Alkmaion* das zentrale Organ der Wahrnehmung und Erkenntnis, die nach seiner Lehre dadurch ermöglicht wird, dass das Gehirn durch Kanäle mit den Sinnesorganen in Verbindung steht. – *Alkmaion* legte Wert auf eine klare Trennung von Denken und Wahrnehmen; im Denken sieht er die spezifische Besonderheit des Menschen, den er damit vom Tierreich scharf abgrenzt.

Hippokrates sammelte seine Erfahrungen an den Tausenden Kranken, die die heißen Bäder von Kos besuchten. Nach ihm haben alle Erkrankungen ihre Ursache in einem falschen, wider die Natur gerichteten Leben. Er sah die Aufgabe der Heilkunde darin, den Erkrankten zu einem naturgemäßen Leben zurückzuführen. Das trifft auch auf die Chirurgie zu, nur wenn ein Arzt den Normalzustand des menschlichen Körpers kennt, kann er ihn bei einem Knochenbruch oder einer Verrenkung wiederherstellen. Die Kräfte und Veranlagungen des Körpers sind die eigentlichen Heilungsfaktoren, die wir heute als »Selbstheilungskräfte« bezeichnen. Deshalb stützte Hippokrates seine Behandlung weniger auf das Verabreichen von Heilmitteln, sondern auf die Anwendung von Bädern, Luftveränderungen, Abführmitteln, Massagen oder gymnastischen Übungen.

Doping, Drogen und Gefahren
Selbst wenn es zu jener Zeit noch nicht so genannt und als solches geahndet wurde, gab es Doping offenbar schon vor über 2500 Jahren im Leistungssport der alten Griechen. Speziell für die Steigerung der Muskelkraft sollen die Athleten getrocknete Stierhoden, in denen das männliche Geschlechtshormon (Testosteron) konzentriert vorliegt, zur Leistungssteigerung verzehrt haben. So wird auch Milon nachgesagt, er hätte während seiner über 35 Jahre währenden Siegesserie vorwiegend das Fleisch männlicher Tiere, möglicherweise auch getrocknete Stierhoden verzehrt. In diesem Zusammenhang sollten wir uns an das 30tägige »Gemeinschaftstraining« vor den Spielen erinnern. Die Athleten standen in dieser Zeit unter Aufsicht der Hellanodikai, die stets darauf achteten, dass sich alle der vorgeschriebenen »Einheitsernährung« bedienten, folglich eine spezielle »Dopingernährung« unmöglich blieb.

Speziell auf Milon bezogen, so die heutige Ansicht, scheint dieser durch das glückliche und sexuell befriedigte Zusammensein mit *Atlante* besser beraten gewesen zu sein, als *Ikkos* aus Tarent, der sich, wie bereits bei seiner Vorbereitung auf das Pentathlon erwähnt, seiner sexuellen Enthaltsamkeit rühmte. Gab es doch bereits im antiken Griechenland die auch heute bekannten Argumente pro und kontra sexueller Betätigung und Sport. So hatten Berufsathleten wie z. B. der eben genannte *Ikkos* von Taras während der gesamten Vorbereitungszeit auf die Spiele niemals eine Frau oder einen Jungen angerührt. Diogenes *Laertios*, der Verfasser der Schrift »*Leben der Philosophen*«, behauptete, »*Sex sei immer ungesund und schwächend, doch schade er im Herbst und Winter weniger als im Frühling und Sommer.*« Dem könnten wir heute hinzufügen: Es sei denn, man leidet nicht an »Kreislaufschwäche«! »*Dies scheint die älteren Griechen nicht von der allgemein verbreiteten Praxis abgehalten zu haben, unter den Athleten im Gymnasion und der Palaistra nach jungen Liebhabern Ausschau zu halten.*«

Offenbar beherzigte Milon die hier genannten Vorbehalte gegen den Sex nicht, dies weder in Rücksicht auf sein Training, während bestimmter Jahreszeiten oder vor Wettkämpfen, und das war gut so. Heute wissen wir, dass es „mit der Sexualität ähnlich abläuft, wie mit der Aktivität der Muskulatur: Benutzt man sie, bleibt sie leistungsfähig, wenn nicht, dann degeneriert sie. Falls man über Jahre keinen Sex hatte, sinkt der Testosteronspiegel, die Gefäße werden nicht mehr so gut durchblutet, die Sexualorgane schrumpfen."[91]

Was den Gebrauch von leistungssteigernden Drogen angeht, eine heute oft gestellte Frage, so liegen uns dafür keine konkreten Hinweise vor. Vermutlich griff man bereits in der Bronzezeit auf pharmakologische Kenntnisse[92] zurück: Sowohl in der Ilias als auch in der Odyssee finden sich entsprechende Anspielungen. Wie wir wissen, erlernte z. B. die trojanische *Helena* die Verwendung

---

[91] nach Prof, Frank Sommer, Urologe und Sportmediziner an der Uniklinik Köln

[92] Nach Überlieferungen bereiteten sich manche Athleten mit Pilzen und Kräutertees auf ihre Wettkämpfe vor, um latente Reserven zu mobilisieren.

wirkungsvoller Arzneimittel von *Polydamna*, einer Frau aus Ägypten. »*Dort bringt die Erde mancherlei Säfte hervor, zu guter und schädlicher Mischung*«. Die an den Olympischen Spielen teilnehmenden Athleten hätten gewiss das Medikament willkommen geheißen, das Odysseus von Hermes bekam: »*Ein wirksames Arzneimittel, das vor Trunkenheit schützte und aus ,moly' bereitet war, einer Pflanze mit schwarzen Wurzeln und milchweißen Blüten.*« Angeblich ließ die Pflanze sich schwer ausgraben und so konnte sie bisher nicht identifiziert werden.

Fliegen, Moskitos und anderes Ungeziefer mögen den Athleten wie Zuschauern bei den Spielen sehr zur Last gefallen sein. *Pausanias* erzählt: »*Dass dem Herakles, dem Sohn der Alkmene, beim Opfer in Olympia die Fliegen sehr lästig geworden seien: Er habe dann selber herausgefunden oder von jemand anders erfahren, dem Zeus Apomyios (dem Fliegenabwehrer) zu opfern, und dadurch seien die Fliegen über den Alpheios fortgejagt worden. Ebenso sollen auch die Eleier dem Zeus Apomyios opfern und damit die Fliegen aus Olympia verscheuchen.*«

Zu bedenken sei nur, dass die Opfertiere mit Scharen von Fliegen, Zecken und Stechmücken im Fell anrückten. Außerdem trugen das vergossene Blut der geopferten Tiere und deren Fleisch mit dazu bei, die Fliegenplage zu vermehren. Es gab obendrein das Problem: wohin mit den bei der Speisezubereitung übrigbleibenden Abfällen oder den menschlichen Verdauungsresten? Zu Milons´ Zeit gab es nur wenige Toiletten, jeder versuchte sich irgendwo zu entleeren. Die von *Pausanias* genannte Fliegenplage war also selbst gemacht.

Weitere mögliche Risiken, mit denen man in Olympia zu rechnen hatte, waren Lebensmittelvergiftungen und Infektionen durch Wasser, das verseucht sein konnte, weil es aus verunreinigten Quellen oder provisorisch gegrabenen Brunnen stammte. Tetanus durch verschmutzte Wunden und vielleicht Malaria, übertragen durch Moskitos, könnten während der Spiele verbreitet gewesen sein. Athleten wie Zuschauer waren all diesen Übeln ausgesetzt, die sie, wie bereits bemerkt, teilweise selbst verursachten.

Der Philosoph *Thales* von Milet soll an einem Sonnenstich in Olympia gestorben sein. Außerdem bestand die Gefahr, versehentlich von einem Speer oder Diskus getroffen zu werden, weil es damals weder einen ausreichend gesicherten Abwurf noch einen vom Publikum abgegrenzten Wurfsektor gab. Der Überlieferung nach »*verließ Oxylos von Elis seine Heimat, weil er seinen Bruder Thermios aus Versehen mit einem Diskuswurf getötet hatte*«.

LEGENDEN, SENSATIONEN, SKANDALE

FRAUEN BEI OLYMPIA
»An der Straße nach Olympia (…) erhebt sich ein steiler Berg mit hohen Felsen (…). Der Berg heißt Typaion. In Elis gibt es ein Gesetz, nach dem jede Frau, die man bei den Olympischen Spielen entdeckt, kopfüber von diesem Berg gestürzt wird.« (Pausanias
„Offensichtlich betraf dieses Verbot lediglich verheiratete Frauen, denn *Pausanias* erklärt an anderer Stelle, dass »*Jungfrauen der Zutritt nicht verwehrt wurde*«. Es ist kein schriftliches Material erhalten, das diese Diskriminierung erläutern könnte, aber möglicherweise ging diese Praxis auf die Fruchtbarkeitsspiele der fernen Vergangenheit zurück, als nur Jungfrauen als rein genug galten, um an den heiligen Riten teilzunehmen. Sollte dies der ursprüngliche Grund gewesen sein, so war er seit langem in Vergessenheit geraten, denn wie *Dion Chrysostomos*[93] bezeugt, war »*selbst Frauen zweifelhaften Charakters*« die Anwesenheit bei den panhellenischen Spielen erlaubt."[94]

Dirnen (*pòrnai*): Freie oder freigelassene »Nichtbürgerinnen« gingen diesem Gewerbe nach. Sie mussten sich (z. B. in Athen) nur registrieren lassen und eine besondere Steuer zahlen. Vermutlich setzten Prostituierte viel öfter Kinder aus - in diesem Falle Söhne!

---

[93] Griechischer Redner, Schriftsteller und Philosoph, stritt unter anderem gegen die Erlaubnis zur Prostitution.
[94] nach Swaddling

- als normale Bürger. Dafür erzogen sie ihre Töchter, junge Sklavenmädchen oder ausgesetzte Mädchen, um mit diesen ihre Altersversorgung zu sichern.

Während der Spiele bei Olympia, zu denen sich vornehmlich Männer einfanden, dürften sowohl Dirnen als auch Hetären sehr gefragt gewesen sein. Die sprichwörtliche Toleranz der Griechen hinsichtlich der Sexualität bot ihnen gewiss zu jeder Zeit und an jedem Ort die Möglichkeit zu sexuellen Handlungen. Dies konnte in Zweisamkeit an einem verschwiegenen Ort oder im Rahmen irgendwelcher Feiern sein, an denen Prostituierte als einzige weibliche Teilnehmer die Männer anfangs als Flötenmädchen durch Gesang und Tanz unterhielten und zur vorgerückten Stunde mit sexuellen Handlungen zu Diensten standen.

Hetären (*hetairai*), die »luxuriöseren« weiblichen Prostituierten im Altertum, galten als gebildet und waren sozial anerkannt. Im antiken Griechenland galt es für die Männer nicht als verpönt, außerhalb der Ehe Umgang mit Hetären zu haben, weil ihre Ehefrauen vor allem im Haushalt tätig und im Gegensatz zu den »Gefährtinnen« in Kunst, Kultur, Literatur und Philosophie wenig bewandert waren. Der Lohn der Hetäre konnte von einem geringen Entgelt bis zu hohen Summen reichen. Eine bekannte Hetäre war *Lais* von Korinth, „der Lohn für ihre sexuelle Gefälligkeit war legendär (zehntausend Drachmen in ihrer Anfangszeit). Sie war aber nicht nur wegen ihrer Schönheit und ihres guten Rufes beliebt und bekannt, sondern auch wegen ihrer Konversation und ihrem Charme. Einige ihrer Liebhaber waren *Aristippos* von Kyrene und *Eubotas* aus Kyrene. *Aristippos* soll sie reichlich beschenkt, *Eubotas* einen Heiratsversuch listig abgewehrt haben. Unentgeltlich soll sie die Geliebte des Philosophen *Diogenes* gewesen sein. Im Alter erhielt sie naturgemäß nur noch eine geringe Bezahlung und verfiel dem Alkohol."[95]

---

[95] Nach Hans Volkmann: *Lais*. In: *Der kleine Pauly* (KIP). Band 3, Stuttgart 1969 S.457.

In Sparta nahmen die Hetären eine besonders hervorgehobene Stellung als Herrin (*kyria*) ein. Sie hatte das Verfügungsrecht über ihr eigenes Geld. Mit der spätgriechischen *Stoa* (ab 300 v. Chr.) wurde ihre Emanzipation z. B. in der Bildung sowie in verschiedenen Berufen (als Schauspielerinnen, Sängerinnen, Ärztinnen, Dichterinnen, Sportlerinnen) möglich.

Bei Olympia mögen Hetären auch als Escorts im Sinne des heutigen Begleitservice ihren Gönnern bei den Festgesandtschaften gefällig gewesen sein. Die Ansichten über die Hetären haben sich in den letzten Jahrhunderten gewandelt. Man sieht sie jetzt mehr als hochgebildete Kurtisanen. »*Die bekannteste Hetäre der griechischen Antike war Aspasia, die spätere Ehefrau des Perikles. – Nach anderer Darstellung war sie nur deshalb die Hetäre von Perikles, weil er sie, die eine Milesierin, danach keiner attischen Herkunft war, nicht ohne weiteres heiraten konnte, der gemeinsame Sohn fiel unter das 'Bastardgesetz'.*«

Es gab eine verheiratete Frau, die ausdrücklich aufgefordert war, bei den Spielen zugegen zu sein, die Priesterin der *Demeter Chamyne*. Der Marmor-Altar der Göttin lag in der Mitte des Nordwalls des Stadions. Dort saß die Priesterin und schaute den Spielen zu. *Demeter* war die Göttin der Vegetation und Fruchtbarkeit und das Epitheton Chamyne, »des Lagers«, und könnte auf irgendeinen Fruchtbarkeitsritus aus einer Zeit verweisen, als noch keine Spiele zu Ehren des *Zeus* veranstaltet wurden.

„Nur noch von einer anderen verheirateten Frau weiß man, dass sie zu den Spielen zugelassen war. Es war *Kallipateira*, Tochter des *Diagoras* aus Rhodos. Trotz des Verbots fuhr *Kallipateira* als Trainer verkleidet mit ihrem Sohn *Pisidoros* zu den Wettkämpfen nach Olympia. *Pisidoros* war siegreich, und in ihrer Aufregung sprang *Kallipateira* über die Absperrung des Trainerbereiches und entblößte sich dabei. Doch die Verantwortlichen verzichteten auf eine Strafe aus Respekt vor ihrem Vater, ihren Brüdern und ihrem Sohn. Als Vorsichtsmaßnahme erließen sie allerdings eine Bestimmung, nach der sich die Trainer ebenso wie die Athleten bei ihrer Anmeldung künftig nackt zu präsentieren hatten.

Den Frauen selbst war die Teilnahme an den olympischen Wettkämpfen allerdings nicht gestatte, was sie aber nicht hinderte, sich indirekt doch zu beteiligen. Als Pferde-Besitzerinnen konnte man es ihnen nicht verwehren, ihre Teams bei den Wagenrennen aufzusuchen, und von mehreren Frauen weiß man, dass sie dies in Olympia auch taten. Die erste und bekannteste von allen war *Kyniska*, die Tochter des Königs *Archidamos* von Sparta. Wie *Plutarch* berichtet, wurde sie von ihrem Bruder *Agesilaos* dazu überredet, bei einem der Rennen einen Wagen zu melden, um zu beweisen, dass ein Sieg im Pferdesport auf Wohlstand beruhte und mit Geschicklichkeit nichts zu tun hatte.

Pausanias zufolge war *Kyniska* immer vom ehrgeizigen Wunsch beseelt - nämlich einem Sieg bei Olympia. Sie war erfolgreich, und zur Feier dieses Ereignisses ließ sie zwei bronzene Denkmäler, Darstellungen von Pferdewagen, errichten; ein kleines im Vorraum des Zeustempels und ein größeres im Gelände der Altis. Man hat einen Teil der Sockelinschrift des größeren Monuments gefunden, aus der hervorgeht, dass auch eine Statue von ihr selbst dazu gehörte. Eine alte Quelle gibt den vollständigen Wortlaut der Inschrift wieder:

»Spartas Könige waren meine Väter und Brüder,
doch da mit meinem Wagen und meinen feurigen Pferden ich, Kyniska,
den Preis errang, errichte ich hier mein Bild
und verkünde stolz,
dass von allen griechischen Frauen
ich den Kranz als erste trug.«'[96]

FÜNFTER TAG

Zu der Zeit, als Milon an den Spielen teilnahm, also in der zweiten Hälfte des 6. Jh. v. Chr., fanden nach den Wettkämpfen Begräbnisriten zu Ehren des Heros *Pelops* statt und danach folgte eine

---

[96] nach Swaddling

Siegerparade um die Altis zum Zeustempel. In ihm wurden die Sieger vor der Statue des *Zeus* von den Kampfrichtern mit dem olympischen Kranz gekrönt, der aus den Zweigen des wilden Ölbaums geflochten war. Denn als allerhöchste Anerkennung galt für einen Athleten der olympische Kranz: »*Auf Anweisung des Orakels von Delphi sollte der König Iphitos von Elis in Olympia eben den Baum suchen, der mit Spinnennetzen überzogen wäre. Die Spinnennetze wurden als Zeichen für Feuchtigkeit angesehen und wiesen auf Fruchtbarkeit hin. Nach Aristoteles war der Baum außergewöhnlich schön, seine blassgrünen Blätter seien symmetrisch wie bei einer Myrte angeordnet gewesen. Der König schützte den Baum, indem er ihn mit einem Zaun umgab. Nur zu Olympia durfte ein Junge, dessen Eltern noch am Leben waren, mit einer goldenen Sichel die Zweige für den Siegerkranz abschneiden.*«

Wie wertvoll diese symbolischen Ehrenpreise in Form eines Kranzes nicht nur bei den heiligen Spielen in Olympia, sondern auch bei den Spielen in Delphi, Isthmia und Nemea waren, ließ sich auch an der Anerkennung nachvollziehen, mit der ein so erzielter Ruhm in der Heimat »versilbert« wurde. Auf Milon und Atlante bezogen können wir nur vermuten, dass das reiche und zugleich ruhmsüchtige Kroton seine Sieger finanziell so reichlich ausstattete, dass es beiden – wie auch weiteren Athleten Krotons – zukünftig möglich war, erneute Siege bei Olympia zu erringen. Die Anzahl der »Bekränzten« der Stadt Kroton bei Olympia und der Heraia mögen beredtes Beispiel dafür sein. Zudem konnten Olympiasieger nach dem Beispiel, das aus Athen überliefert ist, lebenslang auf Staatskosten im Rathaus speisen und erhielten weitere Privilegien: Wie Steuerfreiheit, Ehrensitz im Rat sowie Vergünstigungen bei Festveranstaltungen und im Theater. Sie waren verdienten Staatsmännern und Feldherren gleichgestellt und bekamen erleichterten Zugang zu hohen Ämtern. Für den jungen Milon könnte es möglich gewesen sein, die ihm von seinem Stadtstaat zugedachte Steuerfreiheit sowie den Ehrensitz im Rat vorerst auf seinen Vater zu übertragen, der alles getan hatte und weiterhin alles tat, um Milons´ Karriere als Ringkämpfer zu fördern.

MARATHONLAUF

Einen Marathonlauf gab es bei den antiken Spielen nicht, er wurde erst zu unserer Zeit eingeführt. Der historische Marathonlauf geht auf die Schlacht bei Marathon zurück, die 490 v. Chr. zwischen den Persern und den Athenern in der Ebene von Marathon stattfand.

Hippias (527 bis 510 Tyrann von Athen) stellte sich, nachdem er aus Athen verbannt wurde, in den Dienst der Perser. Auf seinen Rat landete die Invasionsflotte der Perser bei Marathon, um wie von *Hippias* vorgeschlagen, abseits von Athen ihren Aufmarsch vorzubereiten.

Als die Athener erfuhren, dass die Perser in Marathon an Land gingen, um ihren Stadtstaat anzugreifen, schickten sie den Boten *Pheidippides* nach dem 245 km entfernten Sparta, um von dort Hilfe zu erbitten. Seine Botschaft, gerichtet an das zum *Karneiosfest* versammelte Volk: »*Spartiaten, die Athener bitten euch, ihnen zur Hilfe zu kommen. Ihr könnt nicht zusehen, wie die älteste Stadt der Hellenen in die Hände der Barbaren fällt!*«

Wie *Herodot* weiter berichtet, war sein Ersuchen nach rascher Hilfe vergebens, weil die Spartiaten ihr laufendes Fest zu Ehren des Fruchtbarkeitsgottes *Karneios* nicht unterbrechen wollten, sodass die Athener in der Schlacht bei Marathon auf sich allein gestellt waren. Für den Lauf über 245 km im unwirtlichen Gelände soll *Pheidippides* 3 Tage benötigt haben.

Für den Marathonlauf der Neuzeit hielt man sich aber an die von Plutarch übermittelte Legende: »Ein Bote - auch hier wird er Pheidippides genannt - überbringt nach der siegreichen Schlacht bei Marathon die Kunde vom Sieg der Athener über die Perser vom Schlachtfeld ins etwa 40 km entfernte Athen und soll und nach seiner Ankunft auf dem Areopag[97] vor Erschöpfung tot zusammengebrochen sein.«

---

[97] Der Areopag ist ein hoher Felsen inmitten von Athen, auf dem in der Antike der Ältestenrat „Areopag" Athens tagte.

Herodot berichtet über die siegreiche Schlacht, dass die griechischen Hopliten beim Angriff gegen die in breiter Front aufmarschierten Perser etwa acht Stadien (ca. 1,5 km) im schnellen Lauf zurückgelegt hätten. Eine mobilisierende Legende, die möglicherweise für den bei Olympia eingeführten Waffenlauf »eine Lanze brechen« sollte.

Versucht man beide Legenden als zusammengehörig zu betrachten, so ergäbe dies eine aufschlussreichere Darstellung: Der historische Hintergrund ist der vergebliche Aufstand Milets und Ephesos gegen die Perser, denen es nach sechsjährigem Kampf gelang, diese griechischen Städte zu zerstören, weil keine der anderen griechischen Städte, außer Athen und *Eretria*, ihnen beistand. Danach wandten sich die Perser aus Rachegelüst zuerst gegen die Stadt *Eretria*, die blutig niedergeschlagen und deren Überlebende versklavt wurden. Nun sollte es gegen Athen gehen. Auf Anraten von *Hippias*, dem aus Athen verbannten Tyrannen, schien Marathon ein günstiger Landeplatz, um unbemerkt den Aufmarsch gegen Athen vorzubereiten. Der Ruf »*Die Perser kommen, sie sind bei Marathon gelandet!*« schreckte die Athener auf. Um dem Schicksal von *Eretria* zu entgehen, entschlossen sie sich, schon bei Marathon den Persern entgegenzutreten. Das mächtige Perserheer alleine abzuwehren schien für Athen aussichtslos, deshalb schickten sie den Botenläufer *Pheidippides* mit der Bitte um Hilfe zum 245 km entfernten Sparta. Dort angekommen überbringt er die Botschaft: »*Spartiaten, die Athener bitten euch, ihnen zur Hilfe zu kommen. Ihr könnt nicht zusehen, wie die älteste Stadt der Hellenen in die Hände der Barbaren fällt; schon ist Eretria geknechtet und Hellas um eine namhafte Stadt schwächer geworden!*« Die Spartiaten versprachen zur Hilfe zu kommen, doch wie wir von *Herodot* erfuhren, wollten sie erst ihr Fest zu Ehren ihrer Erntegöttin feiern und konnten frühestens nach dem anschließenden Vollmond zur Hilfe kommen.

Für *Herodot*, nicht aber für *Pheidippides* endet hier die Mission des Botenläufers, denn dieser musste ja noch die Antwort der Spartiaten an das Heer bei Marathon überbringen. Die jetzt vor ihm liegende Wegstrecke, die wieder bergauf und bergab über Stock und

Stein führte, betrug etwa 280 km. Unterdessen stehen 9000 gut ausgebildeten und bestens ausgerüsteten Hopliten Athens sowie 1000 Hopliten aus der Kleinstadt *Plataiai* den zahlenmäßig überlegenen 70000 bis 80000 Persern in Schlachtordnung gegenüber. Die Perser hatten eigentlich erwartet, dass ein Großteil der Griechen zu ihnen, das heißt, zu dem Verbannten namens *Hippias* überlaufen würden, was aber nicht geschah. Auch blieben die Athener vorerst in ihrer Stellung, griffen die ihnen abwartend gegenüberstehenden Perser nicht an. - Dass der attische Befehlshaber auf die Unterstützung durch die Spartiaten wartete, konnten die Perser nicht ahnen.

Nach der damaligen Strategie, mit der eine Schlacht begonnen wurde, stellten sich die Gegner in Schlachtformation gegenüber, machten sich durch lautes Geschrei Mut und dem Gegner Angst, um dann in Marschordnung aufeinander loszugehen. Weil aber nichts dergleichen geschah, der Gegner ohnehin in der Unterzahl war, ließ der Befehlshaber der Perser seine Reiterei und einen Teil seiner Truppe wieder die Schiffe besteigen, um zum Angriff direkt nach Athen zu segeln. Das sehend, griffen die Athener unter ihrem Befehlshaber *Kallimachos* an. Wie *Herodot* bereits berichtet, geschah dies zur Überraschung der Perser nicht im üblichen Gleichschritt, sondern im Laufschritt. Die verdutzten Perser hielten der angreifenden Phalanx nicht stand, weil sie leichter bewaffnet, weniger gut ausgebildet und ohne Unterstützung ihrer Reiterei waren. Bei den vernichtend geschlagenen und in die Sümpfe getriebenen Persern soll es 6400 Tote gegeben haben, bei den Athenern nur 121. Die überlebenden Perser flüchteten auf die Schiffe, um Athen von See her direkt anzugreifen. Das hieß für die schwerbewaffneten Hopliten Athens, im Gewaltmarsch zur Verteidigung ihrer Heimatstadt nach Athen zu eilen.

Wir wollen *Pheidippides*, um den es hier geht, nicht vergessen. Er kam kurz nach der Schlacht in Marathon an und berichtete, dass die Spartiaten aus den vorgenannten Gründen erst später kommen, was sie dann nach einem mehrtägigen Gewaltmarsch auch taten. Wie überliefert, staunten sie über die große Zahl der getöteten Perser und zogen wieder nach Hause!

Wie der Schriftsteller *Lucian* mitteilt, musste *Pheidippides* nun nach Athen laufen. Sein letzter Auftrag lautete, den Sieg bei Marathon zu verkünden und die Stadt vor den seewärts angreifenden Persern zu warnen.

Wenn wir richtig gerechnet haben, bewältigte *Pheidippides* von Athen bis Sparta 245 km in 3 Tagen, von dort bis Marathon etwa 280 km in vielleicht 4 Tagen und mit dem danach folgenden Lauf über den kürzeren, aber beschwerlicheren Weg über die Berge (die schwerbewaffneten Hopliten marschierten auf der längeren, aber weniger beschwerlichen Küstenstraße) nach Athen etwa 40 km in einem Tag. Insgesamt hätte er etwa 565 km in 8 Tagen zurückgelegt.

Verwundert könnten wir uns heute fragen, warum schickten die Athener, die zum Beispiel bei Olympia auch zu Reiterwettkämpfen präsent waren, keinen reitenden Boten? Bei dieser Frage übersehen wir die evolutionäre Überlegenheit des Menschen als Ausdauerläufer gegenüber dem Fluchttier namens Pferd: Nach der »Savannen-Hypothese« gerieten unsere Vorfahren von den sie schützenden Bäumen auf die baumlose Savanne und waren den damaligen Raubtieren eine willkommene Beute; es sei denn, es gelang ihnen zu entfliehen. Wir wissen zwar nicht, wie viele unserer Vorfahren in den Mägen der »Säbelzahntiger« und weiteren »niedlichen« Raubtieren landeten, doch einige dieser Zweibeiner sollten schon mit dem Leben davongekommen sein, sonst gäbe es uns heute nicht. Die Evolution dauert, bewirkte aber bei unseren Vorfahren erstaunliche Veränderungen. Die überlebenden Menschen waren ausdauernder geworden, konnten ihren Feinden davonlaufen. Ihre Ausdauer beruhte auf der Zweibeinigkeit: Lange, kräftig bemuskelte Beine waren zu effizienten Laufwerkzeugen geworden. Der aufrechte Körper begünstigte die Lungen- und Zwerchfellatmung und die verloren gegangene Ganzkörperbehaarung machte Platz für zwei bis drei Millionen Schweißdrüsen, die überschüssige Körperwärme abgeben konnten. - Als Beispiel gelten die heute noch als Ausdauerjäger aktiven Aborigines in Australien oder die

Khoisan in Südafrika. Ihr Vorteil bei der Jagd beruht auf der gegenüber fast allen Säugetieren überlegenen Ausdauer. Sie laufen solange den Kängurus bzw. Zebras oder Steinböcken hinterher, bis diese entkräftet stehen bleiben oder nach einem Hitzschlag zusammenbrechen.

Auch das Pferd blieb ein vierbeiniges Fluch- oder Beutetier. Beim Traben ist seine Lungen- und Zwerchfellatmung noch ausreichend, aber wehe, der Reiter erzwingt den schnelleren Galopp,[98] der bei längerem Ritt zum Hitzschlag führen könnte: Der Galopp ist eine schnelle Dreitaktgangart, die man auch als Abfolge von Sprüngen auffassen kann; dem Rhythmus der »Sprünge« folgend, stößt der mehr oder weniger gefüllte Verdauungstrakt nach vorne und behindert die Zwerchfellatmung, also die für die schnelle Gangart notwendig tiefe Atmung.

Wie alle behaarten Tiere können Pferde nicht so intensiv wie wir schwitzen, sie geben je nach Außentemperatur ihre Wärme über die Körperoberfläche ab, jedoch die effizientere Wärmeabgabe über den Schweiß (also durch Verdunstungskälte) soll ihnen, wie allen behaarten Säugetieren, nur durch die Feuchte des Mauls möglich sein. Zudem sollten Pferde täglich bis zu 60 Liter trinken, wenn sie nicht das Grün der Weide haben.

Weiterhin ist zu bedenken, dass *Pheidippides* sich zum Teil durch ein für Pferde unwegsames Gelände bewegte; die Berge, die er mit einem Pferd hätte überwinden müssen, mögen steil und felsig gewesen sein.

Es bleibt also unbestritten, dass *Pheidippides* laufend, daher nicht reitend, der geeignetere Bote war.

Der Langstreckenläufer John Foden versuchte 1982 mit zwei Kameraden den Lauf von Athen nach Sparta über die Originalstrecke, soweit nachvollziehbar, zu rekonstruieren. Er schaffte die Strecke in 36 Stunden. Bei dem 1984 eingeführten Spartathlon

---

[98] Gemeint ist nicht der »Kanter«, bei dem das Pferd möglichst ohne den Einfluss des »leicht sitzenden Reiters« am langen Zügel locker galoppiert.

siegte der Grieche Yiannis Kouros in einer Zeit von 20:25:00. *Pheidippides* brauchte nach *Herodot* 3 Tage, gewiss war damals die Strecke noch unwegsamer, außerdem mag *Pheidippides* ein gut trainierter Botenläufer, aber kein hochtrainierter Leistungssportler gewesen sein, der sich langfristig auf diesen Lauf vorbereiten sowie unterwegs Verpflegungsstationen erwarten konnte.

Bei Ultramarathons sind Strecken wie 565 km durchaus möglich. Ein Beispiel bietet der deutsche Marathon- und Ultramarathonläufer Horst Preisler, der 661,2 km beim Sechs-Tage-Lauf 1993 in La Rochelle, also täglich etwa 110 km lief. Bei einem Lauf quer durch Deutschland (1080 km in 18 Tagen) stand ihm sein Sohn als Fahrradbegleiter zur Seite; der konnte ihm nach Bedarf Speis und Trank, der Witterung entsprechende Kleidung und weitere Hilfeleistungen bieten. Addiert man alle Trainings- und Wettkampfdistanzen von Horst Preisler, dann lief er bisher mehr als 200.000 km. - Eine Leistung, die ein griechischer Botenläufer wie *Pheidippides* während seiner gesamten Tätigkeit als Läufer kaum erreichen konnte!

Wir könnten uns auch fragen, warum bei den Laufwettbewerben der antiken Spiele kein Botenläufer siegte? Der Hauptgrund mag die niedrige soziale Stellung eines Botenläufers gewesen sein. Denn wie schon mehrfach bemerkt, konnten sich ab dem 5. Jahrhundert v. Chr. nur gut bemittelte oder professionelle Athleten die Teilnahme an den Spielen erlauben. Außerdem hätte ein Botenläufer beim schnellen *dromos* (600 m), *diaulos* (1200 m) und möglicherweise auch beim *dolichos* (bei Olympia 3840 m) keine Chance gehabt. Er war eben ein langsamerer, aber ausdauernder Botenläufer und als solcher darauf trainiert, beim etwas langsameren Lauf vorwiegend den Vorrat an energiereichen Körperfetten anstelle von Glykogen (Kohlenhydrate) für die Energiegewinnung zu verbrauchen. Denn die Glykogen-Vorräte sind schnell aufgebraucht, bei Marathonläufern ist dies etwa bei 30 bis 35 km, bei Weltklasseläufern erst beim Finish der Fall, vorausgesetzt, Kohlenhydrate werden unterwegs ausreichend zugeführt. Wogegen die körpereignen Fettvorräte normalerweise für ein Mehrfaches an Marathonlängen ausreichen. Ein nicht zu übersehenes Problem bei längeren Läufen - insbesondere bei *Pheidippides,* der konzentriert über Stock und Stein läuft - ist, dass unser Gehirn, allzeit auf Glykogen angewiesen ist, weil nur dies dem Gehirn in Form von Glucose zugeführt werden kann. *Pheidippides* müsste also sehr ruhig, daher »Glykogen sparend« gelaufen sein und seinen Blutzuckerspiegel durch kontinuierlichen Verzehr von Kohlenhydraten (seinerzeit: Brot, Getreidebrei, Weintrauben, Rosinen und Honig) aufrechterhalten haben, wie es heute bei Langstreckenläufen mit Energieriegeln oder Kohlenhydrat-Gelen üblich ist. Fraglich ist auch, wie er bei der landesüblichen Hitze seinen Flüssigkeitsbedarf deckte? Fand er unterwegs genügend Wasser? Heutige Langstreckenläufer bevorzugen aus gutem Grund isotonische, also durch den Verdauungstrakt leicht resorbierbare Getränke!

Resümee: In wieweit die Mythen vom »Ultramarathonläufer« *Pheidippides* der Wahrheit entsprechen, wissen wir nicht, aber ausgehend von der damaligen Situation, könnten sie ihr sehr nahegekommen sein.

Übrigens: Die heutige Marathonstrecke von 42,195 km kam durch einen Zufall zustande: »Als 1908 die Olympischen Spiele in London stattfanden, betrug die dort festgelegte Marathonroute vom White Cyti Stadion bis zum Windsor Castle - der Hauptresidenz der britischen Monarchen - eben die vorgenannte Distanz, die dann für alle Marathonläufe als verbindlich festgeschrieben wurde.«

SKANDALE

Die ursprünglichen Spiele, die vornehmlich den Göttern gehuldigt und ihnen als ehrlicher Wettstreit gewidmet waren, verkamen im Griechenland der klassischen Zeit (um 500 bis 336/323 v. Chr.) immer mehr zum reinen Wettkampfgeschehen mit all den bei den heutigen Spielen bekannten Höhen und Tiefen. Schon seit dem 4. Jahrhundert v. Chr. erzählen uns die Inschriften auf den steinernen Sockeln der Siegerstatuen eine andere Geschichte: Es waren nicht mehr die Götter, denen der Streit um den Sieg galt, sondern die

Athleten selbst und die Staaten nahmen jetzt die Siege für sich in Anspruch, ihnen wurde die größte Anerkennung zuteil. Als Folge dieser Entwicklung traten »*Elemente der Bestechung, Korruption, Skandale, politische Einmischung, Propaganda und Geldschneiderei*« zutage. Die reichen griechischen Kolonien Süditaliens, der Heimat Milons´, sowie Siziliens hatten eine ausgeprägte Schwäche für den Sport, in den sie sehr viel investierten, als Beispiel seien die prestigeträchtigen Pferderennen genannt, für die sie – wie nachfolgen beschrieben – auch in unfairer Weise Athleten aus anderen Stadtstaaten engagierten: »*Zweimal hintereinander feierte Astylos von Kroton an einem Tage sowohl Siege im Stadion- als auch im Doppellauf, diese Glanzleistung steigerte er noch, als er auch noch den Waffenlauf absolvierte. Er war einer der ersten bekannten Athleten der Antike, der seiner Stadt den Rücken kehrte und sich von einer anderen Stadt abwerben ließ. Im Jahre 484 ließ er sich bei Olympia als Syrakusaner ausrufen. Mit welchen Mitteln ihn der Tyrann Gelon von Syrakus zu diesem Schritt bewog, ist unklar. Gelon war sehr am Sport interessiert; sein Vierergespann hatte bereits 488 bei Olympia gesiegt. Vielleicht hatte er Astylos bei dieser Gelegenheit kennengelernt. Möglicherweise spielten für den Wechsel politische Auseinandersetzungen in Kroton eine Rolle, bei der eine Partei, deren Anhänger Astylos war, unterlag. Die Krotoniaten fassten diesen Wohnsitzwechsel als Verrat auf und nahmen ihn Astylos außerordentlich übel; seine olympische Ehrenstatue wurde zerstört und sein Haus in ein Gefängnis verwandelt.*«

Wie berichtet, sollen insgesamt 17 Zeusstatuen, die von Strafgeldern finanziert waren, mit Name und Adresse des Übeltäters im Zugang des Stadions von Olympia als Abschreckung vor Betrug aufgestellt worden sein! In Stein gemeißelte Epigramme schildern die näheren Umstände, die zur Errichtung der Statuen führten, und brandmarken damit die Betrüger. *Pausanias* weist auf eine Inschrift hin, die uns daran erinnern mag: »*Das (…) Epigramm will besagen, dass man einen Sieg in Olympia nicht mit Geld, sondern mit Schnelligkeit der Füße und mit Körperkraft erringen soll.*«

Nicht umsonst gab es die 30tägige Vorbereitung auf die Spiele unter Aufsicht der *Hellanodikai*, es sollten die Besten zu Ehren des Zeus antreten. In diesem Zusammenhang erwähnt Pausanias einen

Skandal um *Theagenes* von Thasos. »*Als einer der größten Athleten der Antike trat er bei den Spielen im Faustkampf und Pankration an. Im ersten Wettkampf konnte er seinen Gegner Euthymos zwar besiegen, aber dadurch erschöpft, konnte er nicht mehr, wie vorgesehen, im Pankration antreten. Die Hellanodikai verurteilten ihn deswegen zu einer Strafe von einem Talent an Zeus und einem Talent für den besiegten Euthymos. Für die Hellanodikai sei das Nichtantreten eine Beleidigung der Gottheit gewesen, da der Ablauf gestört und der Sieg im Pankration kampflos an seinen Gegner Dromeus aus Mantineia ging.*« Dieser kampflose Sieg war nach *Philostrat* zwar möglich, aber er meinte, dass ein solcher *Akoniti*-Sieg (»Sieg ohne in den Staub zu fallen«) nur bei den Ringern geachtet werde, da dort bereits im Training und im Wettkampf gekämpft werde. Bein Faustkampf und beim Pankration bestünde ein zu hohes Verletzungsrisiko, um bereits im Vorfeld der Spiele ernsthaft zu kämpfen. - Durch diese Bemerkung wird aber auch deutlich, wie schwer das Training für die Ringer war und was in dieser Disziplin ein Ausscheidungskampf bedeutete!

Die Entscheidung der *Hellanodikai* erklärt sich möglicherweise durch den Eindruck, *Theagenes* sei nur aus Missgunst gegen *Euthymos* im Faustkampf angetreten. *Theagenes* soll seine Buße an *Zeus* bezahlt, diese aber *Euthymos* verweigert haben. Sie einigten sich aber wohl auf einen Vergleich, nach dem *Theagenes* nicht mehr bei Olympia im Faustkampf antrat und *Eutymos* damit den Sieg ermöglichte.

Verbürgt ist ebenfalls, dass es »Ephesos, dazumal eine der ältesten, größten uns bekannten griechischen Städte Kleinasiens, gelang, einen kretischen Langstreckenläufer nach seinem zweiten Olympiasieg abzuwerben, um mit ihm zu Ruhm und Ehre bei Olympia zu gelangen.«

Oder: »Im 4. Jahrhundert v. Chr. soll ein Tyrann von Syrakus den Vater eines jugendlichen Olympioniken im Faustkampf bestochen haben: Dieser sollte behaupten, er stamme aus Syrakus.«

Wie Pausanias berichtet »bestach der Faustkämpfer Eupolos aus Thessalien drei seiner Gegner mit Geld, darunter den amtierenden Olympiasieger Ophormion aus Halikarnossos. Der Betrug flog auf, Eupolos musste ein Strafgeld entrichten, von dem sechs lebensgroße Zeusstatuen (Zahnes) zur Abschreckung vor Betrug errichtet wurden.«

Philostrat beklagt, dass besonders in der römischen Kaiserzeit die Korruption bei den Spielen zunahm. Einen Vorfall bei den Isthmischen Spielen schildert er als Beispiel: Der Sieg im Ringkampf der Knaben war erkauft worden. Der Sieger bezahlte aber seinem Kontrahenten nicht die vereinbarte Summe, worauf dieser lautstark und mit Eid seine Forderung im Poseidon-Heiligtum bekräftigte. Wörtlich dazu *Philostrat*: »*Denn die einen verkaufen gar ihren Ruhm, wie ich glaube, weil sie viel brauchen, die andern müssen sich einen mühelosen Sieg kaufen, weil sie ein weichliches Leben führen.*«

Eine allen Regeln widersprechende berühmt-berüchtigte Ausnahme gab es bei den späteren Spielen: »Kaiser Nero hatte die Spiele vom Jahr 65 n. Chr. auf das Jahr 67 n. Chr. verschoben und erschien mit einem Zehnspänner, fiel aber dann aus seinem Wagen. Man half ihm wieder aufzusteigen, doch es gelang ihm trotzdem nicht, das Rennen zu Ende zu fahren. Dennoch wurde er als Sieger ausgerufen, weil er gewonnen hätte, falls er ins Ziel gekommen wäre. Allerdings wurde die Sache nachträglich bereinigt. Nach seinem Tode im Jahre 68 n. Chr. erklärte man diese Spiele für ungültig und strich Neros Namen aus der Siegerliste. Sein Nachfolger Galba bestand zudem darauf, dass die den Kampfrichtern gegebenen Bestechungsgelder 250 000 Drachmen – Nero hatte den Richtern außerdem die römische Staatsbürgerschaft verliehen – zurückgezahlt wurden.«

PROFISPORT, EHRUNGEN, EINKÜNFTE

Bereits bei den von Homer im 23. Gesang der Ilias geschilderten Leichenspielen zu Ehren des gefallenen Patroklos gab es Siegespreise; ein idealistisches Kräftemessen gab es auch in dieser Zeit nicht. Denn die Athleten in der Antike waren keine Amateure im modernen Sinne; demgemäß ist das griechische Wort für Kampfpreis »*athlon*« sprachlich eng verwandt mit Athlet »*athlet*«. Abgesehen von den ersten Olympischen Spielen, an denen im örtlich begrenzten Rahmen noch »einfache« Bürger an den Wettkämpfen teilnahmen, waren alsbald die meisten Athleten vermögende Aristokraten oder reiche Bürger, für die zwar der zu erringende Ruhm auch im Vordergrund stand, die aber deshalb nicht auf materielle Preise und weitere Vorteile verzichteten.

»Der Höhepunkt im Leben eines Athleten war die öffentliche Verkündung seines Sieges und die Bekränzung am Wettkampfort vor der gesamten Prominenz aus Politik und Geistesleben. Bei den großen Spielen, den sogenannten ‚Kranzspielen‘, bestanden die Preise lediglich in symbolischen Ehren: In Olympia gab es Kränze aus Olivenzweigen, in Delphi aus Lorbeer, in Korinth aus frischer Sellerie - später Fichtenkränze – und in Nemea aus getrockneter Sellerie.«

Obwohl die Spiele beendet waren, lebte der Ruhm des Siegers weiter. Man vermerkte die Olympioniken in offiziellen Aufzeichnungen und gewährleistete ihnen so ein bleibendes Andenken. Obendrein belohnte die jeweilige Heimatstadt ihren Repräsentanten in gebührender Weise: Bei seiner Rückkehr von den Spielen veranstaltete man einen öffentlichen Empfang, gefolgt von weiteren Banketten und Feiern. Dem feierlichen Empfang konnte die Aufstellung seines Standbildes an einem für alle Bürger zugänglichen Ort folgen. Zum Beispiel wurde in der *Altis* seine Statue errichtet, wenn er dafür die Mittel aufbringen konnte oder Freunde, Bekannte bzw. sein Stadtstaat die für diese Ehre notwendigen Gelder zur Verfügung stellten. Wenn die Stadtstaaten ihrem Sieger in Olympia oder in ihren Heimatstädten Statuen errichteten, dann war das eine kostspielige Angelegenheit, denn eine lebensgroße Statue aus Bronze oder Marmor konnte so viel kosten, wie ein normaler Arbeiter in zehn Jahren im Durchschnitt verdiente. „Wohlhabenderen Sieger finanzierten ihre Denkmäler aus eigener Tasche. Einer von ihnen, *Dikon*, hatte – der Zahl seiner Olympiasiege entsprechend – 15 Statuen."[99]

Außerdem bezahlten die Heimatstädte den Siegern hohe Summen in bar. Nach dem Dekret des athenischen Gesetzgebers Solon wurden die aus Athen stammenden Sieger bei den Isthmischen und Olympischen Spielen mit Bargeld ausgezeichnet – 100 Drachmen gab es für einen isthmischen und 500 Drachmen für einen olympischen Sieg. Der Tageslohn eines Facharbeiters betrug beispielsweise eine Drachme; davon konnte eine vierköpfige Familie gut leben! Zudem stellten weitere Preisgelder bei den kleineren rund 400 in Griechenland üblichen Spielen zu Ehren der jeweiligen Stadtgötter, die meist als »Wertagone« galten, für professionell trainierende Athleten die einzige Einnahmequelle dar.

„Top-Athleten erhielten darüber hinaus große Begräbnisse, wie von einem Athleten aus Taras bekannt ist, der mit einem goldenen Kranz beerdigt wurde, umgeben von vier *panathenäischen Amphoren*. Eine pathologische Untersuchung hat gezeigt, dass er möglicherweise ein Diskuswerfer war. – Wahrscheinlich war es *Ikkos* von Taras (Taranto) der hier so ehrenvoll begraben wurde."[100] Wir erfuhren von *Ikkos* unter »Ärzte und Trainer«!

Die obengenannten »Wertagone« kamen besonders seit dem späten 5. Jahrhundert v. Chr. auf. Verhalf ein Sieg bei Olympia nicht zwangsläufig zu hohen Geldpreisen, „so konnte z. B. ein Läufer andernorts eine Summe gewinnen, die ohne weiteres für den Kauf eines luxuriösen Hauses ausreichte. Berühmte Athleten erhielten von Unternehmen gelegentlich horrende Honorare, wenn sie sich bei lokalen Festen zeigten – in einem Fall sollen es fünf Talent gewesen sein; ein Talent entsprach dem Gegenwert von etwa 26,2 kg Silber (zeitweise war Silber wertvoller als Gold).

---

[99] nach Swaddling
[100] ebenda

Vor allem die populären schwerathletischen Disziplinen, die zunehmend von Berufsathleten dominiert wurden, die sich gezielt ernährten und ständig trainieren mussten, führten dazu, dass die Profis an hoch dotierten Wettkämpfen teilnahmen. Mancherorts erhielten die Sieger Geld, häufig aber auch Sachpreise, z. B. wertvolle Metallgeräte oder Naturalien. Am bekanntesten sind die mit bestem Olivenöl gefüllten »*Panathenäischen Preisamphoren*« beim großen Fest der Stadtgöttin von Athen. Der Sieger im Wagenrennen erhielt dort z. B. 140 Amphoren á 39 l Öl; ein Wert, der dem zwanzigfachen Jahreseinkommen eines Normalverdieners entsprach. Die Amphoren trugen auf der Vorderseite das Abbild der *Athena*, auf der Rückseite die Darstellung der jeweiligen Disziplin. Die Preisamphoren waren ausdrücklich zum Weiterverkauf vorgesehen, denn sie warben auch für die Stadt Athen, die amtliche Inschrift erlaubte den Export des Olivenöls. Die Vasengattung war bald so berühmt, dass Form und Dekor nachgeahmt oder in Bildern zitiert wurden."[101]

So wie in Athen mit Preisamphoren, erfolgte die Belohnung der Sieger an anderen Wettkampforten mit Naturalien, die dort ausreichend zur Verfügung standen oder sehr leicht zu beschaffen, beziehungsweise der jeweiligen Gottheit heilig waren. Im Heiligtum der Fruchtbarkeitsgöttin *Demeter* in *Eleusis* vergab man an die Gewinner eine größere Menge an Getreide, in *Argos* dagegen bronzene Rundschilde. *Marathon* zeichnete seine Athleten mit Silbergeschirr aus, *Theben* mit Metallgefäßen und *Pellene* mit Gewändern aus heimischer Wolle.

Um an dieser Stelle vorzugreifen, auch Milon gewann in seiner späteren Karriere viele dieser Wertagone, also auch Sachpreise bzw. Naturalien, die sein Vater bei Handelsfahrten zu Bares machte. Aus gegenwärtiger Sicht könnten wir Milon als »Sportmillionär« bezeichnen, der mit seiner Familie sorgenfrei lebte.

Nur einer konnte gewinnen, während es bei den modernen Spielen immerhin drei sind, die gestaffelt nach Gold, Silber und

---

[101] sinngemäß nach Swaddling

Bronze geehrt werden. Aber auch heute gilt für die Nachfolgenden, die manchmal nur zehntel Sekunden oder den Bruchteil eines Zentimeters vom Sieger trennt, eben das, was uns der Dichter *Pindar* glauben macht: Dann erwarteten den Verlierer Hohn und Spott bei seiner Heimkehr: »*Kein fröhlicher Empfang wird den Besiegten zuteil, ihr Elternhaus empfängt sie nicht mit fröhlichem Jubel, sie müssen die Öffentlichkeit meiden und den schadenfrohen Augen fliehen, denn ihre Siegeshoffnung erfüllte sich nicht.*« Pindar mag übertreiben. Doch sagt auch ein Sprichwort: »*Geld verloren, nichts verloren; Mut verloren, viel verloren; Ehre verloren, alles verloren.*«

ERSTE SIEGER KROTONS

Die ersten Sieger des Stadtstaates bei der Heraia und Olympia hießen Atlante und Milon von Kroton. Auf der Agora, dem offiziellen Platz Krotons, bereiteten die Bürger beiden sowie ihren Familien einen triumphalen Empfang. Geschmückt mit dem Kranz des Siegers, konnten beide das Wohlgefallen der Götter und unsterblichen Ruhm für sich beanspruchen.

Anschaulich berichteten Teilnehmer der olympischen Festgesandtschaft vom Kampf Milons´ beim Ringen der Knaben, bei dem er in den ersten Runden mühelos seine Gegner bezwang, ehe er es im Finale mit dem massigen *Rhodoer* zu tun bekam. Die Bürger frohlockten, als sie von dem ersten Niederwurf hörten, der Milon gelang. Großes Entsetzen dann, als sie erfuhren, dass Milon in der folgenden Runde in den »Staub geworfen« wurde, weil er in einer für ihn unglücklichen Kampfsituation der Kraft des *Rhodoers* nicht gewachsen war. Im Geiste verfolgten die Krotoniaten gespannt den weiteren Kampf, den der Redner als ein hin- und herwogendes Gerangel schilderte, bei dem lange Zeit das Schicksal Milons´ offen blieb, bis ihm endlich der erwartete Niederwurf gelang. Und das bei der kaum erträglichen Mittagshitze! Jetzt kam es darauf an, wer die bessere Kondition hatte, wer der Hitze ohne Schwäche widerstand. Völlig hingerissen vom Kampf, mit dem sich die ringkampfbesessenen Bürger Krotons identifizierten, rangen sie förmlich mit, als sie erfuhren, dass Milon dem *Rhodoer* vor der letzten Runde keine Verschnaufpause gönnte, dafür seine bessere Kondition als Chance nutzte, um den vor Erschöpfung taumelnden *Rhodoer* aufs Kreuz zu legten.

Von dem, was Atlantes Mutter über den Sieg ihrer Tochter mitteilte, berichtete Atlantes Vater. Bereits im Vorlauf, hätte Atlante souverän den Einzug ins Finale, das nur den drei Ersten aus den Vorläufen möglich war, erreicht. Der Verlauf des Finals verzögert sich durch den Fehlstart eines Mädchens aus Sparta und deren Bestrafung durch das übliche Auspeitschen. Nach dem zweiten, nun korrekten Start der Finalistinnen, lief Atlante allen davon und war die überragende Siegerin. Dies begeisterte vornehmlich die Frauen Krotons, die, wie die in der Nachbarschaft lebenden *Etruskerinnen*, ebenfalls den Lauf als Mädchen trainierten und Atlante als Vorbild für ihre Töchter sahen und ehrten: Von den Frauen im alten Etrurien wurde durch Ausgrabungen bekannt, dass sie wie die Griechinnen nach dem Training mit Striegeln das Öl von ihren Leibern entfernten. Versinnbildlicht durch die wertvollen Striegel, »*die neben anderen hoch geschätzten Besitztümern ihren Gräbern beigegeben wurden*«, können wir im Nachhinein ermessen, wie wichtig ihnen der Sport war.

Der allen bekannte Schäfer meldete sich zu Wort: »Beim Zeus, ich habe es erlebt, wie Milon das lahmende Lämmchen meiner Herde mit auf die Weide trug. War es Tierliebe, tat ihm das behinderte Tier leid oder wollte er mir einen Gefallen tun, der ich doch auch die Schafe seiner Familie hüte? Hätte er dies nur einmal getan, hätte ich nur an eine Laune des Jungen geglaubt, der im Gymnasion täglich schreiben, lesen und, was weiß ich, sonst was lernt und in der Gymnastik, das wissen wir alle, bis zum geht nicht mehr geschunden wird. Unbeirrt trug er morgens das Lämmchen auf die Weide und kam des Abends, es wieder abzuholen, und das Tag für Tag. Da, so dachte ich, steckte mehr dahinter?

Das Lämmchen wuchs zu einem gewichtigen Schafbock; Milon, den ich noch als schwächlichen Knaben kannte, entwickelte sich währenddessen zu einem kräftigen Burschen, der jetzt seine Mitschüler verprügelte, wie vorher ihm geschehen. Aha dachte ich, das war´s. Das war´s aber noch lange nicht, denn nun schleppte er einen großen mit Sand gefüllten Sack bergan – und das mit einem Eifer, als wolle er als nächstes alle älteren Schüler verprügeln. – Ringkämpfer wolle er werden, dies seine Antwort, als ich ihn neugierig fragte.

Doch dann, warum gesellte sich Atlante dazu? Lernte Milon mit ihr das schnelle Laufen? Trainierte er dies nicht schon im Gymnasion beim Fünfkampf? Zusehens wurde der kräftige Milon schneller und schneller, bis er Atlantes Tempo mithalten konnte. Als er sie dann sogar überholte, schien Atlante gar nicht traurig, ganz im Gegenteil. Warum feierte sie Milon, als hätte dieser einen großen Sieg errungen? Was dies zu bedeuten hatte, erzählten mir die beide: Es ging um Atlantes Namen, der dem der Atalante nachempfunden war. Der Schäfer erzählte für alle, und keiner konnte es besser als er, den Mythos um Atalante, den wir bereits kennen lernten.«

Dies war das Stichwort für Milons´ Vater, der hiermit die Hochzeit der beiden Sieger bekannt gab. Jubel und Glückwünsche für die jungen Ehrenbürger ertönten von allen Seiten. So bestärkt schworen beide, weiterhin für das Prestige Krotons zu trainieren, nämlich bei weiteren Panhellenischen Spielen und den *Heraien* zu siegen.

Der Stadtrat sicherte beiden, außer den in vorigen Kapiteln genannten Vergünstigungen, ein monatliches Salär und weitere Unterstützung zu, damit Milon sich auf kommende Wettkämpfe vorbereiten und Atlante als Gymnastin die Mädchen Krotons für die *Heraien* trainieren konnte.

HOCHZEIT

Die meisten Menschen im antiken Griechenland waren »einfache Leute«, deren Arbeit den Großteil ihres Tageslaufs ausfüllte. Sie lebten zumeist in Ehen, die selten der Liebe wegen geschlossen wurden, dafür aufgrund eines Abkommens zwischen zwei Familien zustande kamen. Griechinnen heirateten größtenteils schon sehr früh, nämlich bereits im Alter von 13 bis 15 Jahren. Die Männer waren in der Regel älter, nämlich zwischen 20 und 30 Jahren.

Der Vater eines Mädchens musste bei der Heirat eine Mitgift stellen, also Geld oder andere Güter, mit deren Hilfe das Mädchen versorgt sein sollte. Verwaltet wurde die Mitgift aber vom späteren Ehemann. Es war für eine Familie deshalb sehr belastend, wenn sie mehrere Töchter hatte, denn für die Mitgift jeder Tochter musste gesorgt sein. Allgemein wünschten sich die Eltern anstelle von Töchtern lieber mehrere Söhne.

Detaillierter erfahren wir dies unter dem Thema »Aufgabenteilung unter Eheleuten«. Dazu äußert sich das Ehepaar *Elpinike* und *Euktemon*, was nach Ergebnissen aus der Geschichtswissenschaft so dargestellt wurde:

„*Elpinike*: Anders als mein Bruder hatte ich nur eine kurze Schulbildung. Ich kann aber lesen und schreiben. Die meisten Mädchen aus weniger wohlhabenden Schichten haben keinen Unterricht. Verheiratet wurde ich mit fünfzehn. Mein Vater hat für mich den Ehemann ausgesucht. *Euktemon* war dreißig Jahre, als wir heirateten. Meine Mitgift, das ist die Ausstattung, die ich von meinen Eltern für die Heirat mitbekommen habe, gehört zu unserem gemeinsamen Haushalt. Sie bleibt mein Eigentum, damit ich etwas besitze, fall mein Mann sterben sollte.

Wir Frauen haben wenig Zeit das Haus zu verlassen, weil wir die Hauswirtschaft leiten. Das ist eine Menge Arbeit: Mit den Sklavinnen und Sklaven die Einkäufe organisieren, für die Zubereitung der Mahlzeiten sorgen, Vorräte anlegen und die Arbeit des Spinnens, Webens und Nähens gemeinsam mit der Dienerschaft erledigen. Mir bleibt aber noch Zeit, mich mit Nachbarinnen und Freundinnen zu treffen und Feste, vor allem religiöse, zu feiern. Die Frauen der Metöken sieht man häufiger auf der Straße, besonders auf der Agora. Denn als Bäuerinnen, Marktfrauen, Wollarbeiterinnen und Gasthauswirtinnen befindet sich ihr Arbeitsplatz meistens außerhalb des Hauses. Im öffentlichen und politischen Leben haben wir nichts zu sagen. So dürfen wir keine Reden halten und nicht an Wahlen teilnehmen.

Euktemon: Meine Erziehung und Schulausbildung war darauf ausgerichtet, später einmal eine Familie zu gründen und Herr unseres *Oikos*[102] zu werden. Dazu muss man etwa 30 Jahre alt sein und eine Familie versorgen können. Meine beiden jüngeren Brüder mussten das Haus verlassen, weil unsere Hausgemeinschaft nicht alle ernähren konnte. Sie haben sich als Kolonisten eine neue Heimat gesucht.

Ich bin der »*Kyrios*«, der Herr der Hausgemeinschaft. Wenn ich im Krieg sein sollte oder sterbe, leitet meine Frau den »*Oikos*« so lange, bis mein ältester Sohn volljährig wird und als Hausherr eingesetzt werden kann. Meine Frau *Elpinike* habe ich geheiratet, als sie fünfzehn war. Ich habe sie vorher nicht gesehen. Das wichtigste Ziel unserer Ehe ist es, Kinder zu haben, die den Bestand des *Oikos* sichern – am besten erst einmal einen Sohn. Für uns Grieche sind Kinder sehr wichtig, denn so können wir unsere Lebensweise an die nachfolgenden Generationen weitergeben.

Die Arbeit im Haus und außerhalb des Hauses haben die Götter richtig aufgeteilt. Die Frauen sind für die Arbeit im Haus geeignet, die Männer besser für die Politik, für den Schutz von Haus und Eigentum, für den Kriegsdienst und die Arbeit auf dem Felde."[103]

Vor diesem Hintergrund sei die Hochzeit Milons´ und Atlantes betrachtet. Seitens ihrer Eltern wurde es ein Bund, der beide Familien noch mehr als bisher verband. Doch auch die Eltern mögen eingesehen haben, dass der Bund der beiden Liebenden von diesen initiiert, gewünscht und gewollt war, also großer Zuneigung und nicht dem üblichen griechischen Brauchtum folgte, nach dem der Vater seiner Tochter einen Mann aussuchte und eine Mitgift aushandelte.

---

[102] Der Oikos (Hausgemeinschaft) umfasst Familie sowie Bedienstete und Sklaven, das Land, die Gebäude und alles bewegliche Inventar.
[103] David Fux: „Frauen und Geschlechtergeschichte" – Quellensammlung von der Vorgeschichte bis zum Mittelalter; pdf. S. 25

Atlante lernten wir als sehr selbstsichere Frau kennen, sie entsprach in ihrem Wesen der mythischen Gestalt, nach der sie benannt wurde. Milon kam mit diesem für Griechinnen unüblichen Charakter seiner Frau gut zurecht, war er doch Manns genug, eine starke Frau an seiner Seite zu dulden. Mehr noch, er war stolz auf seine selbstbewusste Frau, die ihm eine liebende Frau, nämlich nicht nur Hausfrau sein wollte, sich weiter sportlich betätigte, indem sie die Mädchen Krotons für zukünftige Heraia´ trainierte. Das entsprach seiner Vorstellung von einer Frau, die er liebte, so hatte er sie kennen gelernt.

Beider Eltern hatten, wie bereits angedeutet, die Hochzeit langfristig vorbereitet. Noch vor dem offiziellen Trubel, der die beiden Sieger seitens der Stadt erwartete, hatte Milon nach der üblichen Feier in der Familie seine Atlante über die Schwelle seines eigenen Hauses tragen können; ein Brauch, der aus der Zeit stammen sollte, in der ein Mann sich eine Frau raubte.

Ihr Haus - gemeinsam von beiden Elternteilen finanziert und eingerichtet - war typisch für die damalige Zeit; großzügig angelegt wie das der Eltern, die natürlich auf reichhaltigen Kindersegen hofften. Wie für ein Haus besser gestellter Bürger Krotons üblich, bestanden die Wände aus Holz, Ziegeln und Steinen. Dem jungen Ehepaar bot es geräumige Wohnzimmer, Vorratskammern sowie Badezimmer und Küche. Die Küche lag neben dem Bad, wodurch das Bad von der Küche aus erwärmt wurde. Im ersten Stock befanden sich das eheliche Schlafzimmer, das Frauengemach und Räume für die Hausklaven. Der geräumige Innenhof enthielt unter anderem eine für das Ringkampftraining geeignete Sandfläche. Es sollte beiden an nichts fehlen. Ob beide sich Hausklaven hielten? Wir können annehmen, dass sie sich vorerst nur auf ihre sportliche Karriere konzentrieren wollten. Eine Familienplanung, in der Kinder vorgesehen waren, schien noch nicht aktuell. Deshalb könnte es ausgereicht haben, dass ihnen Hadubalt für Milons´ Training zur Verfügung stand und im Haushalt Hadubalt´ Frau zeitweilig behilflich war. Beide blieben aber weiter bei Milons´ Eltern, waren mit diesen nicht nur freundschaftlich verbunden, sondern inzwischen ein Ehepaar, dem der Sklavenstatus von Milons´ Vater erlassen wurde.

PANHELLENISCHE SPIELE

Die Panhellenischen Spiele waren gesamtgriechische Festspiele, an denen Milon und seine Mitstreiter im Glauben an die Götter teilnahmen. Dabei orientierten sie sich an den überkommenen Mythen, wollten sein wie die darin verherrlichten Götter, Halbgötter und Helden. Ursprünglich enthielten die Spiele nur sportliche Wettkämpfe, im Laufe der Zeit kamen jedoch auch kulturelle Disziplinen hinzu. Weil bei diesen Spielen die Sieger mit Kränzen geehrt wurden, die aus unterschiedlichen Pflanzen geflochten waren, wurden sie auch »Kranzspiele« genannt.

VORBEREITUNG AUF DIE PYTHISCHEN SPIELE

Erinnern wir uns, nach seinem Sieg bei den 60. Olympischen Spielen nutzte Milon am vierten Wettkampftag die Gelegenheit, die Vorbereitungen und Kämpfe der erwachsenen Athleten bei Olympia zu beobachten. Nach seinen bisherigen Erfahrungen hatte er einsehen müssen, dass es zu seinem derzeitigen Können noch eine körperliche Allmacht brauchte, um bei Kämpfen in der Kategorie der Männer erfolgreich zu sein. Wieder zuhause, begann Milon mit einem noch intensiveren Kraft- sowie Konditionstraining; außerdem probierte er Grifffassungen, Würfe, Finten und Abwehrreaktionen, die er bei den Ringkämpfen der Männer sah.

Ob es derzeitige Ringkämpfe oder der gedankliche Nachvollzug antiker Ringkämpfe sind, heute wie damals ist Kraft und Ausdauer sowie das Beherrschen von Technik und Taktik entscheidend für einen Sieg im Ringen. Nicht von ungefähr schätzten die alten Griechen ein: »*Der Ringkampf gilt als höchste Form der Körperbeherrschung, weil er hohe geistige und körperliche Leistungen der Athleten in sich vereinte.*«

Fragmentarisch ist uns leider nur eine Momentaufnahme aus jener Zeit erhalten: »Du stößt mit dem Fuß nach vorn. Du umfasst seinen Körper. Du gehst einen Schritt vor und drückst seinen Kopf nach hinten. Du stehst ihm zugewandt und beugst dich zurück und wirfst dich mit fest aufgestütztem Fuß in ihn hinein.«[104]

Auch bei den alten Griechen bestand der typische Kampfauftakt im Standringen darin, durch vorbereitende Manöver, den Gegner in eine ungünstige Ausgangsstellung zu bringen, die der gewollten Aktion entgegenkommt. Das konnte durch die Art der Fußbelastung, der Schrittstellung, der Distanz zum Gegner, der Körperhaltung, aber auch mittels Kraft, Schnelligkeit oder Brechen der Widerstandskraft des Gegners erreicht werden. Mit der aktionsangepassten Grifffassung wurde der Gegner aus dem Gleichgewicht gebracht oder bei Würfen des Bodenkontakts beraubt und die Aktion vollendet. Das Problem dabei, der Gegner reagierte entsprechend seiner Erfahrung mit Abwehr- bzw. Gegenmaßnahmen. Dem zu begegnen, also von der bisherigen Kampfstrategie abweichend mit einer neuen Strategie zu agieren, forderte damals wie heute den Einfallsreichtum des Ringers heraus, der reaktionsschnell den geplanten Handlungsablauf abwandeln muss. Zum langen Überlegen blieb jedoch keine Zeit, er musste taktisch klug eine neue, von ihm sicher beherrschte Technik anwenden. Über je mehr technisch ausgefeilte Aktionen er verfügte, umso größer war seine Chance, den Gegner in den Staub zu legen.

Abgesehen von der eben zitierten Momentaufnahme einer technisch bewährten Aktion, beruhen unsere weiteren Kenntnisse von den Ringkämpfen der alten Griechen nur aus Kampfdarstellungen, die Vasen und anderes Geschirr zierten. Aus heutiger Sicht muss Milon schon sehr viel über seine Sportart gewusst haben, nicht anders ist sein kometenhafter Aufstieg vom schwachen, seinen Spielkameraden unterlegenen Knaben zum erfolgreichsten Ringer des alten Griechenlands zu erklären. Hinzu kommt noch, dass er diese Ausnahmestellung über 35 Jahre halten konnte! Es sei noch einmal betont, wir können aufgrund der uns nur spärlich

---

[104] Aus dem Fragment eines griechischen Ringkampfbuches (Poliakoff, 2004, S.78)

überkommenen Datenlage den antiken Ringkampf nur spekulierend mit dem vergleichen, was uns heute über das Ringen bekannt ist.

Milon verfügte, dank des Techniktrainings mit Hadubalt über einige Technikvarianten, die ihm den Sieg in der Klasse der Knaben sicherten. Dieses Repertoire galt es jetzt zu erweitern. Teils schriftlich, teils in Skizzen hatte er festgehalten, was er, wie soeben erwähnt, bei den Kämpfen in Olympia beobachten konnte. Bei seinen eigenen Kämpfen sollte ihm überdies aufgefallen sein, dass eine »nur vom Hören und Sehen gekannte« Technik in der Hitze des Kampfes oftmals misslang, weil sie bewegungsmäßig noch nicht genügend gefestigt war. Es sollte ihm darüber hinaus bewusstgeworden sein, dass eine immer und immer wieder mit Hadubalt oder seinem Trainer geübte Technik ihm »wie im Schlaf« gelang. Ob Milon es schon damals ahnte oder sogar wusste, dass man sich einen Bewegungsablauf zu eigen macht, indem man ihn durch wiederholtes Üben festigt, wissen wir nicht, sollten es jedoch annehmen. Heute bezeichnen wir das als Bewegungslernen, bei dem sich durch ständiges Wiederholen ein jederzeit abrufbares Bewegungsmuster in den motorischen Gehirnarealen ausprägt, das ohne nennenswertes gedankliches Eingreifen funktioniert. Vorteil für Milons´ Agieren im Kampf: Er musste sich nicht mehr bewusst auf die Ausführung der jeweiligen Technik konzentrieren, hatte dafür seinen Kopf frei, um auf Kampfhandlungen des Gegners mit weiteren sofort verfügbaren Aktionen zu reagieren.

Als Olympiasieger akzeptiert, konnte Milon seinen Trainer und die Ringkämpfer im Gymnasium für seine Variante des Techniktrainings begeistern. Für das Üben von Würfen brachte er seine von Hadubalt gebastelte Ringerpuppe ins Spiel. Dabei könnten beispielsweise folgende Techniken und ihre Abwandlungen geübt worden sein:

- Wurf über die Brust: Der Gegner wurde umfasst, um ihn auszuheben. Dann ließ man sich nach seitwärts hinten fallen, wobei der Gegner mit der Hüfte oder dem Rücken in den »Staub« gebracht wurde.

- Hüftwurf: Umfassen des Gegners in Schulterhöhe, Niederwurf über die Hüfte durch seitliches Verdrehen.
- Rumreißer: Linkes Bein vorgestellt, Gegner nach rechts in den Staub herumreißen (abgebildet auf einer Amphore).
- Armschwung: Durch Armschwung den Gegner auf den Rücken nehmen und in den Staub werfen, indem man sich nach vorne beugte. (»fliegende Stute«, abgebildet auf einer Trinkschale um 450 – 425 v. Chr.)
- Beingriff: Ein Bein des Gegners am Knöchel fassen und ihn mit kräftigem Zug in den Staub fallen lassen.
- Beinsteller: Mit einem Bein das Standbein des Gegners blockieren, den Oberschenkel des anderen Beins hochziehen und ihn mit Schulterdruck über sein Standbein in den Staub fallen lassen.
- Hebewurf: Den vorgebeugten Gegner von oben umfassen, ausheben und in den »Staub« werfen. (abgebildet auf einer Trinkschale um 475 – 450 v. Chr.)

Milon musste noch kräftiger werden, dass erkannte er nach dem Kampf gegen den Rhodoer in Olympia. Doch diese Kraft sollte, das ist für den Ringkampf eine entscheidende Voraussetzung, vielseitig sein: Jeder Angriff war schnell, also überraschend auszuführen; das erfordert Schnellkraft. - Bei Würfen, beim Herumreißen, beim Ausheben usw. brauchte Milon maximale Kraft, also Maximalkraft. - Und um die lange Dauer eines Kampfes kraftvoll zu überstehen, bedurfte es der Kraftausdauer. Wir sollten davon ausgehen, dass die alten Griechen sehr wohl wussten, wie sie diese Kraftfähigkeiten trainierten. Das deutete sich schon bei Milons´ Vorbereitung auf die Ringkämpfe der Knaben an, abgesehen von seiner Ganzkörperbelastung mit dem geschulterten Sandsack, könnte er unterschiedlich schwere Sandsäcke, möglicherweise auch Steine für das Training weiterer Körperpartien benutzt haben. - Ein spezielles Krafttraining mag sich aus Trainingskämpfen und ausgewählten Partnerübungen ergeben haben. - Für die unmittelbare Wettkampfvorbereitung könnte Milon Trainingskämpfe absolviert haben, für die ihm unterschiedliche Techniken, variable Gegner und eine mehr oder weniger lange Kampfdauer zur Verfügung stand.

PYTHISCHE SPIELE

Als Pythische Spiele oder *Pythien*, auch Delphische Spiele genannt, bezeichnete man die beliebten Kampfspiele der Hellenen, die in Delphi und in der nahen Ebene von Krissa zu Ehren des pythischen Apollon gefeiert wurden. Nach den Olympischen Spielen waren die Pythischen Spiele die wichtigsten der Panhellenischen Spiele. Glauben wir dem Mythos, dann soll Apollon die Spiele selbst begründet haben, nachdem er den Drachen Python[105] erlegte. Das Blut des zum Weissagen befähigten Drachen und seine hellseherische Fähigkeit sollen sich dabei auf Delphi übergossen haben. Das Heiligtum in Delphi, die bedeutendste Orakelstätte der Antike, war ihm und Apollon geweiht.

Der griechische Geschichtenschreiber Diodor erzählt: »Die Überlieferung sagt, dass es Ziegen waren, die in grauer Vorzeit den Orakelort entdeckten. Wo sich heute das Heiligtum befindet, gab es damals nämlich eine Erdspalte. Und jedes Mal, wenn eine von den Ziegen sich dem Erdspalt näherte oder in ihn hineinschaute, begann das Tier sich merkwürdig zu bewegen und stieß dabei seltsame Rufe aus. Und als der Ziegenhirt zu dem Erdspalt ging, da erging es ihm wie seinen besessenen Tieren. Er konnte plötzlich sehen, was zukünftig geschehen wird. Die Sache sprach sich herum und immer mehr Leute begaben sich an den Ort, und alle die dem Erdspalt nahekamen, erfüllte die Weissagungskraft. Später, nachdem manche sogar, überwältigt vom Taumel, in den Spalt hinabgesprungen und darin verschwunden waren, trafen die Anwohner Vorsichtsmaßnahmen. Sie bestimmten eine einzelne Frau, Orakelanweisungen für sie alle einzuholen. Zu ihrer Sicherheit setzte man die Frau auf einen Dreifuß, und sobald die Weissagungskraft sie erfüllte, gab sie ihre Bescheide.«

---

[105] Der Python war eine Schlange, die vormals das Orakel bewachte.

Plutarch erwähnt, »*das Pneuma habe einen süßlichen Geruch gehabt*«. Nach Ansicht italienischer Geologen wäre die Trance der Priesterin durch den hohen Methan- und Kohlendioxid-Anteil der aufsteigenden Gase verursacht, diese hätten bei der Pythia zu einem Sauerstoffmangel und infolgedessen zu Halluzinationen geführt.

Kaum eine wichtige Entscheidung, ob sie den Beginn und Ausgang eines Krieges, der Gründung einer neuen Kolonie in fernen Gestaden oder die Gesetzgebung innerhalb eines Stadtstaates betraf, wurde gefällt, ehe nicht zuvor das Orakel befragt worden wäre. Sparta zum Beispiel finanzierte extra zwei Sonderbotschafter (*Pythier*) für jeden der beiden Könige, von denen sie nach Delphi gesandt wurden, wenn wichtige Entscheidungen anstanden. Wir können annehmen, dass die *Pythier* unter den damaligen Bedingungen wenigstens eine Woche brauchten, ehe sie den Golf von Korinth erreichten, übergesetzt waren und in Delphi eintrafen. Hinzu kam noch, dass das Orakel nicht jederzeit »zu sprechen« war, überliefert ist, dass dies nur an jedem siebten Tag möglich gewesen sei.

Die Prozedur der Orakelsprechung sah vor, dass die Priesterin (*Pythia*) sich in Begleitung zweier Priester nackt in einer heiligen Quelle reinigte, danach aus einer anderen Quelle trank, ehe sie ihren Platz auf dem Dreibein über der »belebenden« Erdspalte einnahm. Zuvor galt es noch, ein Opfer darzubringen: Die Reaktion einer Ziege, die mit kaltem Wasser übergossen wurde, entschied, ob das Orakel an diesem Tag befragt werden konnte. Ertrug die Ziege den Wasserguss ohne zu erschrecken, dann war an diesem Tag kein Orakelspruch möglich. Erschrak sie, dann wurde sie getötet, ausgeweidet und wenn ihre Innereien für in Ordnung befunden waren, konnte sie als repräsentatives Opfer dem Feuer auf dem Altar übergeben werden. Nun endlich begann ein Priester, die Fragen der Pilger der Pythia zu übermitteln.

Um bei dem Beispiel der ratsuchenden Spartaner zu bleiben: Ihr Orakelspruch konnte erst nach einigen Wochen in Sparta angekommen sein. Demzufolge ließ sich Sparta, und das verunsicherte alle griechischen Poleis, immer viel Zeit mit seinen Entscheidungen. Spartas Politik war also schwer kalkulierbar für die übrigen

Griechen, die nicht so Delphi-hörig waren und sich bei schnellen Entscheidungen vom Orakel ihres Heiligtums beraten ließen.

„Pilger, Ratsuchende, Geschäftsleute, Boten aus ganz Großgriechenland, sogar ausländische Gesandte, trafen ständig in Delphi ein, um bei dem Orakel Rat und Weisung zu finden. Dabei kamen Informationen aus aller Welt zusammen. Von Sizilien, Afrika, dem Nahen Osten bis ans Schwarze Meer. Delphi war eine internationale Nachrichtenbörse. Spartas Könige wussten, was sie an Delphi hatten: Niemand war besser über die Weltlage und über die Verhältnisse in den vielhundert griechischen Städten unterrichtet als die delphische Priesterschaft. *»Wenn ich mir vor Augen halte, was für einen riesigen Einfluss das delphische Orakel auf die Geschichte Griechenlands gehabt hat, dann kann ich mir nicht vorstellen, dass Delphi seine Existenz dem Zufall verdankte. Ich bin mir sicher, dass die Gottheit oder die Vorsehung das Orakel ins Leben gerufen hat,«* meinte Plutarch. Und das war die Meinung aller Griechen.

Manche Sachverhalte waren so schwierig, dass sie sich nicht durchs Los[106] entscheiden ließen. Dann sprach die *Pythia*. Oft sogar in Versen, deren Sinn sich erst erschloss, wenn der Fragesteller die Worte des Gottes lange genug in seinem Herzen bewegt hatte. Das hatte Kroisos, der dem Orakel eine Schiffsladung wertvoller Geschenke überbrachte, wohl nicht getan. Er hatte die *Pythia* fragen lassen, ob er es wagen könne, gegen die Perser zu Felde zu ziehen. Und der Bescheid Apollons lautete: »*Kroisos wird, wenn er den Grenzfluss überschreitet, ein großes Reich zerstören.*« Das Orakel behielt Recht. Doch es war sein eigenes Reich, das *Kroisos* verlor, als er mit seinen Truppen den Halys überschritt und in das persische Reich eindrang. Apollon, der die Logik liebte, verlangt, dass der Mensch seinen Kopf gebrauche. Erkenne dich selbst, forderte der delphische Gott."[107]

---

[106] Beim Losentscheid entnahm die Pythia einem Gefäß Bohnen, erwischte sie eine weiße, hieß dies »Ja!«, eine schwarze bedeutete »Nein!«
[107] nach Zitelmann

Für die Zeit der Delphischen Spiele galt der Delphische Frieden, der 3 Monate andauerte. Wie bei den Olympischen Spielen garantierte diese Waffenruhe den Griechen - das betraf Teilnehmer wie Zuschauer - eine gefahrlose Anreise zu den Spielen und wieder zurück in ihre Heimat. Das war nicht immer so, 600 bis 590 v. Chr. kam es deswegen zum 1. Heiligen Krieg gegen den Stadtstaat Krissa, der die Pilgerscharen auf dem Wege nach Delphi behindert haben soll. »*Die Stadt Krissa kontrollierte damals über ihren Hafen den Zugang zum Heiligtum des Apollon in Delphi, das zum einflussreichsten Orakel Griechenlands zählte. Weil das Orakel für alle griechischen Stadtstaaten von so hoher Bedeutung war, hatten sich einige Stadtstaaten zu einem Bund (Amphiktyonie) zusammengeschlossen, um die Unabhängigkeit des Heiligtums zu wahren. Zur Feier des Sieges und der Zerstörung Krissas wurden die Pythischen Spiele erneuert.*« Anzumerken wäre, dass die Mitglieder dieses Bundes nicht ganz selbstlos handelten, wollten sie doch selbst Einfluss auf das Orakel und den Hafen von Krissa nehmen!

Für die Teilnehmer Krotons blieb der Seeweg die einzige Möglichkeit Delphi zu erreichen. Welchen Weg sie nahmen, wissen wir nicht. Der kürzeste wäre der über das Ionische Meer in den Golf von Korinth und daran anschließend ein damals beschwerlicher Landweg durch die dunklen, zerklüfteten Bergregionen von etwa 9,5 km nach Delphi.

Dass überhaupt so viele Griechen aus allen Gegenden das Heiligtum wegen des Orakels und der Spiele besuchten, lag daran, dass Delphi für sie der Mittelpunkt der Welt war: »*Dem Mythos zufolge ließ Zeus zwei Adler von je einem Ende der Welt fliegen, beide trafen sich in Delphi.*« Seither habe dieser Ort für die Griechen als Mittelpunkt der Welt gegolten.

Wer rechtzeitig in Delphi ankam, und das sollte für die offiziellen Delegationen zutreffen, der könnte in der Stadt sein Quartier bezogen haben.

Abgesehen von Aufzeichnungen durch Aristoteles, sind keine Zeitzeugnisse oder Dokumente über die Pythischen Spiele erhalten. Gehen wir davon aus, dass ursprünglich das Heiligtum der Erdgöttin *Gaia* geweiht war und sich erst ab dem 8. Jahrhundert

v. Chr. die Verehrung Apollons durchsetzte, so könnte es möglich gewesen sein, dass auch Frauen ihre Wettkämpfe, die Heraia, innerhalb des Programms bestreiten durften, also Atlante und Milon gemeinsam diese Spiele besuchten: Atlante als Trainerin für die drei schnellsten Mädchen Krotons, die sie für die Heraia vorbereitet hatte und Milon als Athlet bei den Ringkämpfen.

Nach Aristoteles dauerten die Spiele sechs bis acht Tage. Sie begannen mit einem heiligen Spiel, das den Sieg *Apollons* über *Python* darstellte. Nach einer Prozession und dem Festopfer zu Ehren *Apollons* sowie der dem folgenden Festgelage, begannen am vierten Tag die Wettkämpfe.

Eine größere Bedeutung als bei Olympia fiel bei den Pythischen Spielen den musischen Disziplinen zu, die aus Hymnen an den Gott *Apollon*, Flöten- und Kitharaspiel (altes griechisches Saiteninstrument) mit und ohne Gesang sowie aus Schauspiel-, Tanz- und Malwettbewerben bestanden.

Die athletischen Wettbewerbe, die denen von Olympia entsprochen haben dürften, fanden im Stadion von Delphi statt; die Wagenrennen jedoch in der Ebene von Krissa, weil die gebirgige Umgebung Delphis sich dafür nicht eignete. Auch die Delphischen Spiele waren Ehrenspiele, bei denen es anstelle von Preisen nur den Lorbeerkranz gab. Äpfel sollen manchmal als Kampfpreis überreicht worden sein, auch gab es den symbolischen Palmzweig. Als besondere Ehrung war außerdem das Aufstellen einer Statue möglich. Höchste Ehre blieb das hoch geschätzte Ansehen, das dem Sieger und dessen Heimatstadt zuteilwurde. Die Städte unterstützten ihre Vertreter darum mit allen Mitteln, damit der Sieg und der Ruhm ihrer wurden. Dies kam bereits Atlante als Trainerin der Mädchen für die Heraia und Milon als Athlet im Ringkampf zugute, als sie sich auf diese Spiele vorbereiteten.

Zu Beginn der athletischen Wettbewerbe starteten die Mädchen bzw. Frauen in der Heraia. Nach den vorangegangenen Probeläufen, bei denen Atlante aus Spaß mit den von ihr betreuten Mädchen mitlief, wurden die Teilnehmerinnen wie bei Olympia in drei Laufgruppen unterteilt. Eines der Mädchen aus Kroton ordneten die gestrengen Kampfrichterinnen in die Gruppe der jüngsten, die anderen zwei in die Gruppe der nächst älteren und Atlante, ohne ihren ehrlichen Einspruch zu beachten, in die Gruppe der älteren Mädchen ein, die ohnehin mehr aus Frauen als Mädchen bestand. Was soll's, sagte sich Atlante; Delphi lag im Einzugsbereich Athens, hier galt nicht das Gesetz Spartas, nach dem Mädchen hart zu trainieren hatten, um gesunde, kräftige Mütter zu werde. Aber, sobald sie verheiratet waren, nicht mehr Sport treiben durften, sondern viele Kinder zu gebären hatten. Dies möglichst von starken Männern, wobei - nebenbei bemerkt - dies nach den Moralvorstellungen Spartas nicht einmal der eigene Ehemann sein musste, wenn er nicht dem Ideal eines starken Mannes entsprach! - Der Ehemann und der »eigentliche« Vater des »Nachwuchses« hatten in diesem Sinne freundschaftlich verbunden zu sein!

Atlante hatte ihre Mädchen gut auf den Lauf bei der Heraia vorbereitet; in der Gruppe der jüngeren Mädchen siegte die eine, in der nächstälteren Gruppe siegten beide Mädchen Krotons. - Es war den Kampfrichterinnen unmöglich, sich für eine als Siegerin zu entscheiden! Gehen wir davon aus, dass beide als Siegerinnen geehrt wurden, bei den Pythischen Spielen sowie bei anderen Spielen mussten nicht unbedingt die strengen Regeln Olympias gelten. Dass Atlante in der Klasse der »Frauen« siegte, dürften wir wohl vorausgesetzt haben. Geschmückt mit dem Lorbeerkranz und dem symbolischen Palmenzweig mischten sich die vier Mädchen in Begleitung ihrer auf Ruhm und Ehre bedachten Gesandten unters Publikum.

Bei den Ringkämpfen hatte sich Milon bereits in die Endrunde gekämpft, sein Gegner um den Gesamtsieg war ein Spartiat, der galt für Milon als harte Nuss: Schon in den Vorkämpfen sah Milon den Spartiaten sehr unfair kämpfen, wofür er von den Kampfrichtern mit der Gerte gezüchtigt wurde. Auch wusste er von Atlante, dass ein Spartiat nicht »um alles in der Welt« verlieren konnte.

Milons´ Vorteil, in den zwei Jahren nach seinem Sieg bei Olympia war er bedeutend größer und kräftiger geworden. Außerdem hatte er sich technisch und taktisch weiterentwickelt, letzteres ließ beim Spartiaten zu wünschen übrig, denn die Spartiaten galten beim Ringen als Draufgänger, die mit purer Kraft ihre Gegner angingen. Diesen mit technisch, taktischen Feinheiten zu besiegen, widersprach ihrer Mentalität.

In der ersten »Runde« versuchte der Spartiat Milon mit beiden Händen aus dem Kampfkreis zu drängen, das hätte er lieber bleiben lassen sollen, durch einen Armschwung nahm Milon ihn auf den Rücken, beugte sich vor und ließ ihn nach »Spartiaten Art« sehr unsanft in den Staub fallen. Kaum stand der Spartiat, war Milon bei ihm, umfasste ihn in Schulterhöhe und brachte ihn mit einem gekonnten Hüftwurf zu Fall. Jetzt ging es um alles. Entweder warf der Spartiat Milon dreimal oder wurde von Milon noch einmal geworfen. Ohne zu zaudern umfasste Milon seinen überraschen Gegner, hob ihn dank seiner Bärenstärke hoch, ließ sich mit ihm nach hinten, seitwärts fallen. Der Spartiat lag technisch sauber abgelegt im Staub, mit einem Schrei der Wut quittierte er diese beschämende Niederlage.

Die Begeisterung des Publikums bei diesen Spielen stand den Spielen in Olympia in nichts nach. Zahlreich strömte Bewohner aus ganz Griechenland herbei und brachte der Stadt beträchtliche Einnahmen. Die Agora, zurzeit der Spiele ein Kunstmarkt, galt in der Antike als bedeutender Handelsplatz für Kunstgüter, auf dem sich Atlante und Milon im Beisein ihrer Väter umsahen. Letztere, weil Kunstgegenstände einen Anteil der Handelsgüter darstellten, die sie außerhalb der griechischen Welt verkauften konnten.

ISTHMISCHE SPIELE

Benannt nach dem Isthmus von Korinth rangierte das Ansehen der Isthmischen Spiele ebenfalls hinter dem der Olympischen Spiele. Die Gründung der Spiele geht auf *Poseidon*[108] zurück, unter dessen Schutz die Spiele laut einer in Marmor gehauenen Chronik standen. Der Heron *Theseus* gilt als weiterer Gründer der Spiele, als

---

[108]Poseidon war nach der griechischen Mythologie der Gott des Meeres, ihm galt das Pferd als heilig.

ionischer Hauptheld wurde er offenbar von dem Stadtstaat Athen favorisiert.

Alle zwei Jahre, der *Isthmiade*, jeweils im zweiten oder vierten Jahr einer *Olympiade*, fanden die Spiele wahrscheinlich im Sommer oder Frühling statt. Die Organisation und Ausrichtung oblag Korinth, das auch die speziell ausgewählten Kampfrichter stellte. Eingeladen wurden alle griechischen Stämme mit Ausnahme der *Eleier*. Den Ehrenvorsitz unter den geladenen Festgesandtschaften hatte Athen. Wie auch bei den anderen panhellenischen Spielen herrschte während der Spiele der Gottesfriede.

In diesem Zusammenhang sei an die Ballade von Friedrich Schiller »*Die Kraniche des Ibykus*« erinnert, die mit folgenden Versen beginnt:
Zum Kampf der Wagen und Gesänge,
Der auf Corinthus Landesenge
Der Griechen Stämme froh vereint,
Zog Ibykus, der Götterfreund.

Handlung: Der griechische Dichter Ibykos wird auf dem Weg zu den Isthmischen Spielen vor Korinth ermordet, nur ein Kranichzug ist Zeuge. Doch kraft des Chorgesangs der Erinnyen (der Rachegöttinnen) in einer Tragödie während der Isthmien ruft einer der Täter, als die Kraniche über das zum Himmel offene Theater ziehen, unwillkürlich: „... *die Kraniche des Ibykus!*", und das ganze Auditorium erkennt die Mörder auf einem Schlag:
Man reißt und schleppt sie vor den Richter,
Die Szene wird zum Tribunal,
Und es gestehen die Bösewichter,
Getroffen von der Rache Strahl.

Die Feierlichkeiten begannen mit einem Opfer für *Poseidon*. Im Anschluss daran eröffnete ein Herold kraft seines Trompetensignals die Wettkämpfe. Eingeteilt in Altersklassen: Knaben, Bartlose und Männer, fanden die Wettkämpfe im Stadion, Gymnasion und dem Hippodrom im heiligen Fichtenhain *Poseidons* statt. Die Agone umfassten den Wettlauf, den Ring- und Faustkampf, das Pankration und das Pentathlon sowie Pferde- und Wagenrennen.

Nach Plutarch wurden die Sieger mit einem Palmzweig in der Hand und einen Fichtenkranz auf dem Haupt geehrt. Zur Ehre des Siegers gereichte aber weit mehr als der eher symbolische Wert dieser Auszeichnungen: Die Zuschauer bejubelten, die Heimatstadt verehrte und die Dichter verewigten ihn. Außerdem setzte Solon für jeden *attischen* Sieger eine Belohnung von 100 *Drachmen* aus.

Im Laufe der Jahre wurde das Festgetriebe immer bunter, bald glich das Treiben dem eines Jahrmarktes: Beim Tempel des *Apollon* schrien Sophisten einander an; Schriftsteller lasen ihre teils geschmacklosen Werke vor; Dichter suchten ihre Zuhörer zu ergötzen; Hexenmeister, Wahrsager, Advokaten und Krämer boten ihre Dienste an. Diese Entwicklung der Feier blieb jedoch nicht im Bereiche des Erträglichen, sondern artete aus. Das repräsentativste Beispiel lieferte gegen Ende des 1. Jahrhunderts v. Chr. der römische Kaiser Nero, der wie schon bei den Olympischen Spielen, auch bei den *Isthmien* durch Bestechung einen irregulären Sieg errang, um sein Prestige aufzupolieren; doch, wie bereits bemerkt, waren auch »normale« Athleten bereits zu dieser Zeit käuflich.

NEMEISCHE SPIELE

Im etwa 35 km von Korinth entfernten Nemea fand, wie in Olympia, Delphi und Isthmia, ein weiteres der panhellenischen Spiele, nämlich die Nemeischen Spiele statt. Diese Spiele wurden zu Ehren des Zeus ausgerichtet. Nach einer Überlieferung gehen die Spiele auf Herakles zurück, der hier den Nemeischen Löwen besiegte. Dies war die erste der zwölf Aufgaben, die Herakles im Auftrag seines »Gegenspielers« *Eurystheus* verrichten musste. »*Dass der Löwe unverwundbar war, merkte der Held, als er ihn mit Pfeilen beschoss, die an dessen Fell einfach abprallten. Also schlug er dem Untier, als es auf ihn lossprang, seine riesige Keule auf den Schädel. Der Löwe flüchtete sich in seinen Unterschlupf, einen Felsspalt, der den Berg Tretos in zwei Hälften teilte. Nachdem Herakles den einen Ausgang des Spalts verschlossen hatte, packte er den Löwen, als dieser am anderen Ende herauskam, und würgte ihn zu Tode. Er balgte den Löwen mit dessen eigenen Krallen ab, denn nur diese waren in der Lage, die Haut des Tieres zu zerschneiden, nahm das Fell über den Arm und machte sich auf den Rückweg nach Tiryns zu Eurystheus. Später schneiderte er sich aus dem Fell einen Umhang, der ihn unverwundbar machte.*« (nach *Theokritos* und *Diodor*)

Die Nemeischen Spiele fanden seit 573 v. Chr. alle zwei Jahre jeweils vor bzw. nach den Olympischen Spielen im Sommer statt. Sie standen unter der Leitung von Kleonai, einer südwestlich von Korinth gelegenen Stadt. Die Kämpfe wurden in den Sportarten: Stadionlauf (180 m) in voller Rüstung, Boxen, Bogenschießen, Ringen, Diskuswerfen, Speerwerfen und Wagenrennen ausgetragen. Zu den Höhepunkten der Spiele zählen sowohl der Stadionlauf, hier in voller Rüstung, als auch das Wagenrennen. Die Schiedsrichter trugen bei den Festspielen schwarze Gewänder und der Kranz, den der Sieger erhielt, wurde aus wildem Sellerie[109] gewunden.

Der seinerzeit mächtige Stadtstaat Athen versuchte es mit den von ihm initiierten »Panathenäischen Spielen« den Panhellenischen Spielen gleichzutun. Diese wurden ein Bestandteil der »Panathenäen«, der wichtigsten Festlichkeit in Athen, die alle vier Jahre jeweils im dritten Jahr der Olympiade veranstaltet wurden. Bei diesen Spielen konnte Milon den symbolischen Kranz vom heiligen Ölbaum und die schon bekannten Panathenäischen Preisamphoren gewinnen, die sich, gefüllt mit Olivenöl, durch Milons´ Vater sehr günstig verkaufen ließen. Außer an den bisher genannten Spielen, war es Milon und manchmal auch Atlante mit den von ihr betreuten Mädchen möglich, jederzeit an weiteren Agonen teilzunehmen und dort Preisgelder oder Naturalien zu gewinnen;

---

[109] Die Wildform ist der Sumpfsellerie (Apium greveolens), der auf nassen, nährstoffreichen, salzhaltigen Sumpfböden gedeiht. Wahrscheinlich wurde sie im Mittelmeerraum zu den derzeit bekannten 30 Arten der Sellerie kultiviert.

schließlich gab es mehrere Hundert weitere Festspiele in den griechischen Stadtstaaten.

Eilen wir der Zeit voraus: Überliefert ist die siebenmalige Teilnahme Milons´ an den Olympischen Spielen. Nach seinem Sieg bei den Knaben reiste er 534 v. Chr. zu den 62. Olympischen Spielen. Inzwischen im Erwachsenenalter von dreiundzwanzig Jahren, müsste dies, abgesehen von seiner zwischenzeitlichen Teilnahme an den anderen Spielen, sein erster olympischer Kampf in der Klasse der Männer gewesen sein. Um es vorwegzunehmen, auch bei diesen Spielen gewann Milon den Siegerkranz. Seine ausgereifte Männlichkeit dürfte sich in überragender Körpergröße ausgedrückt haben, im Wachstum folgte er seinen Genen, die sich in seinem Falle durch das intensive Training voll entfalten konnten. Aus dem vormals kleinen, schwächlichen Knaben war, aufgrund des intensiven und vielseitigen Trainings, höchstwahrscheinlich ein großer, aber nicht riesengroßer Milon geworden, den wir uns als kräftigen, breitschultrigen Athleten vorstellen sollten, ausgestattet mit muskulösen Armen und Beinen sowie einem gewölbten Brustkorb. Letzteren mag er auch dem intensiven Ausdauertraining verdankt haben, zu dem ihn Atlante mit ihren Läufen inspirierte und die er auch weiterhin absolvierte.

Außerdem sollten wir Hadubalt nicht vergessen, inzwischen kein Sklave mehr, sondern als Trainer Milons´ ein anerkannter Bürger Krotons, machte er sich weiterhin als Milons´ Trainer, Sparringspartner und Organisator der Wettkampfreisen nützlich. Unablässig stand er Milon zur Verfügung, wenn dieser immer und immer wieder dieselben Griffe, Finten, Abwehrmaßnahmen und andere Aktionen probte. Das Training mit Gewichten und Sandsäcken wich inzwischen mehr dem Üben mit dem eigenen oder dem Körpergewicht des Sparringspartners, weil dies ringkampfspezifischer ist. Schiebend, verdrängend, ziehend, aushebend usw. schafften sich Milon und Hadubalt im Innenhof ihres Hauses.

Was Milon so unerreichbar in seinen Fähigkeiten als Ringer gemacht haben könnte, lag also nicht nur in seiner körperlichen Konstitution, sondern auch an seinem Repertoire von jederzeit - ohne großes Überlegen - einsetzbaren technisch, taktischen Varianten im Kampfgeschehen. Die einzigartige Vielfältigkeit seiner Aktionen, die Schnelligkeit und Aggressivität, mit der er jeden Kampf anging, ist vergleichbar mit dem, was hervorragende Ringer derzeit »draufhaben«. Mit dem was wir heute über den Ringkampf wissen, können wir einschätzen, dass Milon ein begabter und fleißiger Athlet war; nach Auffassung der gottesfürchtigen alten Griechen war er unzweifelhaft ein begnadeter Ringer, den sie nach ihren Riten vergöttlichten.

Milon und Atlante

Ruhm und Ehre sowie die Unvergänglichkeit des Namens gehörten zur Lebensmaxime der alten Griechen. Eigentlich hatte Milon schon im Knabenalter alles erreicht: Verehrt und vergöttert als Olympiasieger und Sieger bei den Panhellenischen Spielen, stolzer Besitzer eines komfortablen Hauses, einer finanziellen Sicherheit auf Lebenszeit sowie weiteren Vergünstigungen von seiner Stadt und, nicht zu vergessen, an seiner Seite eine liebenswerte Frau.

Ohne sich in ihrer jugendlichen Naivität groß Gedanken zu machen, lebten Milon und Atlante vorerst sorglos in ihrer elitären Welt, wie es bei den Angesehenen, den Aristokraten üblich war. Dies nach dem Motto: »Was interessiert es uns, wie es anderen Menschen geht, wenn es uns gut geht!« Doch schon damals unübersehbar, dass Menschen aus der Not zu Unfreien, zu Sklaven wurden, was aber beide als selbstverständlich ansahen, weil es der übliche »Lauf der Dinge« war. Ihre Siegprämien und Vergünstigungen bekamen sie vom Stadtstaat, wer dies erarbeitete oder dafür Abgaben leistete, musste sie nicht interessieren.

Selbstzufrieden hätte Milon sein weiteres Leben genießen können. Doch das entsprach nicht der Lebensart des strebsamen Athleten. - *Herakles*, sein mythisches Vorbild, sowie dessen Entscheidung in der Fabel »Herakles am Scheideweg« bestärkte ihn darin: »*Eines Tages kam der junge Herakles an eine Weggabel, wo dem einsam sin-*

nenden Jüngling, zwei Frauen von hoher, aber sehr verschiedener Gestalt entgegentraten. An einem Weg stand eine Frau in kostbaren Gewändern, üppig geputzt, am anderen hingegen eine Frau in schlichter Kleidung, die bescheiden den Blick senkte. Zuerst sprach ihn die prächtige Frau (die Lust) an: ‚Wenn du meinem Weg folgst, Herakles, so wirst du ein Leben von Genuss und Reichtum haben. Weder Not noch Leid werden dir begegnen, sondern nur die Glückseligkeit!' – Dann die andere (die Tugend): ‚Die Liebe der Götter und deiner Menschen lässt sich nicht ohne Mühsal erreichen. Auf dem Weg der Tugend (griechisch: areté) wird dir viel Leid widerfahren, doch dein Lohn wird Achtung, Verehrung und Liebe der Menschen sein. Nur du kannst entscheiden, welcher Weg der deinige sein soll!' Herakles entschied sich, dem Pfad der Arete und Ehre zu folgen,« nach *Prodikos*.[110]

Getreu dieser Fabel schien Milons´ Zukunft vorgezeichnet, mögliche Siege im Ringkampf bei Olympia, den panhellenischen und weiteren Spielen hatten dieses Ziel erreichbar werden lassen. Doch allein das genügte dem wissbegierigen Milon nicht. - Erinnern wir uns, schon als kleiner Bub lauschte er den Gesprächen in Vaters Männerrunde; an der Hand seines Vaters lernte er das emsige Treiben in Krotons Hafen kennen. Die Fahrt nach sowie die Erlebnisse bei Olympia und den weiteren Spielen, die Begegnungen mit Griechen aus den unterschiedlichsten Stadtstaaten und Regionen weckten seine Lust, mehr zu erfahren über die Herkunft und das Zusammenleben der Menschen, ihren unterschiedlichen Tätigkeiten, woran glaubten sie, welche Mythen und Legenden beeinflussten ihr Tun und Lassen.

Es darf also nicht verwundern, dass der weitere Lebensinhalt Milons´ nicht nur aus seinem ehrgeizigen Training bestand. Schon als Heranwachsender war es für Milon selbstverständlich, weiterhin den wissensvermittelnden Teil des Gymnasion in Anspruch zu nehmen, gab es doch noch so viel, was der dortige Lehrer seinen Schülern vermitteln konnte. Erwachsen geworden, wird er die Bibliothek Krotons besuchen und sich als Autor von Fachbüchern über

---

[110] *Prodikos* wird als „Vorreiter des *Sokrates*" bezeichnet, ihm war *Herakles* leuchtendes Beispiel männlicher Schaffenskraft.

das Training insgesamt und besonders dem Ringkampf beschäftigt haben. Nicht zu vergessen sei Atlante, die aus dem Umfeld Spartas kam, woraus sich für sie oft Fragen und Widersprüche ergaben, wenn sie ihr Leben mit Milon in einem Stadtstaat betrachtete, in dem es für sie andere, zumindest ungewohnte Sitten und Gebräuche gab.

Was zum Beispiel beide interessierte, was sie einte, mochte die Frage nach ihrer Herkunft als Griechen sein. Erinnern wir uns an *Herakles*, dessen irdischer Vater *Amphitryon* war, ebenso, wie *Sthenelos* der Vater von *Eurystheus*. *Amphitryon* und *Sthenelos* hinwieder waren die Söhne von *Perseus*.[111] Vor *Herakles* Geburt erklärte Zeus, der nach dem Mythos der »illegitime« Vater von *Herakles* war, dass der erstgeborene Enkel von *Perseus* dessen Königreich erhalten solle. *Hera*, die eifersüchtige Gattin von *Zeus*, die wusste, dass *Zeus* den Herakles mit der Frau von *Amphitryon* zeugte, bat die Göttin *Eileithyia*[112] die Geburt des *Herakles'* hinauszuzögern, damit *Eurystheus* und nicht *Herakles* das Königreich von *Perseus* erbe.

»Als Alkmene das Kind von Zeus erwartete, wurde Eileithyia von Zeus' Gattin Hera dazu verpflichtet, die Niederkunft zu verhindern. Brennende Eifersucht war der Grund dafür. Sie hasste den Säugling Herakles nämlich von Anfang an, auch später noch, als er der klassische Held war. Eileithyia setzte sich vor Alkmenes Kammer und kreuzte Finger, Arme sowie auch die Beine. Damit war die Geburt nicht möglich, und Alkmene litt sieben Tage lang Höllenqualen, weil sie nicht niederkommen konnte. Ihre Magd Galanthis aber merkte etwas, ihr kam der Verdacht, dass Hera wohl aus Eifersucht dieses Ungemach angezettelt hätte. So griff sie zu einer List und sagte zu Eileithyia, wer immer sie sei, sie möge der Hausherrin Glück wünschen, denn diese habe soeben einem Jungen das Leben geschenkt. Sogleich sprang Eileithyia überrasch auf

---

[111] Als Sohn des *Zeus* und der *Danae* ist *Perseus* einer der berühmtesten Heroen in der griechischen Mythologie.
[112] *Eileithyia* ist die Tochter von *Zeus* und *Hera* und mythisch die Göttin der Geburt.

und ließ erschrocken die verschränkten Arme sinken, wodurch der Bann gebrochen und Alkmene erfolgreich entbunden werden konnte.« (nach Ovid Metamorphosen)

Wegen dieser um sieben Tage verspäteten Geburt des *Herakles* erhielt *Eurystheus* als Erstgeborener das Königreich Mykene. Dies nicht anerkennend, hielt sich *Herakles* selbst für den rechtmäßigen König. Doch erst nach der »Rückkehr der *Herakleiden*«, dem »*Herakleiden Mythos*«, auf den wir gleich zurückkommen, erhielten seine Enkel den von *Herakles* beanspruchten Peloponnes, den sie wie folgt aufteilten: Argos fiel an *Themenos*, Lakonien an *Proklos* und Eutythenes und Messene an *Kresphontes*. Nur ein Teil des Gebietes verblieb den Ureinwohnern erhalten, so blieb Achaia den *Achäer*, einem griechischen Stamm, der im Nordwesten der Peloponnes einige Städte gegründet hatte. In *Homers* Epen steht die Bezeichnung *Danaer*[113] und *Argiver* für die Griechen insgesamt.

Aufschlussreich für Milon war, dass es die *Argiver* gewesen sein sollen, die nach der uns bereits bekannten Mythe, unter Führung von *Myskelos* aus Argos kamen und die Kolonie Kroton in Süditalien gründeten. Milon stammte also von »Uraltgriechen« ab. Die Vorfahren Atlantes zählten ebenfalls zu den »Ureinwohnern«, den Argiver, deren Sitten und Gebräuche aber von den einwandernden Dorern geprägt wurden, die sich als Nachfahren des *Herakles* fühlten.

Vermutlich infolge der »Dorischen Wanderung« brachen dorisch sprechende Griechen von Mittelgriechenland her in den Peloponnes ein und breiteten sich nach langwierigen Kämpfen gegen die dortigen Siedler (*Argiver*) in der fruchtbaren Eurotasebene aus.

---

[113] Danaer leitet sich von Danaos, dem Herrscher über Argos, dem ältesten besiedelten Stadtstaat Europas ab, deren Einwohner waren die Achäer (griechisch: Argiver).

Dem festen Amyklai[114] gegenüber wurde ein großer, starker Lagerplatz bezogen, aus dem das spätere Sparta mit fünf offenen Dörfern (Kynosura, Mesoa. Limnai, Pitane und Dyme) entstand. Um ihren Anspruch auf das auch Lakonien genannte Land zu begründen, entwickelte sich bei den Spartiaten der zuvor genannte »*Herakleiden-Mythos*«, nach welchem Lakonien rechtmäßig den Erben und Nachkommen des Halbgottes *Herakles* gehörte. In diesem Zusammenhang sollten wir wissen, dass *Herakles* u. a. ein panhellenischer Heros war, der von den Dorern angebetet wurde. In der mythologischen Überlieferung hat er an verschiedenen Orten der archaischen griechischen Welt mit verschiedenen Frauen Kinder gezeugt, von denen einige jetzt bei den *Dorer* Beistand für die Rückgewinnung ihres Erbes suchten. Nach diesem Mythos sollte es als legitim gelten, dass die von dort Vertriebene bei den jetzt wiederkehrenden *Dorer* Schutz gesucht hätten. Danach wäre die Einwanderung der *Dorer* nicht als feindliche Landnahme, sondern als Rückeroberung des den *Herakliden* geraubten Landes zu sehen.

Weil der Kriegszustand zwischen den *Dorier* und den *Argiver* über viele Menschenalter fortdauerte, entwickelte sich durch die langdauernden Kriegs- und Lagergewohnheiten der spartanische Kriegerstaat, dessen Absicht vornehmlich auf stete Kampfbereitschaft gerichtet war. – Die Verfassung von Sparta, die von derjenigen aller andern griechischen Staaten stark abwich, erschien späteren Geschlechtern als das Werk eines weisen Gesetzgebers, des *Lykurg*, der in Sparta göttliche Verehrung genoss. »*Lykurgos lebte nach verschiedenen Datierungsversuchen etwa zwischen dem 11. und 8. Jahrhundert v. Chr. Laut Überlieferung soll er auf Weisung des Orakels von Delphi die Verfassung geschaffen haben, die Sparta zu einem Militärstaat machte.*«

---

[114] *Amyklai* war eine der ältesten Städte Griechenlands, nach der Eroberung durch die Spartiaten errichteten diese die Kultstätte »*Thron des Apollon*« über dem Grabhügel des *Hyakinthos*, dem Geliebten des *Apollon*.

Plutarch sammelte Überlieferungen zum Leben von *Lykurg*, die er zu einer Biografie des berühmten Spartiaten verarbeitete. Er beginnt dessen Lebensbeschreibung mit den Worten »*Lykurg stammt in der elften Generation von Herakles ab. Er war Thronanwärter in einer der beiden Königsfamilien Spartas. Als sein Vater und sein älterer Bruder von ihren Gegnern ermordet wurden, war er der erste in der Thronfolge. Sein Bruder hatte jedoch eine schwangere Frau hinterlassen; würde ihr Kind ein Junge, wäre dieser der rechtmäßige Thronfolger. Diese Frau nun kam zu Lykurg und bot ihm an, das Kind abzutreiben, wenn er sie ehelichen würde. Lykurg gab vor, damit einverstanden zu sein, riet ihr aber, das Kind lieber auszutragen, als ihre Gesundheit aufs Spiel zu setzen. Und er bot der Frau an, ihr behilflich zu sein, sich des Neugeborenen zu entledigen. Sie sollte ihm, sagte er, das Kind sofort aushändigen, sobald es auf der Welt wäre. Als Lykurg gerade mit einigen spartanischen Richtern zusammensaß, wurde ihm das Kind seines Bruders gebracht. Lykurg nahm das Kind auf seinen Arm und sagte: ‚Ihr Männer von Sparta, ein König ist uns geboren!' Dann legte er den Jungen auf den Ehrenplatz und gab ihm den Namen Charilaos, das bedeutet: ‚Der das Volk glücklich macht!' Die Spartiaten aber bewunderten den Charakter dieses Mannes, der aus Respekt vor dem Recht die Königsherrschaft ausschlug.*« *Lykurg* zog *Charilaos* auf. Als der junge König herangewachsen und regierungsfähig war, verabschiedete sich *Lykurg* von Sparta. Ein Grund für seine Abreise sollen auch die dauernden Verleumdungen der Königsmutter gewesen sein, die ihm noch immer nachtrug, dass er einer Heirat mit ihr aus dem Wege ging. In Kreta, Ägypten, Libyen, Spanien und Kleinasien soll Lykurg verschiedene Verfassungen studiert und begonnen haben, eine neue politische Ordnung für Sparta zu entwerfen.

»*Nachdem Lykurg mehrere Jahre gereist war*«, so Plutarch in seiner Biografie über Lykurg, »*schrieben ihm die Spartiaten und baten ihn, zurückzukehren.*« Auf seinen Reisen war Lykurg zu der Einsicht gelangt, dass die Lebensordnung der Spartiaten grundlegend geändert werden müsse. Und deshalb begab er sich zunächst nach Delphi, um sich beim Gott Apollon für den Entwurf einer neuen Ordnung Rat zu holen. »*Das Orakel verkündete ihm, der Gott habe ihn erhört, und die Stadt, welche die Gesetze des Lykurg befolge, werde zur berühmtesten Stadt des Erdkreises aufsteigen.«*

Zurück in Sparta, sammelte er einen Kreis von Gleichgesinnten, mit denen er sich verschwor, Sparta zu reformieren. »Als die Zeit zum Handeln reif war, erschienen 30 von ihnen in voller Bewaffnung auf dem Marktplatz. König Charilaos fürchtete um sein Leben, suchte Zuflucht in einem Tempel. Als er jedoch erfuhr, dass die Verschwörer sich nur bewaffnet hatten, um ihren Forderungen nach Reformen Nachdruck zu verleihen, schloss sich Charilaos den Männern an.

Als erstes richtete Lykurg einen Ältestenrat von 28 Männern ein. Als Gegengewicht zu den beiden Königshäusern. Dem Volk gestand er das Recht zu, in wichtigen Belangen mitzubestimmen. Doch die Entscheidung über das Volksvotum gab er dem Ältestenrat. Zuvor war Sparta hin- und hergerissen zwischen den Extremen von Demokratie und Tyrannenherrschaft. Dadurch, dass Lykurg den Ältestenrat als Zwischeninstanz installierte, stabilisierte er die politischen Verhältnisse, und das Volk und seine Führer respektierten einander.«

Von Aristoteles wurde Sparta später zu einem Modell für eine »gemischte Verfassung« erhoben, die sowohl monarchische, aristokratische und demokratische Elemente enthalten habe, das heißt: 2 Könige, die Geronten (Ältestenrat) und die Volksversammlung.

Gegen Ende seines Lebens verließ *Lykurg* Sparta, um beim Orakel von Delphi *Apollon* zu opfern. Zuvor hatte er die Spartiaten schwören lassen, ohne seine Zustimmung keines der Gesetze zu ändern. Das Orakel bestätigte ihm, dass seine Gesetze exzellent seien und sein Volk berühmt machen werde. Mit dieser Auskunft zufrieden, beschloss *Lykurg* sich zu Tode zu hungern, anstatt nach Sparta zurückzukehren. Auf diese Weise zwang er die Spartiaten, seine Gesetze auf ewig unverändert zu lassen.

Alles, was Atlante durch ihren Vater von Sparta wusste, bevor sie aus deren Herrschaftsgebiet nach Kroton kamen, war, dass sie als *Periöken* im Machtbereich Spartas deshalb besser als die *Heloten* behandelt wurden, weil sich ihre Vorfahren, die bereits vor den eindringenden Spartiaten auf der Peloponnes lebten, ohne große Gegenwehr unterwarfen. Als zufriedene Staatsangehörige bewohnten sie weiterhin die von ihnen verwalteten Städte, hatten aber gemeinsam mit den Spartiaten, ihrer »Schutzmacht«, Kriegsdienste zu leisten. Der Großteil von ihnen betrieb Landwirtschaft. Doch sie waren auch in Fischerei, Schiffbau, Metallverarbeitung, Handwerk und Handel tätig. Im Handwerk und Handel besaßen sie sogar das Monopol, weil die Spartiaten sich nur mit der Landwirtschaft beschäftigten und wie bereits im Zusammenhang mit Atlantes Eltern bemerkt, keinen Handel betreiben durften, sondern diesen über die Periöken abwickelten.

Die *Heloten* (die »Eroberten«, die »Gefangenen«) waren Nachkommen der von den Spartiaten unterworfenen vordorischen Bevölkerung Lakoniens und Messeniens. Sie bildeten die unterste Klasse im Vierklassensystem der Spartiaten und hatten keine bürgerlichen und politischen Rechte. Wobei es eine soziale Ungleichheit zwischen den lakonischen und messenischen Heloten gab, der sich daraus ergab, dass die Unterwerfung der messenischen, im Gegensatz zu den lakonischen, mehrerer langandauernder Kriege bedurfte. Die Spartiaten verlangten laut Tytaios (600 v. Chr.) von den messenischen Heloten mindestens die Hälfte aus den Erträgen der Landwirtschaft, was auch von Sparta kontrolliert wurde. Dagegen wurden die lakonischen Heloten beim Erntevorgang nicht kontrolliert, sie brauchten lediglich einen festgesetzten Betrag an die Spartiaten abzuführen. Die lakonischen Heloten sahen keinen Anlass, gegen ihre »Schutzmacht« Sparta zu rebellieren, im Krieg diente sie zum Teil als Leichtbewaffnete.

Die Sklaven, die sich Spartiaten sowie auch die Periöken hielten, waren meist Gefangene aus Kriegszügen zum Teil auch unbotmäßige messenische Heloten, die im Rahmen der *Krypteia* (der alljährlichen Kriegserklärung Spartas gegen die gefährliche Überzahl messenischer Heloten) zu Gefangenen wurden. Beide, sowohl Plutarch, etwas anders Platon meinten dazu: »*Die Krypteia sei ein Terrorinstrument gewesen, das die Spartiaten gegen die Heloten eingesetzt hätten, um diese zahlenmäßig überlegene, aber unterworfene Bevölkerungsgruppe unter*

Kontrolle zu halten. Die gewandtesten Kryptoi hatten sich barfuß im Schnee, schlafend auf nacktem Boden, angewiesen auf Nahrungsdiebstahl und andere Widrigkeiten nach wehrfähigen Heloten umzusehen, um diese zu fangen oder zu töten. Legalisiert wurde dies durch die vorgenannte Kriegserklärung.«

Also, nach dem, was Atlante von ihrem Vater über Sparta wusste, gab es dort mehr oder weniger die gleichen Ungerechtigkeiten im Zusammenleben der Menschen, wie es offenen Auges auch für Milon in Kroton sichtbar wurde, denn die ehemals als »Solidargemeinschaft« eingewanderten Krotoner hatten sich ebenfalls zu Herrschenden und Beherrschten mit beträchtlichem Unterschied an Macht und Besitztum gewandelt. – Nachdenklich geworden fragten sich beide, ob es jemals ein friedvolles und uneigennütziges Zusammenleben der Menschen gegeben hätte?

Hesiod, geboren etwa 700 v. Chr., war ein griechischer Dichter. Neben Homers *Ilias* und *Odyssee* sind *Hesiods* Werke die Hauptquelle der griechischen Mythologie und Mythographie. *Hesiods* Leben als Ackerbauer und Viehhalter war geprägt durch »harte Winter« und »ein karges Dasein, das niemals angenehm wurde«. Hesiod schildert die Zeit des »Goldenen Geschlechts der Sterblichen«, eben die Ära, in welcher der Gott Kronos (Vater des Zeus) herrschte. »*Damals lebten die Menschen in völligem Frieden, sorglos wie Götter, Ihre Körper alterten nicht, ihr Tod war ein Einschlafen und sie genossen ihre Festlichkeiten. Hauptmerkmal dieses Zeitalters war, dass die Erde von sich aus alle benötigte Nahrung hervorbrachte. Daher war Ackerbau unnötig.*«

Platon schildert in seiner Politikos dieses Zeitalter so: »Die Menschen kannten keinen Krieg oder Zwiespalt. Sie ernährten sich nur von dem, was die Erde ihnen von selbst gab. Sie bewegten sich unbekleidet im Freien, weil das Klima dies ermöglichte. Zwischen Menschen und Tieren gab es eine sprachliche Verständigung. Auch unter den Tieren herrschte Frieden, sie dienten einander noch nicht zur Speise.«

Seneca meinte: »Die Verbundenheit unter den Menschen blieb eine Zeit lang unverletzt, bis die Habgier den Bund zerriss, und auch denen, die sich bereicherten, zur Ursache der Armut wurde.

Denn Menschen besitzen nicht mehr das Ganze, solange sie Teile davon als ihr Eigentum betrachten. Die ersten Menschen und ihre Nachkommen folgten daher unverdorben der Natur. Die Führungsfunktionen fielen demnach ebenso natürlich den aufgrund ihrer geistigen Bedeutung dafür Geeignetsten zu. Denn unangreifbare Autorität besitzt nur der: Welcher seine Macht ganz in den Dienst der Pflicht stellt!

Aber als sich die Laster allmählich einschlichen und sich so die Monarchie zur Tyrannis wandelte, wurden erstmals Gesetze notwendig, welche anfangs noch von den Weisen gegeben wurden.« (In diesem Zusammenhang erwähnt er Athens Gesetzgeber Solon und für Sparta Lykurg!)

Die hier wiedergegebene Denkweise spiegeln das wider, was Milon und Atlante erlebend und beobachtend über das Zusammenleben der Griechen in ihren Stadtstaaten erfuhren; dies mochte Skepsis an ihrem bisherigen Weltbild geweckt haben, das bislang durch ein elitäres Leben geprägt war! Getreu dessen, was wir bisher über beide erfuhren, beteiligte sich Atlante mit den von ihr betreuten Läuferinnen an den Spielen der Hera und Milon in den folgenden Jahren an den Olympischen-, Pythischen-, Isthmischen-, Nemeischen- und anderen Spielen. Mit weiteren Siegen für das nach Ruhm süchtige Kroton kehrten sie heim, konnten sich zu den Auserwählten ihrer Polis zählen, brauchten also nicht wie Bauern, Handwerker und Händler von ihrer Hände Arbeit leben. Nehmen wir aber das derzeitige Training im Leistungssport als Maßstab, dann wird verständlich, dass Atlante und Milon ihre Tage nicht einzig und allein mit Müßiggang verbrachten. - Selbst zu ihrer Zeit und bei den von ihnen erzielten Leistungen sollten wir von einem mit großen körperlichen und geistigen Anstrengungen verbundenen Trainingspensum ausgehen!

Atlantes Haussklavin

Die Schuldknechtschaft, diese Form der Abhängigkeit bis zur Sklaverei, war zu Milons´ Zeiten in fast allen griechischen Stadtstaaten noch gang und gäbe. Auf der Heimreise von den Pythischen Spielen erlebten beide, wie die Knechte eines Adligen eine Bauernfamilie mit Gewalt von ihrem Hof zu vertreiben suchten. Milon erinnerte diese Szene an die Mannestat von Herakles, der bei seiner Rückkehr nach Theben einer Gesandtschaft des *orchomenischen* Königs *Erginos* begegnete, die einen den Thebanern abgerungenen Tribut von 100 Ochsen einholen wollten.

Erbost wie sein heldenhaftes Vorbild, gebot Milon dem eben gesehenen Treiben Einhalt, wollte wissen, was hier vorging. Der Adlige, ein reicher Großgrundbesitzer, verteidigte sein Recht zur Schuldeneintreibung: Die Bauernfamilie habe ihre Schulden bei ihm noch nicht bezahlt. Er hätte ihnen Saatgut für die Aussaat zur diesjährigen Ernte verkauft, aber weder seinen Anteil von der Ernte noch sein Geld für das Saatgut bekommen.

Milon kannte diese Streitfrage aus seiner Heimatstadt, auch dort, im Umfeld Krotons, mussten manche Bauern das zur Aussaat aufgesparte Saatgut verzehren, um im Winter nicht zu verhungern. Darum waren sie gezwungen, bei den reichen Großgrundbesitzern neues Saatgut zu kaufen. Wenn sie es aber wegen einer erneut schlechten Ernte nicht bezahlen konnten, drohte ihnen die Schuldknechtschaft, hatten sie sich sogar mit ihrem Leib verbürgt, konnten sie in die Sklaverei gelangen.

Der Adlige gab sich »human«, er wollte sein Geld, den Bauernhof oder wenigstens die Tochter des Bauern als Sklavin. Letzteres empörte vor allem Atlante, denn die Bauerntochter war eine junge, gut proportionierte Schönheit, die der geile Adlige sich augenscheinlich als Sklavin zu Willen machen wollte. Für freie und wohlhabende Griechen wie Milon und Atlante war es zwar normal, dass Versklavte für sie arbeiten mussten, aber beide waren die Gepflogenheiten im Haushalt ihrer Eltern gewohnt, wonach dies unter

Griechen mit Respekt und in gegenseitigem Einvernehmen geschah. Milon schnitt zwar den Knechten nicht, wie Herakles es tat, Nasen und Ohren ab und schickte sie gefesselt nach Hause, sondern kaufte dem Bauern für die Summe, die der Adlige gefordert hatte, die Tochter ab. Atlante hatte inzwischen mit der Bauerntochter gesprochen, ihr eine Stelle als Sklavin in ihrem Haushalt angeboten und zugleich versichert, sie werde es gut bei ihr haben.

Allein zu den Spielen

Zu den 62. Olympischen Spielen im Jahre 532 v. Chr. musste Milon allein reisen; diesmal kehrte er als umjubelter Sieger in der Kategorie der Männer zurück. Atlante war inzwischen hochschwanger, tatkräftig zur Seite stand ihr Hella, die bei Delphi gekaufte Sklavin, die immer mehr die Aufgaben Atlantes im Haushalt übernahm und diese selbstständig und zur Zufriedenheit aller bewältigte. Das mag auch der Grund dafür gewesen sein, dass Atlante ihre Sklavin in die Freiheit entließ, wobei sie Hella die Wahl überließ, ob sie weiter gegen ein Entgelt bei ihr arbeiten oder in ihre Heimat zurückkehren wolle.

In den Tagen vor Atlantes Niederkunft absolvierte Milon sein Training ausschließlich zu Hause. Sonst kaum aus der Ruhe zu bringen, erwartete er sichtlich nervös das Ergebnis seines fruchtbaren Zusammenseins mit Atlante. Es ward ein Mädchen, das Atlante unter großen Wehen aus ihrem schmalen Leib brachte. Dem stolzen Vater wurde gesagt, es sei ganz der Vater. Aber wie das so ist, gegenüber Atlante behauptete alle das Gegenteil. Ihre gemeinsame Tochter nannten sie »Milante«, dieser Name sollte in ihr die positiven Eigenschaften beider vereinen.

Zu Milons´ großer Verwunderung wandelte die sportliche, vielseitig interessierte Atlante sich zu einer liebevollen Mutter. Wenn man so will, entsprach sie jetzt in allem der Idealvorstellung einer Frau des Militärstaates Sparta, die nach dem Erwachsenwerden ihre Aufgabe darin sah, dem Staat gesunde, kräftige Kinder zu gebären. Allerdings mit der Ausnahme, dass Atlante in Kroton die

Möglichkeit besaß, ihre Tochter nach den Bräuchen dieser Stadt zu einer vielseitigen Persönlichkeit zu erziehen, also unbeeinflusst von der in Sparta üblichen »staatsbürgerlichen« Erziehung.

Leider erfüllten sich die Träume der jungen Mutter nicht: Ihre Tochter war eben aus dem »Gröbsten« heraus, als Atlante schwer erkrankte. Keiner der berühmten Ärzte Krotons konnte ihr helfen. Milon musste mit ansehen, wie seine sonst so lebensfrohe Frau dahinsiechte. Mit Mühe seine Tränen zurückhaltend, saß der sonst so starke Mann an ihrem Bett, versuchte seiner Frau das Hinübergehen in das Schattenreich des Hades zu erleichtern, indem er sie an den Mythos des *Elysion*, der »Insel der Seligen« zu erinnern versuchte, »*auf der sie als mehrmals bei der Heraia bekränzte und tugendhafte Frau auf ihn warten solle. Gemeinsam mit anderen Auserwählten würden sie sich dann im Schatten von Weihrauchbäumen mit Reiten und Sport, begleitet von Lautenspiel, auf rosengeschmückten Wiesen die Zeit vertreiben.*« Während dieser Trostworte starb die tapfere Atlante in Milons´ Armen. Ihre letzte Bitte: »Sei Milante ein lieber Vater und behalte Hella, sie könnte an meiner Stelle eine gute Mutter für unsere Tochter sein! In der Senke vor dem Felsvorsprung, in der wir uns so oft liebten, möchte ich begraben sein.«

Noch lange nach dem Tod seiner geliebten Atlante sah man Milon mit seiner Tochter den vertrauten Pfad zur Ruhestätte seiner Frau emporlaufen. Offiziell hieß dieser Pfad jetzt »Atlantepfad«, er führt zum Stadion, auf dem die Mädchen Krotons in Gedenken an Atlante für die *Herarien* trainierten.

Auf einer Gedenktafel stand:
»Lauft bergan für die Kraft eurer Beine,
lauft mit dem Wind für die Schnelligkeit,
lauft für die Ehre Krotons und in Gedenken an mich!
Atlante«

Nach dem Tod seiner Frau war der sonst so lebensfrohe Milon nicht wiederzuerkennen. Seine Träume gaukelten im vor, er könne »wie Orpheus in die Unterwelt steigen. Anstelle des Gesangs nutzte er seine athletischen Fähigkeiten, um den Fährmann an dem Styx[115] zu bewegen, ihn in die Unterwelt mitzunehmen. Dort bat er den Gott der Unterwelt, Atlante wieder an die Oberwelt mitnehmen zu können. Das gewährte ihm Hades, aber mit der Einschränkung, beim Hinausgehen dürfe er sich nicht nach der ihm folgenden Atlante umsehen. Der Albtraum endete jeweils mit dem erneuten Verlust seiner geliebten Atlante, weil er sich, obwohl nicht erlaubt, beim Aufstieg in die Oberwelt erwartungsvoll nach ihr umsah.« Schweißgebadet wachte er dann auf, ging unruhig im Zimmer hin und her, an Schlaf war nicht mehr zu denken. Missgelaunt begann er den Tag, das von Hella mit viel Liebe zubereitete Essen schmeckte ihm so wenig, wie der übrige Tagesablauf, der mit dem üblichen Training sowie mit Niederschriften für sein Lehrbuch über das »Training für Ringkämpfer« ausgefüllt war. Letzteres endete immer in einigen Schreibversuchen, die dann in einer Schreibblockade endeten, Milon konnte sich nicht konzentrieren. Milante, die sich von ihrem Vater vernachlässigt fühlte, fand zu dieser für Milon schweren Zeit in Hella eine liebevolle Ersatzmutter, die sie im Sinne von Atlante erzog.

So verging Jahr um Jahr. Die heranwachsende Milante versuchte ihrer Mutter nachzueifern. Hella lehrte sie alles, was ein griechisches Mädchen wissen sollte: Kam ein Gewitter auf, vor dem Milante sich fürchtete, erzählte ihr Hella von der *Aigis*, dem goldenen Ziegenfell des Göttervaters *Zeus*. Jedes Mal, wenn *Zeus* dieses Fell schüttelt, dann stürmt, blitzt und donnert es; jetzt wäre es gut, sich schnell ins Haus zu begeben, »*braven Kindern würde dann nichts passieren*«.

Um Milante den Unterschied zwischen Wahrheit und Lüge bildhaft darzustellen, bot sich der Mythos von *Aletheia*, der Göttin der Wahrheit an: »*Als Prometheus aus Ton die Aletheia formte, die Verkörperung der Wahrheit, wurde er von seiner Arbeit weggerufen und ließ Dolos, der den Betrug und die Täuschung personifizierte, allein in der Werkstatt*

---

[115] *Styx* war der Grenzfluss zwischen der Oberwelt zur Schattenwelt des *Hades*, dem Gott der Unterwelt.

zurück. Dolos formte Aletheia nach, sodass eine genaue Kopie entstand, jedoch reichte der Ton nicht für die Füße. Als Prometheus zurückkehrte, war er von Dolos´ Arbeit so beeindruckt, dass er beide Figuren brannte und ihnen Leben einhauchte. Aletheia konnte gehen, ihr unfertiger Zwilling jedoch musste an ihrem Standort als die Verkörperung der Lüge verharren.«[116] - »Lügen haben kurze Beine!«

»Daidalos und Ikaros wollten der Gefangenschaft, in der sie der König Minos hielt, entfliehen. Auf dem Seeweg schien dies nicht möglich, weil dieser bewacht wurde. Es blieb nur der Weg durch die Lüfte.- Der erfinderische Daidalos fertigte sich und seinem Sohn Ikaros Flügel aus Vogelfedern, die er mit Wachs zusammenhielt. Vor dem Abflug schärfte er seinem Sohn ein, nicht zu tief zu fliegen, weil die Flügel dann nass würden, aber er solle auch nicht zu hoch steigen, weil die Wärme der Sonne das Wachs schmelzen könne. Der übermütige Ikaros flog trotz der Mahnung seines Vaters zu hoch, das Wachs schmolz und er stürzte zu Tode. Nach der Sage soll er in Ikaria beigesetzt worden sein. Noch heute verweist eine Bronzeplastik auf diesen unfolgsamen Sohn.«[117]

»Argos ist der treue Hund des Odysseus. Von allen vergessen, weder beachtet noch gepflegt, wartet Argos seit 20 Jahren auf die Heimkehr seines Herrchens aus dem Trojanischen Krieg. Argos ist der Einzige, der - auf einem Misthaufen liegend, altersschwach und von Ungeziefer geplagt - Odysseus bei seiner Ankunft wiedererkennt, ihn schwanzwedelnd begrüßt und dann stirbt.« (nach Homer)

Den Basilisk[118], den König der Schlangen, beschrieb Plinius der Ältere: »Durch sein Zischen verjagt er alle Schlangen und bewegt nicht, wie die anderen, seinen Körper durch vielfache Windungen,

---

[116] nach *Äsop*, berühmter griechischer Dichter, lebte um 600 v. Chr.
[117] ebenda
[118] Erwähnt wurde der Basilisk erstmals von Demokrit, seitdem kann er auf eine „Karriere" als eines der bekanntesten Fabeltiere der Geschichte zurückblicken.

sondern geht stolz und halb aufgerichtet einher. Er lässt die Sträucher absterben, nicht durch Berührung, sondern durch den Anhauch, versengt die Kräuter und sprengt Steine: Eine solche Stärke hat dies Untier. Man glaubt, dass jemand ihn einst zu Pferde mit einem Speer erlegt habe, und dass das wirkende Gift an diesem emporstieg und nicht nur dem Reiter, sondern auch dem Pferd den Tod brachte. Und dieses gewaltige Ungeheuer – denn häufig haben es Könige tot zu sehen gewünscht – wird durch die Ausdünstungen des Wiesels umgebracht: So sehr gefiel es der Natur, nichts ohne Gegenkraft zu lassen. Man wirft die Wiesel in die Höhlen der Basilisken, die man leicht an dem ausgedörrten Boden erkennt. Diese töten durch ihren Geruch, sterben aber zugleich selbst, und der Streit der Natur ist bereinigt.«

Das Rätsel der Sphinx: »Die Sphinx lauerte den Vorbeikommenden auf einem Berg außerhalb von Theben auf und gab diesen ein Rätsel auf: ‚Was geht am Morgen auf vier Füßen, am Mittag auf zweien und des Abends auf dreien?' - Ödipus löste das Rätsel, dessen Auflösung, der Mensch' ist.«

Im Zimmer neben Milante und Hella schlafend, lauschte Milon diesen belehrenden Mythen, die ihn an seine Kindheit erinnerten. Hella war eine gütige Mutter und eine treusorgende Frau, die sich mit viel Einfühlungsvermögen auch um ihn kümmerte. Sollte es uns unter diesen Umständen wundern, dass Milon und Hella ebenfalls zueinander fanden? Wenn Milante eingeschlafen war, kam Hella in Milons´ Schlafgemach. Milons´ Trauer verging, er hatte wieder eine liebende Frau, während Hella endlich erlebte, wie es ist, eine Frau zu sein. So wie Milante es gut fand, wieder eine richtige Mutter zu haben, die sie liebte und der sie vertraute. Wenn Milon tage- bis wochenlang zu Wettkämpfen fuhr, war es Hella, die mit Milante zu Atlantes Grab ging. Es dauerte auch nicht lange, dass Milante in Atlantes Fußstapfen treten wollte, um wie diese eine schnelle Läuferin zu werden. Ganz im Gedenken an ihre leibhaftige Mutter, lief sie mit Hella bergauf, um kräftiger und vor dem Wind, um schneller zu werden.

MILANTE

Als vierzehnjährige lief Milante so schnell wie ihre Mutter, sie war reif für die Heraia. Betreut durch Hella wiederholte sich das, was vor Jahren geschah. Anstelle ihrer leiblichen Mutter machte sich jetzt Milante in Begleitung von Hella, Milon und Hadubalt sowie weiteren Bürgern Krotons auf den Weg nach Elis. Wie alle Olympiateilnehmer musste Milon dort an dem 30tägigen Sondierungstraining teilnehmen, dies, obwohl ihn inzwischen jeder der dort fungierenden Kampfrichter kannte. Milante trainierte - wie vordem ihre Mutter - mit den Mädchen aus Elis, um dann mit diesen rechtzeitig zum Heiligtum aufzubrechen. Ihren ganzen Ehrgeiz legte Milante darein, Siegerin in der Klasse der jüngeren Mädchen zu werden, in die sie die Kampfrichterinnen einreihten.

Die durch das Training mit Milante sehr schnell gewordene Hella hätte ebenfalls gerne an den Wettkämpfen teilgenommen. Allerdings konnte sie nicht mehr, wie es Atlante bei den Spielen der Hera und irrtümlicherweise sogar bei den Pythischen Spielen möglich war, an den nur für Mädchen erlaubten Wettbewerben teilnehmen. Dass sie - wie damals Atlante - ebenfalls nicht mehr Mädchen war, konnte keine der Kampfrichterinnen ahnen, aber vom Alter, sie war jetzt 25, passte sie nicht mehr in die Wettkämpfe der Mädchen.

Milante lief den Lauf ihres Lebens, keine konnte ihr den Sieg streitig machen, sie gewann souverän ihren ersten Kranz, den sie ihrer verstorbenen Mutter widmete. Dass ihr Vater bei diesen Spielen, den 65., die 522 v. Chr. stattfanden, erneut gewann, sollte uns nicht wundern. Allein schon, dass seine Tochter so erfolgreich in Atlantes Fußstapfen trat, beflügelte seinen Ehrgeiz. Nicht zu vergessen Hella, die bei aller Hingabe einen erfolgreichen Milon an ihrer Seite verdient hatte.

Zwei Jahre vergingen, es war Zeit, sich an den pythischen Spielen zu beteiligen. Diesmal fuhren die Drei schon vor der üblichen Festgesandtschaft nach Delphi; gemeinsam wollten sie Hellas Eltern vor den Pythien besuchen. Die Freude auf beiden Seiten war groß. Hellas Eltern sowie ihre Geschwister hatten ihren Bauernhof weiter schuldenfrei gehalten, es sogar zu einigem Wohlstand und Ansehen gebracht. Keiner der reichen Großgrundbesitzer traute sich, erneut Drangsal auf die Familie auszuüben. Milons´ damaliges Eingreifen zugunsten der verschuldeten Familie verschaffte dieser in ihrer Polis den nötigen Respekt. Hier erst, bei dieser Bauernfamilie, erfuhr Milante von dem Schicksal Hellas, dass durch Milon und vor allem durch ihre leibhaftige Mutter eine so entscheidende Wendung genommen hatte.

Man sah es Hella an, wie glücklich sie war, wieder bei ihrer Familie zu sein, die als freie Bauersleute ein gutes Auskommen hatten. In einer Stunde der Zweisamkeit fragte Milon seine Hella, ob sie doch lieber zu Hause bei ihren Eltern, in ihrer Heimatpolis bleiben wolle? Verstört schaute Hella ihren Milon an, ob er sie denn nicht mehr bei sich haben wolle? Darauf nahm Milon sie zärtlich in seine starken Arme und sagte ihr, »eine liebe Frau verloren zu haben, sei schon schlimm genug, er wolle wenigstens seine zweite Frau für immer an seiner Seite behalten.«

Sowohl Milante als auch Milon kehrten als Sieger von den Pythien zurück. Das sollte auch die letzte Teilnahme Milantes an den Laufwettbewerben zu Ehren der Hera sein. Als griechisches Mädchen im Alter von 14 Jahren war sie heiratsfähig und ein Freier stellte sich ein. Es war dies Demokedes von Kroton, er lernte Milante bei den Pythischen Spielen kennen, die er als Mitglied der Festgesandtschaft Krotons besuchte.

DEMOKEDES

Als Vater des Demokedes wird *Kalliphon* aus *Knidos* genannt, der später nach Kroton zog. *Kalliphon* war Arzt und soll Priester des *Asklepios*, des Gottes der Heilkunst, gewesen sein, den wir heute unter dem Namen Äskulap verehren. Es ist nur folgerichtig, dass Demokedes einer der besten Ärzte der Antike wurde, dessen durch Heilerfolge gesegnetes Wirken Herodes so beeindruckte, dass er ihn überschwänglich als »besten Arzt seiner Zeit« beurteilte. Nach einer Meinungsverschiedenheit mit seinem Vater verließ Demokedes seinen Geburtsort Kroton und praktizierte als öffentlich besoldeter Arzt in Athen. Der Beruf eines Arztes war damals mehr ein Handwerk, das in diesem Falle Demokedes bei seinem Vater erlernt und von diesem übernommen hatte. Ein frei praktizierender Arzt erhielt pro Behandlung einen Lohn, der, je nachdem wie vermögend sein Patient war, ausfiel. Als festangestellter Arzt in Athen gehörte Demokedes schon zu den besser bezahlten seiner Zunft, er soll dort 100 Minen, das sind 1,4 Talent, erhalten haben (das entspricht etwa 30,6 kg Silber; für 1 Talent bekam man immerhin ein voll ausgerüstetes Segelschiff, für 3 Minen einen Sklaven und für 50 Talente 1000 Bogenschützen, deren Ausrüstung 8 Talente kostete!).

Später wurde er Leibarzt des Tyrannen *Polykrates* von Samos, bei dem er bereits ein Salär von 2 Talente bezog. Doch dann ereilte ihn das Schicksal: Nach der Entmachtung *Polykrates* durch den persischen Statthalter *Oroites* gelangte er als dessen Sklave an den Hof des Perserkönigs *Dareios*. Dieser machte ihn zu seinem Leibarzt, nachdem er seine Fußgelenksverrenkung und ebenso die Brusterkrankung von *Dareios'* Hauptgemahlin erfolgreich heilte. Dadurch stieg er weiter im Ansehen, zog sich aber den Neid der am Hof praktizierenden ägyptischen Ärzte zu.

Durch glückliche Umstände gelang es Demokedes, der Sklaverei aus dem Machtbereich des *Dareios* zu entkommen. Wieder in Kroton heiratete er Milons' Tochter, die er, wie bereits erwähnt, anlässlich der Pythischen Spiele kennenlernte. Angeblich ließ Demokedes dem König *Dareios* ausrichten, dass er nunmehr der Schwiegersohn Milons' von Kroton sei. Dies setzte voraus, dass - wie Herodot ausdrücklich behauptet - Milons' Ruhm bereits bis zum persischen Hof gedrungen sei. Selbst wenn diese Erzählung nicht unbedingt den Tatsachen entspricht, ist doch daraus zu ersehen, dass die Heirat mit der Tochter des Athleten als sozialer Aufstieg des Arztes gewertet wurde. Herodot bezeichnet diesen Gesichtspunkt sogar als Motiv für diese Heirat.

PYTHAGORAS

Pythagoras (um 570 bis nach 510 v. Chr.) war ein griechischer Philosoph (Vorsokratiker), geboren in Samos als Sohn des Kaufmanns[119] *Mnesarchos*. Als sein Lehrer wird der Philosoph *Pherekydes* von Syros genannt: Vermutlich studiert Pythagoras die Lehren der vorsokratischen Philosophen *Thales*, *Anaximander*, *Pherekydes* und *Anaximenes*. Nach dem Tod seines Lehrers soll *Pythagoras* geraume Zeit in der Welt herumgereist sein. Auf der Suche nach Wissen und Erleuchtung besuchte er außer Ägypten und Babylon wahrscheinlich noch andere Länder. Ägypten galt schon bei den alten Griechen als Land der Geheimnisse. Ägyptische Priester hätten ihm astronomische und geometrische Kenntnisse vermittelt und ihn in ihre gut gehüteten »Göttergeheimnisse« eingeweiht. In Babylon könnte *Pythagoras* mit dem »Codex Hammurapi[120] konfrontiert gewesen sein, einer der ältesten und für die damalige Zeit typischen Gesetzessammlung der Welt, die möglicherweise seine Ethik, seine sittlichen und moralischen Grundsätze prägten! Gewiss konnte er bei seinen Reisen in Länder mit unterschiedlichen Sitten, Gebräuchen und Herrschaftsformen viele Vorurteile aufgeben, wodurch er zu Einsichten kam, um die ihn seine Schüler und Anhänger beneideten. Eben diese universellen Eindrücke könnten es gewesen sein, die seine »Unfehlbarkeit« begründeten, die er, wie wir gleich erfahren, jeder Vorlesung voranstellte.

Als Wahrheitssucher schien *Pythagoras* bemüht, alles über Religionen, dem Spirituellen und über Mysterien zu erfahren. In diesem Zusammenhang erhalten wir Kenntnis von der Bedeutung seines Namens. »*Pythagoras*«: Das bedeutet etwa »Wortführer des Pythischen«, demzufolge hätte er sich in den apollinischen Geheimkult einweihen lassen, wodurch er sein Ansehen weiter erhöhte.

---

[119] Beziehungsweise Steinschneiders oder Goldschmieds (nach unterschiedlichen Quellen)

[120] Der *Codex Hammurapi*, der aus Prolog, 282 Gesetzesparagrafen und Epilog besteht, wurde auf einer 2,25 m hohen Stele bei Susa gefunden, er geht auf König *Hammurapi* (1792 bis 1750 v. Chr.) zurück.

Einige Schwärmer hielten ihn gar selbst für gottgleich dem *Apollon*, weil er wie dieser Ethik und Mäßigung verkörperte. Weniger einfältige Zeitgenossen bescheinigten ihm stattdessen einen scharfsinnigen Geist, der sich durch Weisheit auszeichnete. Allerdings wussten nur wenige, dass *Pythagoras* selbst mit dem Begriff »*sophia*« (die Weisheit) höchst zurückhaltend umging. Er bestand darauf, nicht von Weisheit oder einem Weisen zu sprechen, sondern allenfalls von »*Philo-sophie*« oder einem »*Philo-sophen*«, einem Freund der Weisheit! »*Weisheit könne man suchen, sich ihr annähern, aber er verkörpere sie nicht!*«

Angewidert vom Herrschaftsstil des Tyrannen Polykrates soll *Pythagoras* 532 bzw. 531 v. Chr. seine Heimatstadt auf Samos verlassen haben, um sich 529 v. Chr. in Milons´ Heimatstadt Kroton niederzulassen. Mehr noch, es wird sogar behauptet, »*Pythagoras hätte in Milon einen Gönner gefunden, mit dessen Hilfe er eine Art Mathematik-Sekte mit großem Einfluss entwickelte.*« Kroton schien am geeignetsten für die von ihm geplante Lehrtätigkeit zu sein. Mit dieser kam er den Einwohnern Krotons sehr gelegen, anfangs unterrichtete er die Jugend in griechischer Weisheit und benutzte seine Lehrtätigkeit, um sich eine treue Anhängerschar heranzuziehen.

Zu dieser Anhängerschar, so wird von Historikern berichtet, sollte auch Milon gehört haben; was mit dem, was wir bis hier über Pythagoras lesen, durchaus im Einklang gestanden haben mag. Denn auch Milon kam durch seine Wettkämpfe viel in der Welt herum, konnte sich mit einigen Ansichten des Pythagoras durchaus identifizieren. Trotzdem gibt es einige grundsätzliche Gegensätze zwischen den Ansichten der Pythagoräer und dem, was wir über Milon bisher kennen lernten!

In der »Schule« des *Pythagoras* herrschte das Führerprinzip, er selbst soll jeden Abend in Form einer Vorlesung gelehrt haben. Seine Zuhörerschaft, die oft von weit her angereist kam, hätte er in zwei Kategorien eingeteilt: Die »*Mathematiker*« waren jene, die das Recht hatten, Wissen »*mathematha*«, zu erwerben; die andere Gruppe, die „*Akusmatiker*", durften nur zuhören. *Pythagoras* begann seine Reden stets mit dem Satz »*Nein, bei der Luft, die ich atme, nein, bei dem Wasser, das ich trinke, ich gestatte keinen Widerspruch zu dem, was ich sage.*« Dieser Satz bekundet deutlich das Demokratieverständnis von *Pythagoras*! Die Redewendung »*autos epha*« (»er hat es selbst gesagt«) führte auch in Diskussionen dazu, dass diesem Argument nicht widersprochen werden durfte. Bei seinen Vorträgen soll er sich stets hinter einem Vorhang verborgen haben. Nur wenige bekamen ihn je direkt zu Gesicht.

An dieser Stelle könnten wir uns fragen, ob diese Selbstherrlichkeit des »Großmeisters« so ohne weiteres von dem selbstbewussten Milon gebilligt wurde oder ob ihn das eher veranlasste, doch einen gebührenden Abstand zu Pythagoras und seiner leichtgläubigen Gefolgschaft zu halten.

Die »Schule der Pythagoräer« war dazumal einmalig, so sah man Frauen in vielen Bereichen als den Männern gleichwertig. Mädchen und Frauen wurden sogar in Philosophie, der Literatur, der Haushaltsführung und der Kindererziehung unterrichtet, infolgedessen stellte die »pythagoräische Frau« das höchste erreichbare Frauenideal der Antike dar!

An diesen Kursen könnte auch Milons´ Frau, Hella, teilgenommen haben! Ob Hella sich in diesem »auserlesenen Kreis« wohlfühlte, gilt als höchst zweifelhaft. Das mag nicht nur mit ihrer Herkunft als Bauernmädchen, Sklavin, von Atlante aus der Sklaverei Entlassene und später Milons´ Frau zu tun gehabt haben. Hella sah, wer wollte ihr das bei ihrer Herkunft verdenken, so manches anders, als die selbstgefälligen Aristokratinnen, die es nach »pythagoräischen Weisheiten« dürstete. Wir kommen später darauf zurück, wenn es um die ersten Demokratiebestrebungen Athens im Vergleich zum Machtgefüge in Kroton geht.

Um bei diesem Unterricht für Frauen zu bleiben, sogar nach dem Tod von *Pythagoras* soll seine Frau *Theano* von Kroton und deren gemeinsame Tochter namens *Damo* oder *Myia* diese Tradition in ihrer Schule weitergeführt haben. *Lamblichos*[121] erwähnt

---

[121] Lamblichos war ein griechischer Philosoph der in Syrien lebte.

noch weitere bedeutende weibliche Pythagoräer, sie galten zu ihrer Zeit als die gebildetsten Frauen Griechenlands.

Einmalig blieb auch das Treuebündnis der Pythagoräer, wie es die »Anekdote um Damon und Phintias« symbolisiert, die von deren Zeitgenossen, dem Philosophen Aristoxenos, überliefert ist: *»Als in Syrakus der Tyrann Dionysos II. herrschte, unterhielten sich seine Höflinge über die legendäre Freundschaftstreue der Pythagoräer, die sie für Angeberei hielten, sie spotteten darüber. Daraufhin beschloss der Tyrann, die Pythagoräer auf die Probe zu stellen. Er ließ Phintias kommen, beschuldigte ihn vor den Höflingen, an einem Komplott beteiligt zu sein, und verurteilte ihn umgehend zum Tode. Phintias nahm das Urteil gleichmütig hin und erbat nur die Erlaubnis, vor der Hinrichtung seine persönlichen Angelegenheiten in Freiheit zu regeln. Dionysos stimmte unter der Bedingung zu, dass Phintias´ Freund Damon mit seinem Leben für die Rückkehr des Verurteilten am selben Tag vor Sonnenuntergang hafte. Die Höflinge verspotteten Damon und sagten ihm voraus, Phintias werde fliehen, und er - Damon - müsse dann den Tod erleiden. Kurz vor Sonnenuntergang kehrte Phintias jedoch zurück. Dies beeindruckte den Tyrannen so sehr, dass er die beiden bat, in ihr Freundschaftsbündnis aufgenommen zu werden, was diese aber ablehnten.«*

An dieser Stelle sei es erlaubt, am Beispiel der »Bürgschaft« von Friedrich Schiller Einsicht zu gewähren, wie zeitgenössische Dichter die Fabeln, Mythen und Sagen der alten Griechen für ihre Epoche aktualisierten:

Nach einem fehlgeschlagenen Attentat des *Damos* (bei Schiller anstelle des historischen *Phintias*!) wird dieser durch den Tyrannen Dionysos zum Tode verurteilt:

Zu Dionys dem Tyrannen schlich
Damon, den Dolch im Gewande,
ihn schlugen die Häscher in Bande.
»Was wolltest du mit dem Dolche, sprich!«
Entgegnete ihm finster der Wüterich.
»Die Stadt vom Tyrannen befreien!«
»Das sollst du am Kreuze bereuen.«

Auf seine Bitte wird Damon eine Frist zur Verheiratung seiner Schwester gewährt. Für seine Rückkehr stellt er seinen Freund (hier: Phintias) als Bürgen. (»Da lächelt der König mit arger List ...«).
Zur Überraschung des Tyrannen kehrt *Damon* nach einem dramatischen Weg pünktlich zurück, um seinen Freund auszulösen. Beschämt muss *Dionysios* den Wert der Treue anerkennen und bittet die Freunde darum, ihn in ihren Freundschaftsbund aufzunehmen:
Und die Treue, sie ist doch kein leerer Wahn,
So nehmt auch mich zum Genossen an,
Ich sei, gewährt mir die Bitte,
In eurem Bunde der Dritte.

Die hier erwähnte Freundschaft der Pythagoräer galt auch gegenüber Tieren. Ein Pythagoräer verzehrte kein Fleisch, tötete kein Tier, das dem Menschen keinen Schaden zufügte, und schädigte keinen gepflanzten Baum. Ein Pythagoräer brachte keine Tieropfer dar, wie das der Brauch der Zeit war, womit er sich dem herrschenden Aberglauben widersetzte. Ein Pythagoräer ernährte sich von Wasser, nicht von Wein, er aß Gemüse, Brot und Honig. Zudem war ein Pythagoräer vorbildlich in Bezug auf seine Kleidung. Sein Gewand war stets fleckenlos weiß, er trank oder aß nie zu viel, er züchtigte nie einen Sklaven, er reinigte sich regelmäßig und war ein Muster an Selbstbeherrschung. Er schwor nie bei den Göttern, wie das der Brauch der Zeit war, denn jedermann sollte den Worten eines Pythagoräers auch ohne Anruf der Götter Glauben schenken. Wahrhaftigkeit und Wahrheitsliebe zeichnen ihn also aus.

Nicht in allem dürfte dies dem Lebensstil Milons´ entsprochen haben! Milon war und konnte kein Vegetarier sein, als kräftiger Athlet brauchte er zum Erhalt seiner Muskulatur außer pflanzliche vor allem tierische Proteine und stand damit eklatant im Widerspruch zu den Pythagoräern. Bei den Spielen, sei es die olympischen, den weiteren panhellenischen oder den zahlreichen der in den Stadtstaaten veranstalteten, ging es zu Milons´ Zeit immer um die Huldigung der Götter, verbunden mit den von den Pythagoräern verpönten Tieropfern! Außerdem blieb Milon es gewohnt, zu den Göttern zu beten, ihren Beistand zu erflehen und wenn nötig in ihrem Namen zu schwören!

Nach *Lamblichos* gehörte zum geregelten Tagesablauf der Pythagoräer auch der Sport vor dem Mittagessen: Wettlauf, Ringkampf, Schwingen von Sprunggewichten und Schattenboxen.

Darüber hinaus beschäftigte sich der Kreis der Pythagoräer verstärkt mit mathematischen Fragen. So unterstrichen sie etwa die mathematische Ordnung der göttlich geschaffenen Welt. Für ihre Zahlentheorie wurde das Verhältnis der geraden zu den ungeraden Werten sowie die Bedeutung der Quadrat- und Primzahlen zentral. Von diesem arithmetischen Standpunkt aus entwickelten sie ein Zahlenmodell, das sie als letztes Prinzip der Proportionen, der Ordnung und der Harmonie des Universums ansahen.

Durch ihre Studien sollen die Pythagoräer die Basis der Mathematik geschaffen haben. „Wenn durch genaue Zahlen so viel erklärt werden konnte, so lagen in der Zahl selbst vielleicht alle möglichen Geheimnisse verborgen? In der Folge beschäftigte sich Pythagoras noch intensiver mit Zahlen und wies einigen von ihnen konkrete Bedeutungen zu: Die Eins repräsentiert die ‚Einheit', die Identität, den Urgrund, den Ausgangspunkt. Die Zwei war ebenfalls von großer Bedeutung, denn es gab Vater und Mutter, hell und dunkel, Groß und Klein, plus und minus. - Unser gesamtes Verständnis von der Elektrizität ruht auf dem Verhältnis von Plus und Minus, ja selbst das gesamte Computerwesen sowie viele Formen der Energie lassen sich damit beschreiben und erklären."[122]

Die heutige naturwissenschaftliche Beschreibung der Welt durch Zahlen und Formeln hat ihre Vorläufer in solchen Pythagoräern wie *Phylolaos*, der sich die Entstehung des Kosmos vorstellte, als hätte sich die Welt von der Mitte (dem Zentralfeuer) aus in alle Richtungen zugleich und in gleicher Weise entwickelt. Desgleichen nahm *Hiketas* als erster die Idee von der Erdrotation an und lehnte das damals herrschende geozentrische Model des Universums ab

---

[122] nach Frank Fabian; „Mittelstands-Akademie" - Suhl

– allerdings ohne es durch das heliozentrische Weltbild zu ersetzen.

In der Astronomie waren die Pythagoräer die Ersten, die die Erde als Kugel betrachteten und die harmonische Ordnung der Himmelskörper mit Hilfe ihrer Zahlenlehre zu erklären suchten. Überdies meinten sie, die Planeten und Sterne seien durch Intervalle voneinander getrennt, die den harmonischen Klängen von Saiten entsprächen. Die Bewegung der Planeten erzeuge dann die sogenannte Sphärenmusik, »*die erstaunlicherweise nur der große Meister, nämlich nur Pythagoras zu hören vermochte.*«

Eine Legende will wissen, dass *Pythagoras* dem Hämmern aus einer Schmiede zuhörte. In schöner Regelmäßigkeit hörte er hohe und tiefere Töne. Als er die Schmiede betrat, stellte er fest, dass die Hämmer, die auf den Amboss niederfuhren, von unterschiedlichem Gewicht waren. In der Folge soll *Pythagoras* dieses Phänomen an zwei Saiten eines Instruments von gleicher Dicke und Spannung untersucht haben, wobei er feststellte, »*dass die eine beim Anschlagen eine Oktave tiefer als die andere tönte, wenn sie doppelt so lang war; war sie anderthalb so lang wie die andere, so ertönte ein Quint-Akkord; war sie um ein Drittel länger, ein Quart-Akkord, dies immer im Zusammenklang mit dem Grundton.*« – Nach heutigem Wissen kann ein derartiges Experiment nicht stattgefunden haben, weil die Tonhöhe weder dem Gewicht eines Metallkörpers noch der Spannung einer Saite direkt proportional ist. Diese Legende ist also ein praxisfernes Ammenmärchen.

Ausgehend von *Pythagoras* glaubten die Pythagoräer an eine Reihe von Mysterien, die sich in vielerlei Hinsicht mit jenen der Orphik vergleichen lassen. Die Orphik verbreitete sich im 7. Jahrhundert v. Chr. von Thrakien aus über die von Griechen besiedelten Gebiete. Ihre Lehre war für das diesseits orientierte Griechenland ungewöhnlich: Denn nach dem Glauben der Griechen zu Zeiten Milons´ bietet der griechische Gott der Unterwelt, genannt Hades, folgende Variante des ‚Nachlebens' nach dem Tode: »*Mit Hilfe des Fährmanns Charon kann der Fluss Styx, der die Oberwelt von der Unterwelt trennt, überquert werden. Voraussetzung dafür ist, dass der Tote die*

Begräbnisriten empfing, und mit einer Geldmünze auf der Zunge, dem Obolus, versehen war. Nach ursprünglich griechischer Auffassung war der Hades, die Unterwelt, jedem Sterblichen bestimmt, ob er hoch oder gering, gut oder böse war. *Er lebte dort nicht weiter, sondern weste nur als scheuer Schatten.«*

Ungeachtet dieser uralten Auffassung der Griechen trägt der Mensch nach Ansicht der Orphiker: »Von Dionysos Göttliches und Gutes in sich, von den Titanen Böses und Verwerfliches. Die im menschlichen Körper eingekerkerte Seele kann ihr Gefängnis nur durch Einhaltung orphischer Lebensweise und nach mehreren Wiedergeburten verlassen. Diese Seelenwanderung[123] lässt sich durch sittlich einwandfreies Leben und die Einhaltung asketischer Vorschriften abkürzen. Dann wird ein glückseliges Leben im Jenseits erreicht. So gingen Orphiker von der Unsterblichkeit und Wiedergeburt der menschlichen Seele aus«.

Ein Gedanke, der später von Platon im »Totengericht« wieder aufgegriffen wurde: »Osiris, der ägyptische Gott des Jenseits, der Wiedergeburt und der Toten, saß vor den Göttinnen Isis und Nephthis, die um die Toten trauerten. Vor ihm wurde das Herz des Verstorbenen gegen die Feder der Maat (sinngemäß das Maß an Sünden und Guttaten) aufgewogen. War das Herz leichter als oder genauso schwer wie die Feder, war der Verstorbene berechtigt, ins Jenseits zu gehen. War aber das Herz schwerer, dann folgte ein zweiter Tod: Für einen Ägypter war dies die schwerste Strafe.«

Interessant im Vergleich mit der gesellschaftlichen Entwicklung Griechenlands ist, dass durch das Gedankenmuster der »*Maat*« die ägyptische Gesellschaft über Jahrtausende relativ stabil blieb. Im alten Ägypten hat daher niemals eine »Revolution« stattgefunden. Auch andere wesentliche gesellschaftliche Merkmale, wie der Kunststil oder die Begräbnispraxis, blieben eine erstaunlich lange

---

[123] Nach einer Legende hatte auch Pythagoras eine Seelenwanderung hinter sich: Ehemals hätte seine Seele in der Person des trojanischen Helden *Euphorbos* gesteckt. Beweis wäre dessen Schild, der in Argos im Tempel der *Hera* aufbewahrt wurde. Pythagoras hätte diesen als den seinigen erkannt!

Zeit konstant. Dies war in der - durch das Prinzip der *Maat* hervorgerufenen - Abneigung gegen Neues begründet. Das sollte sich erst in der hellenistischen Phase Ägyptens ändern, die 332 v. Chr. mit der Eroberung durch Alexander dem Großen und dem Einfluss der Ptolemäer begann.

Die wichtigsten Pythagoräer waren *Philolaos, Aristoxenos, Archytas* von Tarent, *Eurytos, Hippodamos* von Milet, *Hiketas, Hippasos* von Metapont und Ekphantos und der Arzt *Alkmaion* von Kroton (520 v. Chr.), letzterer war ein Schüler von *Pythagoras* und hat ein Buch »Über die Natur« veröffentlicht. Er soll als erster Tiere seziert und vergleichende Anatomie betrieben haben.

Die pythagoräische Gemeinschaft brachte mit ihrer unermüdlichen Suche nach Wahrheit Leben in die damalige Mathematik. Viele strebten die Aufnahme ins »innere Heiligtum des Wissens« an, aber nur die fähigsten wurden aufgenommen. Zu den abgelehnten Kandidaten zählte auch ein gewisser *Kylon*, ein einflussreicher Bürger Krotons. Zwanzig Jahre später nahm er Rache für diese Demütigung. Er »soll« nicht nur für den Tod von *Pythagoras*, sondern auch für die Zerstörung dessen Schule verantwortlich sein.

Es mag zerstörerisch für den »Geheimbund« der Pythagoräer gewesen sein, dass Pythagoras sich immer mehr in die Politik einmischte. Die Machthaber Krotons könnten es als überheblich empfunden haben, dass sich »Wissenschaftler« wie Pythagoras und seine Anhänger zu stark in die Politik einmischten. Möglicherweise meinten die Pythagoräer als Ergebnis ihrer ausufernden Dispute, sie wären am besten geeignet, einen Stadtstaat zu regieren. Bedauerlicherweise vertraten sie diese Meinung nicht nur, sondern versuchten sie zu verwirklichen, indem sie sich immer mehr in die Politik Krotons einmischten.

„Pythagoras soll also eines Tages nach der Macht, der konkreten politischen Macht gegriffen haben. Damit betrat er den heißesten Boden, den man sich vorstellen kann. Aber er wollte, er musste »*sein Wissen*« anwenden, er konnte nicht nur stets dem Theoretischen verhaftet bleiben, er musste in der *Praxis* beweisen, was die eigenen Grundsätze taugen. Seine »*Rede an den Senat*«, die inhaltschwerste Rede des Pythagoras ist überliefert: Auf die Politik bezogen las Pythagoras den Regierenden der Stadt Kroton die Leviten. Beispielsweise ging es um die Gerechtigkeit in einem Staatswesen. „*So dürfe sich die herrschende Klasse den Staat nicht zu ihrer Beute machen, indem sie beim Regieren nur auf ihren eigenen Vorteil achtet.*‚ In diesem Falle waren die Aristokraten Krotons gemeint, die auch die Interessen der Demokraten zu berücksichtigen hätten. Und so ist es nicht verwunderlich, dass die Pythagoräer schließlich über ihre Ratgeber-Rolle hinauswuchsen. Der Meister selbst und seine Anhänger hielten im Laufe der Zeit wahrscheinlich zahlreiche flammende Reden vor dem Stadtrat, in dem wichtige Entscheidungen gefällt wurden. Sie scheuten sich weniger und weniger, wenn es um die »richtige« Politik ging, ihre Meinung öffentlich kundzutun."[124]

In diesem Zusammenhang mögen sich Milon und die aus der »Unterschicht« hervorgegangene Hella, die zudem im Einflussbereich Athens aufwuchs, gefragt haben, ob Pythagoras und seine Anhänger schon etwas von der Gesetzgebung Solons gehört hatten, die immerhin zur Befriedung und zum Zusammenhalt der Athener führte, nachdem auch bei ihnen der soziale Frieden und damit die Stadt in Gefahr war. Doch darüber später, nachdem sich eine ähnliche Situation in Kroton weiter zuspitzte. Bis hierher nur so viel: Es scheint sehr zweifelhaft, dass der welterfahrene, gebildete und dadurch selbstbewusste Milon dem engsten Kreis der Pythagoräer angehörte. Glaubhafter wäre, dass er als sympathisierender »Auserwählter« diesem Bund zu mehr Ansehen verhalf!

KRIEG GEGEN SYBARIS
Zum Problemfall für Kroton aber auch für die Pythagoräer wurde der Streit mit dem Stadtstaat Sybaris. Ähnlich wie Kroton bei der Siedlerexpansion der Achäer wurde Sybaris 720 v. Chr. an der Ostküste Kalabriens gegründet und gelangte durch die Frucht-

---

[124] Nach Frank Fabian; „Mittelstands-Akademie" - Suhl

barkeit des Gebietes und durch florierenden Handel zu bedeutender Macht und Größe. Ihr Wachstum und ihren Wohlstand verdankte die Stadt außerdem der Bereitschaft, Einwanderer nicht nur als Metöken zu behandeln, sondern ihnen das Bürgerrecht zu gewähren.

Im antiken Griechenland wurde der prächtige und luxuriöse Lebensstil der *Sybariten* sprichwörtlich. Auf dieses Luxusleben beziehen sich die folgenden Anekdoten, die bei *Athenaios* überliefert sind:

»Ein Sybarit erzählt, wie allein dadurch, dass er einem Landarbeiter bei der Arbeit zusah, sich einen Bruch zuzog. Ein Zuhörer: ‚Mir schmerzen schon vom Zuhören die Rippen.'

Ein Sybarit besucht Sparta und nahm dort an einem Gemeinschaftsmahl teil. Die Kost war karg und die Bank hart. Der Sybarit meinte: ‚Früher habe ich euch Spartiaten wegen eurer Tapferkeit bewundert. Jetzt wundert mich euer Todesmut nicht mehr, denn selbst der größte Feigling würde lieber sterben, als ein solches Leben zu Ende leben.'

Ein Sybarit wollte nach Kroton fahren und mietete ein Schiff für sich allein. Der Kapitän musste ihm zusichern, dass er nicht nass gespritzt würde. Dann wollte er einen Freund überreden, ihn zu begleiten: ‚Ich habe mit dem Kapitän vereinbart, dass er nahe am Land hält.' Darauf der Freund: ‚Was? Ich würde mich kaum zur Landreise längst der See überreden lassen, geschweige zu einer Seereise längst des Landes!'«

Bei sportlichen Wettkämpfen schienen die Sybariten, wen sollte es wundern, weniger Erfolg gehabt zu haben; nur einen Sieger im Faustkampf der Knaben bei Olympia hatten sie vorzuweisen. *Athenaios* zufolge »*versuchten sie sich jedoch sportliches Ansehen zu erkaufen, indem sie zeitgleich mit den Olympischen Spielen selbst Spiele ausrichteten. Siegerpreise in ungewöhnlicher Höhe setzten sie aus, damit Athleten sich statt für olympischen Ruhm für sybaritisches Geld entscheiden.*«

Die Macht und das Geltungsbedürfnis der Sybariten drückten sich auch darin aus, dass sie 20 Städte und 4 Völkerschaften in ihrer unmittelbaren Umgebung beherrschten. Letztendlich weist das auf einen ungezügelten Expansionsdrang hin, der sich, wie gleich zu berichten, auch bei gegebenem Anlass gegen Kroton richtete.

Nach *Herodot* kam es 510 v. Chr. unter Führung eines gewissen *Telys*, den man als einen zum »Tyrannen strebenden Demokraten« bezeichnen könnte, zu einem internen Aufstand in Sybaris. *Telys* erhob Anklage gegen die Maßlosigkeit der sybaritischen Führung und erreichte, dass die 500 wohlhabendsten Bürger aus Sybaris vertrieben und ihr Besitz eingezogen wurde. - Die Nachbarstadt Kroton nahm die Exilierten auf und bot ihnen Schutz. Daraufhin forderte *Telys* die Krotoner auf, die Flüchtlinge auszuliefern oder sie müssten mit Krieg rechnen. Die anfangs noch unschlüssigen Krotoner ließen sich von Pythagoras überreden, das Ultimatum abzulehnen. Als Antwort ließ *Telys* 30 Gesandte, die Kroton schickte, um zu verhandeln bzw. das Ultimatum Sybaris abzulehnen, ermorden und rückte mit einem übermächtigen Heer gegen Kroton.

Milon, von den Bürgern Krotons zum Heerführer auserwählt, zog mit seiner wütenden Heerschar in die Schlacht. Dabei wirkte schon er allein furchterregend auf die Sybariten, weil er, wie Herakles mit einem Löwenfell angetan und eine mächtige Keule schwingend, als bekränzter Olympier die Krotoner in die Schlacht führte. Erinnern wir uns, der von Milon vergötterte Herakles musste als erste, der für *Erystheus* zu verrichtenden 12 Aufgaben, diesem das Fell des schrecklichen Nemeischen Löwen bringen: »*Nach Diodoros[125] schneiderte Herkules sich aus dem Fell einen Umhang, der ihn fast unverwundbar machte.*«

Nach 70 Tagen Krieg siegten die Krotoner, die alle streitbaren Bürger aufgeboten hatten. *Diodoros* zufolge »*ist dem Heerführer Milon von Kroton der Verdienst um den Sieg zuzurechnen*«. Der Sieg gelang nicht nur durch das mutige Vorangehen Milons´, sondern auch dank einer seltsamen Kriegslist, deren sich die Krotoner bedienten: Nach *Athenaios* hätten die Sybariten ihre Pferde darauf trainiert, sich bei Festumzügen nach wohltönender Flötenmusik zu bewegen. Als

---

[125] Diodoros war ein griechischer Schriftsteller des 1. Jahrhundert v.Chr.

die Krotoner in ihrem Heer Flötenspieler einsetzten, »*tanzten die Pferde aus der Schlacht*« und desertierten samt ihren Reitern zu den Krotoner. - Als Rache für den unbegründeten Angriff gegen Kroton wurde Sybaris vollständig zerstört, indem die Sieger den Fluss *Crathis* über die Stadt leiteten.

Nach dem Sieg über Sybaris hatte die Ratsherren von Kroton ein Problem, die Kriegsbeute und die eroberten Ländereien mussten gerecht aufgeteilt werden. Das war ein schwieriges Unterfangen, »*denn schon in alten Zeiten scheint es schwieriger gewesen zu sein, den Frieden zu organisieren, als fröhlich in den Krieg zu ziehen und dem Gegner den Schädel einzuschlagen*«. Konkret ging es um die Verteilung der Beute und die politische Macht in Kroton. Darüber kam es im Stadtrat zu einem mächtigen Streit. Unversöhnlich standen sich Aristokraten und Demokraten gegenüber. An dieser Stelle müssen wir uns fragen, wer und was sind zu dieser Zeit Demokraten? Ist es der Pöbel, sind es Unruhestifter wie es die Aristokraten und auch die Pythagoräer meinten? Oder sind wir bereits in Zeiten des Umbruchs, der zum Beispiel um 600 v. Chr. Athen und andere Poleis erfasste? Um es noch einmal zu vergegenwärtigen: Die alten Griechen lebten nicht in einem alle umfassenden Staat, sondern in Stadtstaaten (Poleis), die allzu oft einander feindlich gesinnt waren. So einig sie sich die Griechen in der Sprache, der Verehrung ihrer unterschiedlichen Götter und dem Umgang mit ihren Mythen waren, so uneinig ordneten sie sich unterschiedlichen Herrschaftsformen unter.

Um das zu verstehen, sollten wir uns eingehender mit den charakteristischen Merkmalen einer Polis beschäftigen: Die Polis war in erster Linie eine Gemeinschaft von Bürgern, die nach eigenen Gesetzen und Regeln in einem oft durch natürliche Grenzen eingeschränkten und von anderen Poleis abgegrenzten Territorium siedelten. Die Bedeutung des Wortes Polis ist vielfältig, sie konnte eine geschlossene Siedlung, eine Stadt bzw. Stadtstaat oder nur eine Burg sein. Vom Ursprung her war die Polis wahrscheinlich eine bäuerliche Siedlungsgemeinschaft, die ihr Leben eigenmächtig regelte. Wie dies keinesfalls sein sollte, erlebte Odysseus während seiner Irrfahrten bei den kulturlosen Kyklopen: »*Die pflanzen nicht und säen nicht, bestellen nicht ihr Land. Sie kennen kein Recht und keine Volksversammlung. Bei ihnen verfährt jeder mit seinen Leuten nach Gutdünken. Und keiner schert sich um seinen Nachbarn.*«

So wie Odysseus es erlebte, „haben die Menschen nie gelebt. Sie hielten sich schon immer an gesellschaftliche Spielregeln. Anfangs im Interesse ihrer Gene. Diese gaben als einfache Spielregel vor: Mein Leben schulde ich dem Nachwuchs, die Hände schulde ich der Großfamilie, den Beistand des Mundes der Sippe, allein dem Blutsfremden schulde ich nichts. Das war eine praktische Regel, solange die Menschen noch als Jäger und Sammler, verstreut in kleinen oder größeren Familienverbänden nomadisierten.

Doch als man begann in Städten zu wohnen, zuerst im Zweistromland und Ägypten, genügte die genetische Faustregel nicht mehr. Denn neben den eigenen Leuten lebten in den Städten jetzt auch blutsfremde Leute. Einzelne Tagelöhner, verschiedene Handwerker, viele Händler und angemietete Soldaten. Und auf solche zugereisten Fremden waren die Städte angewiesen, wollten sie wachsen und gedeihen. Also musste den Fremden Rechtssicherheit zugestanden werden. So entwickelte sich in den Stadtkulturen ein Bürgerrecht. Das allen Bewohnern, miteinander verwandt oder nicht, gemeinsame Grundrechte garantierte."[126]

Die Grundlage dieser allen gerecht werdenden Normen bzw. Gesetze war das Privateigentum der Mitglieder an Grund und Boden. Die Polis umfasste nicht allein das städtische Zentrum, sondern gleichberechtigt auch das Umland und seine Bewohner. Die entwickelte Polis zeichnete sich durch eine starke soziale Differenzierung in Grundbesitzer, Bauern, Handwerker, Kaufleute und Tagelöhner aus.

---

[126] Zitelmann

Demokratie

Nach und nach wurde zwischen dem Ende des 6. Jahrhunderts und dem Beginn des 5. Jahrhunderts die dominierende Stellung des Adels aufgelöst (ausgenommen von dieser Entwicklung war Sparta). Die Demokratie als »Herrschaft durch das Volk« begann sich in ersten Ansätzen durchzusetzen. Im antiken Griechenland berieten aber nur die freien Männer über wichtige Angelegenheiten des Stadtstaates; Frauen, Metöken (Zugewanderte ohne Rechte) und Sklaven durften nicht mitbestimmen.

Die Herrschaftsformen nach Aristoteles

Herrscher	Gemeinwohl-	Eigennutz
Einer	Monarchie	Tyrannis
Einige	Aristokrate	Oligarchie
Alle	Politie	Demokratie

Das Königtum wurde zwischen 800 und 650 v. Chr. fast überall durch Oligarchien (griechisch: die Herrschaft weniger) ersetzt. Oligarchen waren zu Vermögen gekommene Bürger (Adlige), die sich Macht anmaßten. Um 650 v. Chr. wurden die Oligarchien ihrerseits von Tyrannen abgelöst. Die Bezeichnung Tyrann verweist ausschließlich darauf, dass der Herrscher die Macht unrechtmäßig erlangt hat; das bedeutet aber nicht, dass die Regierung grundsätzlich diktatorisch war. Viele Tyrannen, die sich (zunächst) auf die unterprivilegierten Schichten stützten und die Vorherrschaft des Adels brachen, waren herausragende Führungspersonen, z. B. *Periander* von Korinth, der nach Herodot als Prototyp des Tyrannen gilt. *»Periander war hart, aber weitsichtig, unter seiner Herrschaft entwickelte sich Korinth zu wirtschaftlicher und kultureller Blüte. Er plante angeblich den Kanal von Korinth, schuf eine starke Flotte und gründete Tochterkolonien im Mittelmeerraum (auf Sizilien und an der illyrischen Küste), sorgte durch weitreichenden Handel (unter anderem mit Ägypten) und kriegerische Erfolge für* *das größte Ansehen Korinths in der Antike. Zu seinen gesetzgeberischen Erfolgen zählte die Zuteilung von Land an arme Bauern, Maßnahmen zur Beschaffung von Arbeit, Luxusgesetze und Verbot des Sklavenerwerbs.«*

Möglicherweise hätten solche oder ähnliche, der Situation angepasste Maßnahmen, den »Burgfrieden« in Kroton erneut herstellen können?!

Die *Politie* ist laut Aristoteles die Bezeichnung für ein Gemeinwesen, das von den Vernünftigen bzw. Besonnenen seiner Mitglieder gelenkt und geleitet wird. In der Aristoteles zugeschriebenen Athenaion *politeia* gehört die *Politie* zu den guten Herrschaftsformen, sie ist die Herrschaft vieler. *Als Beispiel dafür könnten die Reformen Drakons und Solons dienen, die diese im 7. und 6. Jahrhundert v. Chr. in Athen durchführten und die, wie bereits angemerkt, den Pythagoräern und den Bürgern Krotons bekannt gewesen sein dürften!*

DIE REFORMEN DRAKONS UND SOLONS

Der aufstrebende Handel sorgte in der Polis Athen dafür, dass eine Schicht wohlhabender Einwohner entstand, die auf die Regierungsgeschäfte Einfluss nehmen wollte. Ihre beratende Versammlung wandelten sie deshalb zu einer gesetzgebenden Ratsversammlung, die Gesetze auch mit Gewalt durchsetzen konnte. Der wichtigste Amtsträger zu dieser Zeit war ein *Archon*, der für ein Jahr gewählt wurde. Ursprünglich galt dieser Titel dem höchsten Beamten, der auf Lebenszeit gewählt wurde und der seit dem Tod des letzten Königs von Attika an der Spitze der Polis stand. Der Grund, dieses Amt nicht wieder durch einen *Archon* lebenslang zu besetzen, lag nach griechischer Überlieferung darin, dass niemand für würdig befunden wurde, dem König auf dem Thron zu folgen. Außerdem war diesem vor seinem Tode prophezeit worden, dass Attika nur dann den Sieg im Krieg gegen die *Peloponnesier* erringen könne, wenn er im Kampf sterbe. Politisch hätte dies den Verlust der absoluten Befehlsgewalt des Regenten bedeutet!

Nach einer neuen Regel blieb der *Archon* nur der einjährige »Regierungschef«, der der Volksversammlung vorsaß und die Gerichte leitete. An seiner Seite stand der *Polemarchos*, der Militärbefehlshaber sowie der *Basileus*, der Zuständige für kultische Feste und sakrale Angelegenheiten. Ernannt wurden diese mächtigen Amtsträger vom *Areopag*, einem Rat, der die älteste Körperschaft der Stadt darstellte; seine Geschichte reicht bis in die mythische Frühzeit Athens zurück. Ursprünglich aus Vertretern des Adels bestehend, sollte er seit *Solon* aus ehemaligen *Archonten* (Vertretern der obersten Beamtenschaft) zusammengesetzt sein.

Drakon, ein athenischer Gesetzesreformer, ließ im Jahr 621 v. Chr. sämtliche damals in Athen bekannten Strafbestimmungen aufzeichnen. Außerdem führte er wegen der zu dieser Zeit blutigen Unruhen zwei wesentliche Neuerungen im Strafrecht ein: Er schaffte die damals praktizierte Blutrache zum Teil ab, indem er verurteilte Mörder des Landes verwies. Kehrte der Verbannte aber zurück, hatten die Verwandten des Opfers das Recht, den Mörder zu töten. Außerdem sollten Streitfälle vor Gerichtshöfen verhandelt werden, die auf das jeweilige Vergehen spezialisiert sind.

Solon (640 bis 560 v. Chr.) stammt aus dem uralten Geschlecht der *Kodriden*, dem des letzten Königs Athens. *Solon* besaß nur ein mittleres Vermögen, das er sich durch Handelsreisen in der Ägäis, in Kleinasien sowie an den Küsten des Schwarzen Meeres erwarb. Wie schon erwähnt, handelte er vorzugsweise mit Olivenöl und Wein in versiegelten Amphoren, mit denen er überall ein willkommener Handelspartner war. Diese Reisen ließen ihn zugleich Land und Leute kennenlernen, wie wir es auch von *Pythagoras* kennen. Bei diesen Reisen lernte er wohl auch den unermesslich reichen *Lyderkönig Kroisos* kennen. Darüber berichtet *Diogenes Laertius*, ein spätantiker Verfasser eines philosophischen Handbuchs: »*Der im vollen Ornat prangende König soll Solon gefragt haben, ob er jemals so eine Prachtentfaltung gesehen habe. Und Solon soll geantwortet haben: Allerdings, bei den Hühnern, Fasanen und Pfauen! Doch die prangen in ihrem natürlichen Schmuck und sind darum unvergleichlich viel schöner als du, König, in deiner ganzen Pracht.*« Mit solchen Legenden stutzte *Solon* dem zu seiner Zeit reichsten König die Flügel, weil er der Ansicht war: »*Nicht, was ein Mensch hat, sondern was ein Mensch ist, macht ihn den Göttern lieb.*« –

Als die Perser das *Lyderreich* eroberten und *Kroisos* auf dem Scheiterhaufen landete, soll er gerufen haben: »*Solon, hätte ich doch auf dich gehört!*«

„Solon war allerdings kein Extremist, er verschmähte nicht Geld und Gut, schließlich musste er ja von etwas leben. »Mein Besitz ist mir lieb und wert«, schrieb er. »Doch nicht mit Raub will ich ihn mehren. Denn nichts entgeht Dike, dem rächenden Recht. Reichtum nur, den die Götter uns gaben, hat Bestand. Reichtum aber errafft mit frevelnder Hand bringt am Ende den Sterblichen Schmerzen.«

Homers Helden kannten solche Bedenken gegenüber dem Reichtum noch nicht. Hektor betet, seinen unmündigen Sohn im Arm: »Höre Zeus, du und ihr anderen Götter, lasst meinen Sohn werden wie mich! Und kehrt er heim aus dem Krieg, sollen die Leute sagen: Noch viel besser ist dieser als sein Vater! Möge er Beute anhäufen, gefärbt von dem Blut der Männer, die er niederstreckte, damit das Herz seiner Mutter an ihrem Sohn sich erfreue.« Beute zu machen ist für Homers Helden Ehrensache. Der Dichter wird nicht müde, Vers um Vers aufzuzählen, was seine Helden an Reichtümern an sich brachten."[127]

Bekannt als griechischer Lyriker und attischer Staatsmann trat *Solon*, wie *Plutarch* berichtet, erstmals 604 v. Chr. öffentlich auf. Die Athener waren des langen ergebnislosen Kampfes um die Insel Salamis müde. Deshalb erließen sie ein Gesetz, das jeden mit dem Tod bedrohte, der einen erneuten Kampf gegen die Polis Megara wegen der Insel befürwortete. - *Solon* erschien hierauf in der Rolle eines Wahnsinnigen auf der Agora und sang vom Stein des Herolds herab eine von ihm verfasste Elegie »Salamis« und vermittelte mit dieser Botschaft: »*Wir holen uns Salamis zurück! Wer nicht dafür ist, ist kein Athener!*« Darauf wurde Salamis nach erfolgreichem Sieg durch Verträge mit Megara an Athen zurückgegeben.

„Ganz wohl in seiner Haut muss *Solon* sich nicht gefühlt haben, denn er stellte auf der Insel archäologische Forschungen an. Diese

---

[127] nach Zitelmann

sollten beweisen, dass Salamis schon immer zu Athen gehört habe. Dazu öffnete er die Grabstätten der Insel. Wie es sich fand, waren die Toten dort nach dem Brauch der Athener bestattet, nämlich in Richtung der untergehenden Sonne. Ob das nun stimmt oder nicht, interessant ist, dass *Solon* glaubte, Athens Besetzung der Insel rechtfertigen zu müssen. Keinesfalls wollte er sich nachsagen lassen, er hätte zu einem Raubfeldzug aufgerufen."[128]

Anzumerken an dem, was uns bereits über den »Ersten Heiligen Krieg« vor den Pythischen Spielen bekannt ist, hatte *Solon* ebenfalls Anteil am Sieg der damals Kriegsführenden: Erinnern wir uns, Krissa verlangte unberechtigt Wegezoll von den Pilgern, die das Orakel von Delphi aufsuchen wollten. Dieses Sakrileg zu beseitigen, unterstützte auch Athen die bei dem Kriegszug vereinigten Städte. Doch *Krissa* war durch seine meterhohen Mauern vor jeder kriegerischen Einnahme sicher geschützt. Nach längerer, erfolgloser Belagerung hatte *Solon* den Einfall, die Belagerten durch verseuchtes Wasser zur Aufgabe zu zwingen. Human, wie er war, ließ er zerkleinerte Nieswurzblätter anstelle der sonst übliche Tierkadaver verwenden. Der durchschlagende Erfolg stellte sich ein, weil die Verteidiger an »unaufhörlichem Durchfall« erkrankten. Wie in antiken Kriegen üblich, wurden die besiegten Bewohner Krissas blutig abgeschlachtet oder in die Sklaverei verkauft.

Durch seinen Einsatz zum Zurückgewinn der für Handel und Strategie wichtigen Insel Salamis und seiner Kriegslist, die zum Sieg gegen Krissa führte, gewann *Solon* große Popularität unter den Athenern. Dies brachte ihm neue Aufgaben. »*Es spukte in der Stadt, seltsame Vorfälle beunruhigten die Bürger*«, schreibt *Plutarch* in seiner Solon-Biografie. Die Priester erinnerten an den Fluch, der seit 50 Jahren auf der Stadt lag. Im Jahr 632 v. Chr. lebte in Athen ein Olympionike namens *Kylon*. Laut *Herodot* strebte »*Kylon die Alleinherrschaft an, gewann eine Schar von Altersgenossen und bemächtigte sich der Akropolis. Als der Versuch misslang, flüchtete sich Kylon asylsuchend zu dem Standbild*

---

[128] ebenda

der Athene. Man versprach ihm eine faire Behandlung, wenn er sich dem Gericht stelle, doch auf dem Weg hinab in die Stadt wurde Kilon erschlagen. Die Athener hatten das heilige Asylrecht missachtet. Athene, die Stadtgöttin, rächte sich mit einem Fluch, den sie auf die Stadt legte. Mit immer neuen Warnzeichen erinnerte sie die Bewohner daran, dass der Mord an Kylon noch immer ungesühnt geblieben war.«

Eines der ältesten hochwohlgeborenen Geschlechter der Stadt, die *Alkmaioiden*, war unmittelbar an diesem Asylmord beteiligt. *Solon* konnte sie verleiten, sich vor einem Gericht von dreihundert adeligen Juroren zu rechtfertigen. Diesen Prozess verloren die *Alkmaioiden*. Ihr Geschlecht wurde aus Athen verbannt. Sogar die Gräber ihrer Ahnen wurden geöffnet und deren Gebeine außer Landes gebracht. Eine härtere Bestrafung kann man sich gar nicht vorstellen. - Im ersten Moment könnten wir uns fragen, wieso die hochwohlgeborenen Juroren ein so hartes Urteil gegen Ihresgleichen aussprachen? Eigentlich sagte man auch schon in der Antike: »*Eine Krähe hackt der anderen kein Auge aus*!« Doch in Umkehrung dieses Sprichworts bot der Prozess den Mitadeligen wahrscheinlich eine willkommene Gelegenheit, sich der angesehenen und mächtigen Konkurrenten zu entledigen. Was die Adeligen aber nicht bedachten, letztlich schwächte die Vertreibung eines so bedeutenden Geschlechts, das die Linie seiner Vorfahren bis zu den Helden von Troja zurückführen konnte, auch die eigene Stellung.

Solon konnte nichts Besseres passieren, der nunmehr geschwächte Adel bot die Voraussetzungen für die von ihm beabsichtigten Landreformen, die *Solon* bald darauf in die Wege leitete. Diese Reformen begründeten *Solons* Ruhm für Jahrhunderte: Um 600 v. Chr. gab es in Athen weitere blutige Unruhen. Die Ursachen, die nicht nur in Attika die sozialen Spannungen verschärften, standen im Zusammenhang mit den Veränderungen, die die griechische Kolonisation an den Küsten von Mittelmeer und Schwarzem Meer bewirkt hatte. Zu deren Ursache zählte, wie bei der Gründung von Kroton geschildert, ein Bevölkerungsüberschuss in den »alten« Stadtstaaten, der durch die Gründungen von Kolonien exportiert wurde. Die Griechen lebten jetzt an allen von ihnen mit

Schiffen erreichbaren Küsten. Dadurch expandierte der Handel, der vornehmlich über See florierte. Das hatte, wie auch bei anderen Stadtstaaten, Einfluss auf die Landwirtschaft. So wurde in Attika der für den Export lukrative Wein- und Olivenanbau intensiviert, wodurch die vormals dominierenden Getreideproduzenten unter Druck gerieten. Das betraf besonders die Kleinbauern, denn der Wein- und Olivenanbau brauchte Zeit, erst nach Jahren konnte erstmals geerntet werden. Welcher Kleinbauer konnte es sich leiste, Jahre ohne Einnahmen zu überleben; zwangsläufig gerieten sie in die Schuldknechtschaft oder mussten sich als Sklaven verkaufen. Der daraus resultierende Konflikt zwischen Bauern und dem Adel, den Großgrundbesitzern, drohte in einem Bürgerkrieg zu eskalieren.

Solon wurde 594 v. Chr. zum *Archon* gewählt, er war es, der zu den Politikern gehörte, die die drohende Gefahr für Athen erkannten. Er sprach von einer »Missordnung«, die es zu überwinden galt. Er gab den Wohlhabenden und Reichen mit ihrer Habgier die Schuld an der Entwicklung; weil diese durch die von ihnen verursachte Missordnung den Zusammenhalt der Gemeinschaft in Athen massiv gefährdeten. Zumal diese Missordnung auch zu einer Schwächung der Wehrkraft führte, weil das Heer der Hopliten auf das freie Bauerntum gegründet war.

Für seine Ansichten fand er zunächst zahlreiche Anhänger. Einige forderten von *Solon*, das Amt des Tyrannen zu übernehmen, damit seine Vorstellungen schneller umgesetzt werden konnten. Doch *Solon* weigerte sich. Er wurde daher zum *Diallaktes* (Vermittler, Versöhner) gewählt: »*Er wollte zwar mehr leisten, aber nichts Anderes, nichts Besseres sein als die anderen.*«

Erinnern wir uns, nach dem Sieg über Sybaris ging es in Kroton um Gerechtigkeit bei der Verteilung der Kriegsbeute, auch sollte Land umverteilt werden und eine neue Verfassung für Kroton wurde gefordert. Das führte innerhalb des Stadtrates zu einem mächtigen Streit, in dem die bisher regierenden Aristokraten den »aufmüpfigen« Demokraten unversöhnlich gegenüberstanden. In dieser prekären Situation hätten auch die Ratsherren Krotons einer neuen, allen Bürgern gerecht werdenden Regierungsform nicht im Wege stehen sollen! Bedauerlich ist in diesem Zusammenhang, dass selbst Pythagoras und seine Anhänger die Zeichen der Zeit nicht erkannten, sondern als Konservative die bisherigen Machtverhältnisse in Kroton für das Maß aller Dinge hielten.

Damit *Solon* seine neue Ordnung einführen konnte, erhielt er ausreichende Geldmittel und bewaffnete Einheiten zu Verfügung gestellt. Erstmals in der bekannten Geschichte wurde eine Person von der Bürgerschaft auserwählt, ein Gemeinwesen zu reformieren. Und *Solon* besaß die Fähigkeiten, die Bürger von seinen Ideen zu überzeugen. Die Bürger musste jetzt Verantwortung für ihr Zusammenleben in der Polis übernehmen. Eine Tyrannis war für diese Herrscherform nicht erforderlich.

Jeder Bürger sollte sich mit seiner Stadt identifizieren und Stolz auf seine Heimat empfinden. In der Außenpolitik wurde das Selbstbewusstsein der athenischen Bürgerschaft deutlich, indem Athen später zeigte, dass es wehrhaft war; denken wir nur an die Schlacht bei Marathon gegen die Perser.

Solon war der Ansicht, die Störungen innerhalb des Zusammenlebens der Menschen müssten nur beseitigt werden, um zur »Rechten Ordnung« zurückzufinden. Im antiken Griechenland, hautsächlich wohl in Attika, standen Schuldsteine auf den Feldern, die eine Verpfändung der Äcker bezeugten. Als erstes erließ *Solon* für die Bauern einen Schuldenerlass, die Schuldsteine wurden umgestürzt, sodass nicht mehr sichtbar war, wem welche Parzelle gehörte. *Solon*: »*Doch ich dem Grenzpfahl gleich auf strittigem Gebiet, stand zwischen den Parteien.*« Die Gläubiger verloren dadurch viel Geld, aber für Athen bedeutete das, möglichst viele Bauern zur Verfügung zu haben, die nicht nur das nötige Einkommen erwirtschaften konnten, um ihre Familie zu ernähren, sondern auch, wie im Falle eines Krieges üblich, als Hopliten dienten. Andere Schuldner kamen in den Genuss einer Amnestie und konnten aus der Fremde in ihre Heimatstadt zurückkehren, aus der sie vor ihren Gläubigern geflohen waren. Die Athener, die in die Schuldsklaverei verkauft worden waren, wurden wieder freigelassen. Nicht mehr Athener, sondern nur Menschen anderer Städte und Länder (Fremdsklaven) durften in Athen als Sklaven arbeiten. „In *Solons* Versen heißt es: »*Der schwarzen Erde riss ich die Schuldsteine aus und führte viele Menschen nach Athen zurück, die sich zu Recht oder Unrecht verkauften, und auch solche, die vor dem Schuldendruck in die Fremde ausgewichen waren.*« Diese Befreiung der Erde galt als Beginn der Athener Demokratie!

Trotz dieser Reformen wollte *Solon* nicht die Standesunterschiede abschaffen. Landbesitz wurde von ihm nicht verurteilt. Der Adel blieb an der Spitze der Gesellschaft, und die Volksversammlung sollte ihre bisherigen Rechte beibehalten. Zum ersten Mal hielt man die Gesetze schriftlich fest. Das Gemeinwesen wurde von der Willkür befreit und Gesetzen unterworfen. Er führte auch die Popularklage ein, die es jedem Bürger Athens erlaubte gegen rechtliche Missstände in der Stadt vorzugehen. Ein Volksgerichtshof wurde dazu eingesetzt. Solons Gesetze sollten Grundlage für die Rechtsprechung Athens werden. Seine Gesetze wurden auf hölzernen Stelen festgehalten. Über zweihundert Jahre nach seinem Tode beachtete man immer noch seine Gesetze!

Um dies annähernd zu jedermanns Zufriedenheit zu erreichen, unterteilte *Solon* die Gesellschaft Athens nach Steuerklassen. Damit schuf er eine Herrschaftsform, die als *Timokratie*, die Herrschaft der Angesehenen bzw. Herrschaft der Besitzenden zu bezeichnen ist. *Solon* verwirklichte mit der *Timokratie* die Beteiligungsrechte und Beteiligungspflichten der Bürger in wichtigen Angelegenheiten der Polis. Dabei berücksichtigte er weitgehend die bisherigen Strukturen der Machtverteilung, indem Ämterzugang, militärische Dienstpflicht mit Selbstausrüstung und eventuelle steuerartige Abgaben gestaffelt nach Einkommensklassen vorgegeben wurden:

-Die *Pentakosiomedimnoi* (Ernte-Ertrag über 500 Scheffel pro Jahr) waren als einzige zu *Archonten* wählbar;

-Die *Hippeis* (über 300 Scheffel) erhielten erst nach einiger Zeit Zugang zum *Archontat*, leisteten Wehrdienst zu Pferde wie die *Pentakosiomedimnoi*, hatten aber nur zu nachrangigen Ämtern Zugang;

-Die *Zeugiten* (über 200 Scheffel) taten Militärdienst als Hopliten mit ebenfalls eingeschränktem Ämterzugang;

-Die *Theten* (unter 200 Scheffel) waren bei Militäreinsätzen allenfalls leicht bewaffnet und hatten nur in Volksversammlungen und im Volksgericht politische Mitwirkungsrechte.

„*Solon* schuf ein neues, ein zweites Gremium, das er als Volksvertretung der Adelsvertretung beiordnete. Er nannte das neue Gremium den Stadtrat oder »*Boule*«. Dem Stadtrat gehörten 400 Vertreter der Bauern, der Handels- und Gewerbetreibenden und der Tagelöhner an. Welche genauen Befugnisse der Stadtrat hatte, wissen wir nicht. Doch das Neben- und Miteinander beider Gremien sollte bewirken, dass beide, Adels- und Volksvertretung, sich gegenseitig kontrollieren und austarieren.

Wie vordem der König nicht ohne den Adelsrat handeln konnte, konnte der Adelsrat jetzt ohne die Volksvertretung keine bindenden Beschlüsse fällen. Das war ein riesiger Schritt in Richtung Demokratie."[129]

Solon beschränkte den Erwerb von Grundbesitz und warb Handwerker für Athen an, um die Wirtschaft anzukurbeln. Die Einführung neuer, einheitlicher Maße und eine neue Währung unterstützten seine Bemühungen. Die Kritik und die Ansprüche an *Solon* wuchsen, je mehr Veränderungen er durchsetzte bzw. auf den Weg brachte. Die Bauern wollten, dass das Land gerechter aufgeteilt werden sollte. Den vermögenden Athener gingen *Solons* Maßnahmen zu weit.

Solon konnte es nicht allen recht machen, es war ihm nur möglich, sein selbst gestelltes Ziel, auszugleichen und zu versöhnen, zur Zufriedenheit vieler zu verwirklichen. Dies gelang ihm, indem er den Athenern eine neue Verfassung gab, die mit der eben genannten Timokratie das Zusammenleben in Athen wieder ins Lot brachte. Er selbst beschrieb dies mit folgenden Versen:

»So viel Teil an der Macht, als genug ist, gab ich dem Volke,
nahm an Berechtigung ihm nichts, noch gewährt´ ich zu viel.
Für die Gewaltigen auch und der reicher Begüterten sorgt´ ich,
dass man ihr Ansehen nicht schädige wider Gebühr.

---

[129] Nach Zitelmann

Also stand ich mit mächtigem Schild und schützte sie beide,
doch vor beiden zugleich schützt´ ich das geltende Recht.«

Was Solon bewirken wollte, war vollbracht, laut *Herodot* ließ er vor seiner zehnjährigen Reise *die Athener schwören, nichts an seiner Gesetzgebung zu ändern*.

Wie *Plutarch* berichtet, geschah diese Reise nicht aus Fernweh, sondern aus dem Umstand, dass er um sein Leben fürchten musste. Denn mit der Neuordnung der politischen und gesellschaftlichen Verhältnisse wurden viele in ihrer Stellung geschwächt. Die *Eupatriden*, die vormals mächtigen Adligen, hatten einen großen vermögens-, land- und machtpolitischen Einbruch erlitten. Der Demos hingegen wollte weitreichendere Reformen. Aus diesem Grund hätten die unterschiedlichen Parteien seinen Tod oder eine Umkehr der Reformen gefordert.

Blicken wir auf die Machtverhältnisse in Kroton zurück, dann kommen der bereits genannte Kylon[130] und ein gewisser Ninon ins Spiel; als Demokraten forderten sie die Umverteilung der Macht und eine neue Verfassung für Kroton. Beide strebten offenbar an, was *Solon* am Anfang ihres Jahrhunderts in Athen durchgesetzt hatte: Denn wie eben beschrieben, befand sich Kroton wie vordem Athen in einer »Regierungskrise«. Auch hier lag die Macht in der Hand selbstherrlich regierender Adliger, gegen die sich das »niedere Volk« auflehnte. Um der Verarmung und Not des niederen Volkes entgegenzuwirken, hatte *Solon* dem Wucher ein Ende gemacht, eine Beseitigung der Schulden ermöglicht und damit der Schuldsklaverei entgegengewirkt, die, wie es Milon bei Hellas Eltern kennenlernte, die Kleinbauern in die Sklaverei stürzte.

Was Milon in seiner »Weltoffenheit« so lebensnah erfuhr, mochte dem »abgehobenen Wahrheitssucher« *Pythagoras* nie nahegegangen sein!

---

[130] Nicht zu verwechseln mit dem Olympioniken Kylon, der seine Popularität ausnutzen wollte, um 632 v. Chr. durch einen Staatsstreich die Macht in Athen zu übernehmen.

UNTERGANG DER PYTHAGORÄER
Soweit dabei grundsätzliche Fragen in Betracht kamen, standen die Pythagoräer auf der Seite der Aristokratie. Die Flüchtlinge aus Sybaris, für die Pythagoras eintrat, waren wohlhabende Bürger, die auf Veranlassung eines Volksführers enteignet und verbannt wurden. Jedenfalls war die Politik der Pythagoräer entsprechend ihrem generellen Harmonie-Ideal konservativ und auf Stabilität bedacht; dies machte sie zu Verbündeten der traditionell im Rat dominierenden Adligen. Ihre natürlichen Gegenspieler waren damit die Volksredner (»Demokraten«), die nur durch ihren Einfluss auf die Massen an die Macht kommen konnten, weil sie deren Unzufriedenheit nutzten, um einen Umsturz herbeizuführen.

Aufgrund des Selbstverständnisses der Pythagoräer, ihres Anspruches auf eine unumstößliche Wahrheit, sollen sie nach dem Sieg über Sybaris mit heftigen Auseinandersetzungen innerhalb der Bürgerschaft von Kroton konfrontiert gewesen sein. Es ging dabei – wie bereits bemerkt – vor allem um eine gerechte Verteilung der Kriegsbeute und um eine Verfassungsänderung. Angesichts dieser Unruhen zog sich der »Großmeister« Pythagoras schleunigst aus Kroton zurück und verlegte seinen Wohnsitz nach *Metapontion*, um dort unbehelligt seine Lehrtätigkeit fortzusetzen. Seine hart bedrängten Anhänger aber unterlagen der Opposition und mussten vorübergehend die Stadt verlassen. Als Anführer ihrer gegnerischen Partei tat sich ein vornehmer Bürger namens *Kylon* hervor, es war eben der, von dem wir bereits hörten, als ihm die Aufnahme in den Bund der Pythagoräer verweigert wurde. Gemeinsam mit dem Volksredner *Ninon* hetzte er gegen die Pythagoräer. Die Hintergründe der Feindseligkeiten gegen die Gemeinschaft mögen auch persönliche Motive wie Neid und Missgunst gewesen sein.

Die Pythagoräer hatten sich allein durch ihre grundsätzlich aristokratisch-konservative Einstellung viele Feinde gemacht. Sie bildeten bald einen Staat im Staate und übten weit später im 5. und 4. Jahrhundert v. Chr. mit ihrer Philosophie einen großen Einfluss auf Unteritalien und Griechenland aus. Außerdem hielten sich die Pythagoräer für eine Elite, die im 5. Jahrhundert wichtige Beamtenposten innehatten, sogar herrschten und versuchten, jedem ihre Meinung aufzudrängen. Aufgrund dieses Selbstverständnisses soll es dann auch dazu gekommen sein, dass sie um 497/496 v. Chr. in ihrem Haupthaus eingeschlossen und verbrannt wurden.

Die Philosophie des *Pythagoras* existiert allein in den Nachschriften seiner Schüler, die ihn als absoluten Weisen verehrten. Vermutlich gehen viele ihrer Gedanken auf ihn zurück. Doch der nach ihm benannte Satz des *Pythagoras* oder pythagoreischer Lehrsatz, der ihm von *Proklos* zugeschrieben wurde, soll schon Jahrhunderte vor ihm den Babyloniern bekannt gewesen sein. Er besagte, dass die Fläche eines Quadrats über der Hypotenuse eines rechtwinkligen Dreiecks der Flächensumme der Quadrate der beiden anderen Seiten entspricht ($c^2 = a^2 + b^2$).

TOD DES DEMOKEDES

Ein trauriges Schicksal soll Demokedes, Milons´ Schwiegersohn, erlitten haben. Demokedes gehörte vermutlich dem »Harten Kern« der Pythagoräer an, wodurch er in die heftigen politischen Auseinandersetzungen Krotons geriet. Als Gegner der »Volkspartei« habe sich Demokedes mit gleichgesinnten Pythagoräern vergeblich einer Veränderung der bisherigen Verfassung Krotons widersetzt. Durch Unruhen, welche die Agitatoren Kylon und Ninon anstifteten, sei Demokedes gezwungen worden, mit einer Schar von Jünglingen aus der Stadt zu fliehen. Daraufhin beschuldigten ihn seine Gegner, in Kroton eine Tyrannis einführen zu wollen und die Jugend in diesem Sinne aufzuhetzen. Eine Belohnung von drei Talenten sei deshalb auf seinen Kopf ausgesetzt worden. Es kam zu einem Kampf. Nach diesem sei eine Belohnung an *Theages*, einem Anführer der »Volkspartei«, ausgezahlt worden, dieser soll die von Demokedes ausgehende Gefahr beseitigt haben. Demnach verloren die Anhänger des Demokedes den Kampf gegen eine von *Theages* befehligte Streitmacht, wobei Demokedes offenbar ums

Leben kam. - Milante, die wir als Demokedes Frau kennen, kehrte als trauernde Witwe zu Milon und Hella in ihr Elternhaus zurück.

MILONS´ ERFOLGE NEBST ANFEINDUNGEN

Milon errang seinen ersten olympischen Sieg im Ringen der Knaben (15jährig) bei den 60. *Olympischen Spielen* 540 v. Chr. – er trat nach diesem Sieg erst wieder mit 23 Jahren bei den Männern an, demnach dürfte er einen sehr verständnisvollen Trainer gehabt haben, der ihn nicht übereilt bei den Männern »ins Verderben stürzte«.

Danach siegte Milon bei den Männern während der 62. sowie bei den folgenden bis zu den 66. Spielen 532 bis 516 v. Chr., also fünfmal hintereinander. Damit war er insgesamt sechsfacher Olympiasieger!

Bei den *Pythischen Spielen in Delphi*, die wie die *Olympischen Spiele* alle vier Jahre stattfanden (jeweils 2 Jahre vor den nächsten Spielen, wahrscheinlich Ende August) siegte er siebenmal (das erste Mal als Knabe wahrscheinlich 538 v. Chr. mit 17 Jahren).

Bei den *Isthmischen Spielen*, die alle zwei Jahre, jeweils im 2. und 4. Jahr einer Olympiade, wahrscheinlich im Sommer und im Frühling stattfanden, war er zehnmal siegreich.

Bei den alle zwei Jahre jeweils im Jahr vor sowie nach den *Olympischen Spielen* stattfinden *Nemeischen Spielen* gewann er neunmal.

Bei den 66. Olympischen Spielen 516 v. Chr. kam Milon eine Regel zugute, wonach er zum Sieger erklärt wurde, weil kein Kämpfer sich traute, gegen ihn anzutreten. Auf dem Weg zur Siegerehrung traf ihn dann ein Missgeschick, er rutschte aus und *»fiel in den Staub«*. Darüber scherzte die Menge, er dürfe nicht zum Sieger erklärt werden, weil er *»zu Boden geworfen sei«*.

Insgesamt erhielt Milon sechsmal den Titel des *Periodoniken*, der einem Athleten verliehen wurde, wenn er in einem Vierjahreszyklus in allen vier *panhellenischen Spielen* gesiegt hatte. Er war der erste *Periodoniken*, dessen Name überliefert ist und der einzige sechsfache in der Zeit der Antike.

Zum siebenfachen *Periodoniken* fehlte ihm nur noch ein olympischer Sieg, doch als er zu den 67. Spielen im Jahr 512 v. Chr. zum siebenten Mal in Olympia antrat, gelang es ihm nicht, seinen jüngeren Gegner, Timasitheos von Kroton, der ihm geschickt auswich, zu fassen und zu werfen: »*Im Jahre 512 v. Chr. trat der noch junge Timasitheos gegen den bereits über 43jährigen Milon von Kroton an. Er wich dem erfahrenen Kämpfer geschickt aus und konnte so eine Niederlage vermeiden. Die Angaben über den Verlauf des Kampfes sind nicht eindeutig; er scheint aber unentschieden geendet zu haben, was für Timasitheos ein großer Erfolg war. Dass die Popularität Milons´ dadurch keineswegs geschmälert war, drückte sich darin aus, dass die Menge im Stadion Milon bejubelte und ihn als Sieger um die Altis trugen; Timasitheos schloss sich, Milon Beifall zollend, der Menge an.*«

Interpretiert man die Regeln[131] des antiken Ringkampfes richtig, dann war dies der siebente Sieg Milons´ bei Olympia! – Denn bei einem Unentschieden sprachen die Kampfrichter dem den Sieg zu, der am aktivsten kämpfte, das ist noch heute so!

Besonders die Schwerathleten waren damals wie heute von Seiten der »Schwächlinge«, »Fettleibigen«, kurz gesagt, der »Sportmuffel« eine Zielscheibe für Spott und bissige Parodien: Über Milon waren viele Geschichten im Umlauf. Nachdem er eine vierjährige Kuh (traditionell dürfte es ein Stier! gewesen sein) um die gesamte Altis getragen hatte, soll er dieselbe verspeist haben. Ein anderes Mal leerte er während der Weinprobe bei einem Fest 9 Liter neuen Wein, um eine Wette zu gewinnen. Letzterer dürfte wohl, wie bei den alten Griechen üblich, kein hochprozentiger gewesen sein; außerdem mochte dies für einen körperlich großen Wettkämpfer, der nach einem schweißtreibenden Wettkampf sehr durstig ist, kein unüberwindliches Problem gewesen sein.

Mit ihren außergewöhnlichen Leistungen, ihrer Popularität und dem durch Siegprämien erzielten sozialen Wohlstand zogen sich

---

[131] Siehe Joachim Ebert: Griechische Epigramme auf Sieger an gymnischen und hippischen Agonen; Berlin 1972

die Olympioniken die Missbilligung der Gegner des Leistungssports zu.

Während die Athleten in der Zeit Milons' noch eine göttliche Verehrung erfuhren, ja in dieser körperbetonten und sportorientierten Zeit als Vorbilder verehrt wurden, mag der Vorwurf gegen die sich immer mehr entwickelnde Professionalität berechtigt gewesen sein.

Für uns heute nachvollziehbar, wenn wir an das derzeitige »Geschäftsmodell Olympia« denken, das mit dem von *Pierre de Fredi, Baron de Coubertin* in die Neuzeit übertragenen Olympischen Spielen nur noch wenig zu tun hat. Dieses Geschäftsmodell, nämlich publikumswirksame Stars des internationalen Profisports in die olympische Familie aufzunehmen, wurde vom damaligen Präsidenten des Olympischen Komitees, *Avery Brundage* aus den USA, vehement abgewehrt. Erst 1981 unter *Juan Antonio Samaranch* schaffte das IOC den sogenannten »Amateurparagrafen« ab. Dies um des kommerziellen Vorteils willen, genauer gesagt, um die Einnahmen für TV-Übertragungen sowie exklusive Markenrechte und der »unparteiischen« Vergabe der Spiele zu erhöhen. Ab 1984 wurden darüber hinaus bei den *privatwirtschaftlich organisierten Spielen* in Los Angeles noch die Türen für exklusive Werbepartner, sogenannte Top-Sponsoren, geöffnet! Inzwischen trennt und trennte sich das »Geschäftsmodell Olympia« von klassischen aber wenig reklamewirksamen Sportarten: Business geht vor Tradition!

Bei den alten Griechen bestand der Hauptvorwurf, der sich gegen die professionellen Athleten richtete, darin, dass sie ihre bürgerlichen Pflichten gegenüber der Gemeinschaft vernachlässigten. „So zürnte der Philosoph *Xenophanes: Ein Sieg bei Olympia macht die Kammern der Stadt nicht fett!* Und noch ein halbes Jahrtausend[132] nach den Glanzleistungen eines Milon von Kroton echauffierte sich *Vithruv. Was nützt den Menschen ein Milon von Kroton?* Er beklagt *die geringe Resonanz der philosophischen Schriften eines Pythagoras, Demokrit´*

---

[132] Dabei sieht *Vithruf* den erfolgreichen Athleten aus der Sicht des sich nach 500 Jahren zur Professionalität veränderten Sports!

oder Platon´. In deren Werken seien zahllose Hilfen für die Gestaltung des täglichen Lebens enthalten. Doch statt das Volk mit den Gedanken dieser Autoren vertraut zu machen, hätten die Verantwortlichen in den Städten nichts Besseres zu tun, als sich um den Nachruhm erfolgreicher Athleten zu kümmern. Die Athleten, deren alleiniges Interesse es sei, den Körper durch andauerndes Training für den Augenblick des Wettkampfs zu präparieren, hätten der Menschheit nicht das Geringste zu bieten. Die Verbitterung des *Vithruv* erklärt sich aus der enormen Popularität der Athleten vom Schlage eines Milons´, die zu Lebzeiten bewundert, später – umgeben von einem ganzen Kranz an Legenden – göttergleich verehrt werden."[133]

Es ist nicht von ungefähr, dass ausgerechnet die geistigen Heroen den physisch starken Athleten die Popularität neideten, dabei vergessend, wie reklamewirksam bereits damals die Athleten wirkten, indem sie die Massen bei den Spielen und anderen Festlichkeiten anzogen und so den Geistesgrößen, Politikern, Geschäftsleute u. a. die Gelegenheit boten, ihre Ideen zu verbreiten und die Aufmerksamkeit auf sich zu lenken!

Als Beispiel sei Herodot genannt, über ihn berichtet *Lukian*[134] von *Samosata*, dass der Historiker nach Olympia kam, um durch öffentliche Lesungen aus seinem eben vollendeten Geschichtswerk auf sich aufmerksam zu machen: »*Herodot reiste nach Olympia und trug dort im rückwärtigen Raum des Zeustempels aus seinem Geschichtswerk vor. Danach gab es in Griechenland niemanden mehr, dem der Name Herodot fremd gewesen wäre.*«

Ein weiteres Beispiel liefert uns Alexander der Große: Das Wort Demagoge stammt aus dem Griechischen, es bezeichnet einen Volksverführer. Lernen wir Alexander den Großen als einen solchen kennen: „Während der Kultfeste im Jahr 324 v. Chr. dürfte in Olympia eine gedrückte Atmosphäre geherrscht haben. Viele der Besucher waren nicht aus Interesse an den Wettkämpfen oder gar in freudiger Erwartung der Begegnung mit festlich gestimmten

---

[133] nach Sinn
[134] Griechischsprachiger Satiriker der Antike

Freunden und Bekannten nach Olympia gekommen. Sie trieb die Sorge um das nackte Überleben, erfüllt freilich von einem kleinen Funken Hoffnung auf eine Wendung ihres düsteren Schicksals. Die zu dieser Zeit schon seit mehreren Generationen anhaltenden innergriechischen Zwistigkeiten hatten das Heer der politischen Flüchtlinge und Verbannten bedrohlich anschwellen lassen. Aus der Ferne setzte Alexander der Große alles daran, dem sozialen, politischen und letztlich auch ökonomischen Notstand in seiner Heimat ein Ende zu bereiten. Er beauftragte den seit Jugendzeiten aus der gemeinsamen Erziehung durch Aristoteles vertrauten Freund *Nikanor* damit, ein von ihm verfasstes Dekret in Olympia zu verlesen: »*In diesem Text verkündet Alexander für die Mehrzahl der Verbannten eine Amnestie und das Recht auf Rückkehr in die Heimat. Alexander hatte bewusst Olympia als Ort der Verkündung gewählt, weil er sich von der gewaltigen Kulisse der Festteilnehmer eine besondere Resonanz versprach. Zudem ermöglichte es der Festfriede, dass unter dem Schutz des Heiligtums viele der Betroffenen bei der Verlesung anwesend sein konnten. Nicht weniger als zwanzigtausend Verbannte sollen damals, sicherlich von Alexanders Herolden dazu ermuntert, zu einer eindrucksvollen Manifestation in Olympia zusammengeströmt sein. Im Bericht des Diodor heißt es, die Verlesung des Textes sei mit Begeisterung aufgenommen worden. Dass es Alexander ernst war mit seinem entschiedenen Eingreifen zeigt sich jedenfalls in der Anweisung Nikanor', unverzüglich die Umsetzung des Dekrets in die Wege zu leiten.*«

Es fällt nicht schwer, sich die Hoffnungen der verzweifelten Flüchtlinge und entsprechend ihre Dankbarkeit vorzustellen. Endlich nahm sich jemand ihres Schicksals an. Sollte sich freilich eines der von Alexander angesprochenen Opfer der innergriechischen Kriege die Muße für einen Rundgang durch das Heiligtum genommen haben, wäre sicher Nachdenklichkeit in ihm aufgestiegen. In sein Blickfeld wäre unweigerlich ein gerade erst fertiggestelltes, besonders augenfälliges Weihgeschenk getreten: der Rundbau des Philippeion in unmittelbarer Nachbarschaft zum altehrwürdigen Kultmal des Pelops. Das Weiheversprechen hatte noch Alexanders

Vater Philipp II gegeben, und zwar vor der Schlacht bei Chaironeia[135] im Jahr 338 v. Chr., mit der er die makedonische Herrschaft über ganz Griechenland auszudehnen trachtete. An dem Sieg hatte Alexander mit einem entscheidenden Kavallerieangriff wesentlichen Anteil. Nicht zuletzt dieses Vordringen der Makedonier in den Süden hatte in vielen griechischen Städten zu militärischen Auseinandersetzungen geführt und damit erheblichen Anteil am Flüchtlingselend!

Zur traurigen Berühmtheit gelangte in jenen Jahrzehnten das Poseidonheiligtum am Kap Tainaron. Hier, am südlichsten Punkt der Peloponnes, suchten viele Flüchtlinge Zuflucht im Heiligtum. Hier warteten aber auch jene, die Söldner anwarben. In den Ohren vieler der in Olympia versammelten Flüchtlingsfrauen dürfte der Name Alexander zwiespältige Emotionen ausgelöst haben, blieb doch vielen Männern in ihrer Not keine andere Wahl, als sich im Heer Alexanders zu verdingen, während ihre Familien heimat- und schutzlos in der Peloponnes umherirrten. Wir kommen nicht umhin, die von Alexander nach Olympia beorderte Massendemonstration unter die dunklen Stunden in der Geschichte des Heiligtums einzuordnen."[136]

HALBGÖTTER UND HEROEN STERBEN MYTHISCH

Der Tod ihrer Halbgötter und Heroen durfte bei den Griechen kein gewöhnlicher sein. Darum umschrieben sie deren Dahinscheiden mit jeweils spektakulären, göttlichen Mythen, nur diese blieben der Nachwelt in Erinnerung!

---

[135] Die Niederlage der Allianz um Athen und Theben im Krieg gegen Makedonien führte zur makedonischen Hegemonie über Griechenland.
[136] nach Sinn S. 193/194

DER TOD DES ACHILLEUS

Achilleus war der Sohn eines menschlichen Vaters, des *Peleus* mit der Meeresgöttin *Thetis* und als solcher sterblich. *Thetis*, seine göttliche Muter, versuchte zwar ihn unverwundbar zu machen, indem sie ihn in den *Styx*, den Fluss zur Unterwelt tauchte, doch die Stelle, an der sie *Achilleus* mit der Hand hielt, blieb unbenetzt, also verwundbar![137]

In der bekanntesten Version seines Todes traf ihn der tödliche Pfeilschuss von Paris, der von Apollon gelenkt wurde, an der Achillesferse. Es überhöht natürlich den Todesmythos, dass Paris nicht irgendwer ist, der den Achilleus tötete: »*Hekabe, die Königin von Troja, träumt vor der Geburt des Paris, sie gebäre eine Fackel, die Troja in Brand setzen werde. Als sie Priamos, dem König von Troja, von ihrem Traum erzählte, lässt dieser von Aisakos den Traum deuten: Aisakos sagt voraus, dass Hekabe einen Sohn gebären wird, der Troja ins Verderben stürzt. Darauf lassen die Eltern den gerade geborenen Paris von dem Sklaven Agelaos auf dem Berg Ida aussetzen. Als Agelaos nach einiger Zeit reumütig zurückkehrt, findet er zu seinem Erstaunen das Kind gesund und munter vor, eine Bärin hatte es gefunden und gesäugt. Darauf nimmt Agelaos den jungen Paris mit zu den Hirten, bei denen er als Schäfer aufwächst.*

Hekabe trauert immer noch um ihren ausgesetzten Sohn, worauf Priamos zu Ehren des verlorenen Sohns Leichenspiele veranstaltet. Als Preis wird ein besonders stattlicher Stier aus der Herde des Königs ausgesetzt. Dieser Stier ist jedoch das Lieblingstier des Paris, sodass dieser beschließt, an den Spielen in Troja teilzunehmen, um den Stier zu gewinnen.

Tatsächlich gelingt es Paris, der sich noch immer für einen einfachen Hirten hält und von den anderen dafür gehalten wird, den Sieg gegen seine Brüder und die stärksten jungen Trojaner zu erringen. Sein Bruder Dephobos will sich mit der Niederlage gegen einen Hirten nicht abfinden und möchte ihm die Kehle durchschneiden. Aus Furcht davor flieht Paris zum Altar des Zeus. Dort

---

[137] Eine ähnliche Darstellung dieses Mythos findet sich in der Nibelungensage!

sieht ihn seine Schwester Kassandra, die von Apollon mit der Gabe des Wahrsagens ausgestattet wurde, und erkennt in ihm den für tot gehaltenen Bruder. Als die Eltern hörten, dass der verloren Geglaubte wieder aufgetaucht sei, nehmen sie ihn im Königspalast auf, wobei sie die Weissagung, Paris werde die Brandfackel Trojas sein, vergaßen. Kassandra versuchte zwar sie daran zu erinnern, aber da sie von Apollon mit einem Fluch belegt war, glaubte ihr keiner.«

Obwohl Paris durch den Raub der schönen Helena die Schuld am Trojanischen Krieg trägt, fühlte er sich beim Untergang Trojas berechtigt, Achilleus wegen dessen Eingreifens in die Schlacht zu töten.

Der Tod des Paris
»Der griechische Bogenschütze und ehemalige Waffengefährte von Herakles, namens Philoktetes, besaß den Bogen und die Pfeile des Herakles, die mit dem tödlichen Gift der Lernäischen Schlange getränkt sind. Mit zweien dieser Pfeile verwundete er Paris. Leidend schleppte sich dieser auf den Berg Ida zu Oinone, seiner ersten Ehefrau, und bittet sie, ihn mit dem Gegengift, das sie besitzt, zu retten. Aus Zorn darüber, dass er sie einst Helenas wegen verlassen hat, verweigert sie ihm jegliche Hilfe. Qualvoll erliegt Paris seiner Verletzung. Oinone wird von Reue, ihm nicht geholfen zu haben, überwältigt; sie lässt für Paris einen Scheiterhaufen errichten und springt zu dem geliebten Toten in die Flammen.«

Irrfahrten und Tod des Odysseus
Als Herrscher der Insel Ithaka war Odysseus einer der bekanntesten Helden im Trojanischen Krieg. Seine Kriegslist, der Bau des Trojanischen Pferdes, führte nach zehnjähriger Belagerung zum Sieg über Troja. Danach begab er sich mit seinen Gefährten auf die Heimreise, die *Homer* in seiner Odyssee beschrieb. Stets nahe der Küste segelnd landet er mit zwölf Schiffen im Hafen der *Laistrygonen*, einem unzivilisierten, menschenfressenden Volk. Dort

verliert Odysseus elf seiner Schiffe; nur mit seinem Schiff, das nicht in den Hafen einfuhr, rettet er sich und seine letzten Gefährten und landet auf einer Insel, die von alleinlebenden einäugigen Kyklopen bevölkert ist.

Der Kyklop *Polyphem* sperrt die Helden in seiner Höhle ein und droht, sie nacheinander zu verspeisen. Listig stellt sich ihm Odysseus als »Niemand« vor, ein transkribiertes Wortspiel, das dem Odysseus zum Kosenamen wurde. Es gelingt Odysseus, *Polyphem* betrunken zu machen und ihn mit einem glühenden Pfahl zu blenden. Als auf das Gebrüll von *Polyphem* andere Kyklopen herbeieilen, ruft dieser ihnen zu, »Niemand« habe ihm etwas angetan, sodass sie wieder umkehrten.

Um seine Schafe auf die Weide zu lassen, muss *Polyphem* den schweren Stein, der den Eingang zu seiner Höhle versperrt, wegwälzen. Odysseus und seine Gefährten konnten dem aufmerksamen *Polyphem* nur entkommen, weil sie sich am Bauchfell der an diesem vorbeilaufenden Schafe festklammerten. Als *Polyphem* ihre Flucht bemerkte, schleuderte er den Felsbrocken in die Richtung, in der er ihr Schiff vermutete. Hochmütig enthüllte Odysseus seinen wahren Namen. In seinem Zorn bittet *Polyphem* seinen Vater *Poseidon*, Odysseus auf dem Meer umkommen zu lassen oder seine Heimkehr zu verhindern.

Ein von *Poseidon* erzeugter Sturm trieb die Helden auf die Insel Aiaia auf der die Zauberin *Kirke* einige Gefährten des Odysseus in Schweine verwandelte. Nur mit Hilfe des Götterboten *Hermes* gelingt es ihm, dem Zauber zu entgehen und seine Gefährten zu befreien. Er gewinnt die Liebe *Kirkes*, die ihn verleiten will, für immer bei ihr zu bleiben. Nach einem Jahr mit *Kirkes*, aus dem sein mit ihr gezeugter Sohn *Telegonos* hervorgeht, treibt ihn das Heimweh weiter. Auf Kirkes Rat soll er zuvor den toten Seher *Teiresias* im Hades aufsuchen und diesen nach seinem weiteren Schicksal befragen.

Im Hades trifft er auf *Achilles* und *Agamemnon*, seine Mitstreiter aus dem Trojanischen Krieg sowie weitere Helden. Aber nicht das erwartete Wohlleben fanden die »unsterblichen« Helden hier, anstelle dessen westen sie freudlos vor sich hin!

Daran erinnert wird Odysseus, als die Nymphe *Kalypso* ihm die Unsterblichkeit verspricht, wenn er in Liebe für immer bei ihr auf der Insel Ogygia bleibt. Es war wohl die Sehnsucht nach seiner daheimgebliebenen Gattin *Penelope*, die ihn weitertreibt. Davor halten ihn auch das siebenjährige Liebesleben mit *Kalypso* und vor allem die ihm versprochene Unsterblichkeit nicht ab. Zumal er, nach seinem Besuch im Hades, die ihm versprochene Unsterblichkeit ohnehin nicht für erstrebenswert hält.

Mit Hilfe der Göttin *Athene* kam Odysseus endlich nach Hause, fand dort seine Frau von Freiern bedrängt, die ihn totsagten und ihr weiteres Herrschen als Königin über Ithaka von einer Heirat mit einem von ihnen abhängig machten. Nur mit List zögerte *Penelope* dies bisher hinaus, indem sie an einem Tuch stickte, bei dem sie ihre am Tage geschaffene Stickerei des Nachts wieder zunichtemachte. Damit versuchte sie das Versprechen aufzuschieben, dass sie nach vollendeter Arbeit zur Heirat mit einem der Freier bereit sei. Eine ihrer Mägde verriet sie aber an die schon seit Jahren im Haus zechenden Freier, worauf diese unerbittlich zur Entscheidung drängten. In ihrer Not versprach Penelope dem die Heirat, der es schaffe, den Bogen des Odysseus zu spannen und damit ein Ziel zu treffen. Keinem gelang dies, bis ein in Lumpen gehüllter Bettler nahte und sich an diesem Wettkampf beteiligte. Dieser war Odysseus, dessen Heimkehr bis dahin nur sein treuer Hund *Argos* bemerkt hatte. Dem noch immer starken Odysseus gelang es, den Bogen zu spannen und damit zielgenau zu schießen. Mit seinem nun erwachsenen Sohn *Telemachos* tötete er die aufdringlichen Freier und erhängte die Mägde und Knechte, die sich in seiner Abwesenheit als untreu erwiesen.

Als *Telegonos* erwachsen war, schickte *Kirke* ihn, seinen Vater Odysseus zu besuchen. Ein Sturm trieb ihn nach Ithaka, wo er vom Hunger getrieben die Felder beraubte. Als Odysseus und sein ältester Sohn *Telemachos* ihr Land verteidigten, tötete der ahnungslose *Telegonos* seinen Vater Odysseus mit einer Lanze. Eben diese Waffe, an deren Spitze der giftige Dorn eines Stachelrochens befestigt war, erhielt *Telegonos* von seiner Mutter *Kirke*.

HERAKLES TOD

Erinnern wir uns, nach seiner ersten Heldentat, bei der es um einen Tribut ging, den die Orchomenier von Theben forderten, schnitt er deren Gesandten Nase und Ohren ab, schickte sie gefesselt nach Hause und zwang deren König, den bisher empfangenen Tribut doppelt zurückzuzahlen. Zum Lohn gab ihm der König von Theben seine Tochter *Megara* zur Frau, mit der er drei Söhne zeugte. Als ihn darauf *Eurystheus* in seine Dienste rief (es ging um die »zwölf Arbeiten«), verweigerte er diese. Darauf schlug ihn die rachsüchtige Hera mit Wahnsinn. Darin verfangen erschlug Herakles seine Frau *Megara* und die mit ihr gezeugten Kinder.

Als der Anfall von ihm gewichen war und er seine schreckliche Tat vor Augen sah, ergriff *Herakles* eine tiefe Bekümmernis. Nach dem Spruch des Orakels: »*Entsühnung für deine schreckliche Mordtat erlangst du nur, wenn du dich zwölf Jahre in den Dienst des Eurystheus stellst und die von ihm geforderten Taten erfüllst.*« *Herakles* tat, wie ihn das Orakel geheißen hatte!

Nachdem er endlich die »zwölf Arbeiten« erledigt, »Olympia begründet«, »Prometheus befreit« und weitere Heldentaten vollbracht hatte, heiratete er ein zweites Mal. Diesmal die schöne Königstochter *Deianeiras*, die er im Zweikampf gegen den stierköpfigen Flussgott *Acheloos* gewann. Als er mit *Deianeira* einen Hochwasser führenden Fluss überqueren wollte, bot sich der Zentaur Nessos an, *Deianeira* trockenen Fußes hinüber zu tragen. Am anderen Flussufer angekommen, galoppierte er mit *Deianeira* davon. Herakles schoss ihm einen seiner vergifteten Pfeile[138] nach und traf ihn. Bevor Herakles herangekommen war, gab *Nessos* der *Deianeira* den tückischen Rat: »*Sie möge ein wenig von seinem Blut auffangen und es bewahren. Wenn sie befürchte, die Liebe des Herakles zu verlieren, solle sie*

---

[138] Der mit dem Gift der Hydra, der Lernäischen Schlange, tödliche Wunden schlug.

sein Gewandt damit tränken und er werde nie wieder eine andere Frau als dich ansehen.« Sein Blut aber war durch den Todespfeil vergiftet!

Wer den ganzen Lebenslauf des Herakles kennt, weiß, dass er den Umgang mit Frauen nie sehr ernst nahm, so schien er sich Jahre später einer erbeuteten Schönen (*Iole*) zuzuwenden. Aus diesem Anlass legte *Deianeira* ihm das von ihr mit dem Blut *Nessos* getränkte Untergewandt hin, bekannt als »Nessoshemd«. Gleich nach dem Anziehen befielen den Helden entsetzliche Schmerzen. Er versuchte das Hemd abzulegen, aber es hatte sich fest mit seiner Haut verbunden und er riss zugleich sein Fleisch ab. Aus Verzweiflung ob ihrer törichten Tat tötete sich *Deianeira*. Um seiner unerträglichen Qualen ein Ende zu bereiten, schichtete sich Herakles auf dem Berg *Öta*, welcher für sein Ende einst durch das Orakel von Delphi verkündet wurde, einen Scheiterhaufen und ließ sich durch *Philoktetes*, seinem treuen Waffengefährten, darauf lebend verbrennen. – So traf die Prophezeiung ein, dass er durch jemand sterben solle, der selbst nicht mehr am Leben sei. Die Götter entrückten Herakles aus den Flammen in ihren Olymp, wo ihm die Unsterblichkeit verliehen wurde. Endlich begütigten seine Qualen auch seine Erzfeindin Hera, und Herakles erhielt ihre Tochter *Hebe*, die Göttin der Jugend, zur Frau.

In dieser Weise starben die Heroen und Titanen in den Mythen der Griechen, nur so hielt sich die Erinnerung an sie über die folgenden Epochen: In der Antike verbreitete sich der Herakleskult ums gesamte Mittelmeer. Nach ihm benannt sind zum Beispiel die »Säulen des Herakles«, wie man im Altertum den Felsen von Gibraltar nannte, obwohl dieser ursprünglich nach dem Hauptgott der *Phönizier* benannt war; diese hatten die Meerenge auf ihren Entdeckungsfahrten 1100 v. Chr. erreicht. Die Umbenennung erfolgte durch die Griechen, die ohnehin den phönizischen Hauptgott *Melkart* mit Herakles gleichsetzten. Sie formulierten in ihren Mythen: Diese Meerenge wäre das Ende der Welt und sei einst von Herakles gesetzt worden. So sind es jene Säulen, die den Himmel tragen, also *Atlas*. Das wieder geht auf die elfte Arbeit für *Eurystheus* zurück, dem Herakles die Äpfel der Hesperiden beschaffen sollte.

»Diese gediehen an einem Baum, der ein Hochzeitsgeschenk der Erdgöttin Geia an Hera war. Letztere vertraute den Apfelbaum den Hesperiden, den Töchtern des Atlas, an. Er wuchs an einem Hang des Atlasgebirges und wurde vom hundertköpfigen Drachen Ladon bewacht. Als Herakles auf seiner Exkursion auf Atlas traf und sich erklärte, anerbot sich dieser, die Äpfel für ihn zu pflücken, damit ihm der Kampf gegen den argwöhnischen Drachen erspart bleibe; währenddessen sollte Herakles Atlas beim Tragen des Firmaments ablösen. Der Held bedankte sich und lud sich die Himmelssphäre auf seine Schultern, während der Titan die goldenen Äpfel besorgte. Berauscht von seiner neuen Freiheit wollte Atlas nun selbst Eurystheus die Äpfel bringen. Auch damit war Herakles zum Schein einverstanden, bat aber Atlas die Last nochmals für kurze Zeit zu übernehmen, damit er seinen Umhang neu ordnen könne, um so ein Stoffpolster zwischen Schulter und Last zu schaffen. Atlas leistete ihm den Dienst; Herakles dagegen machte sich mit seiner Beute auf und davon.«

Unter dem für die Römer üblichen Namen *Hercules* wurde Herakles auch von ihnen wie ein Gott verehrt; wobei die Mythen um *Hercules* nicht immer denen des Herakles ähneln. An seinem Tempel auf dem *Forum Boarium* gelobten ihm beispielsweise Geschäftsleute beim Antritt einer Handelsreise ein Zehntel ihres Gewinns.

Im europäischen Mittelalter galt die Bedeutung des Heraklesmythos weiter als Vorbild für tugendhaftes Verhalten und für vorbildliches Kriegertum. Darstellungen der Heldentaten des Herakles und vor allem das Motiv »*Herakles am Scheideweg*« finden sich daher während des gesamten Mittelalters und wurden auch während der Renaissance und des Barock in großer Zahl geschaffen.

Berühmte Darstellungen gibt es von Leonardo da Vinci, Baccio Bandinelli und Peter Paul Rubens. Auch Schriftsteller und Dichter von Pindar, Ovid, Giovanni Boccaccio, über William Shakespeare bis Christoph Martin Wieland, Johann Wolfgang von Goethe und Friedrich Hölderlin wurden immer wieder von dem Heraklesmythos inspiriert.

Dies setzt sich fort bis in unsere heutige Zeit; Autoren des 19. Und 20. Jahrhunderts, wie Frank Wedekind, Robert Walser, Friedrich Dürrenmatt, Heiner Müller und Peter Huchel, zehren immer noch von den Mythen um Herakles.

MILONS' TOD

Kommen wir nun zu unserem Helden, wie und wann starb Milon von Kroton?

In einer Quelle wird berichtet, dass Milon einem Attentat zum Opfer fiel. Die Pythagoräer hatten, wie wir wissen, dem Krotoner *Kylon* die Aufnahme in ihrem Kreis verweigert, Milon sollte einer derjenigen sein, die aus Rache meuchlings ermordet wurden.

Wie wir bereits ausführlich erläuterten, konnte Milon kein fanatisch der Gemeinschaft der Pythagoräer zugehöriger Anhänger gewesen sein. Zu unterschiedlich waren seine und ihre Ansichten. Dank Atlante lernte er einiges über das Zusammenleben der Spartiaten kennen. Nicht unbeeinflusst ließ ihn die Gesetzgebung Solons in Athen, so etwas hätte auch dem Gemeinschaftswohl Krotons gutgetan. Diesen Zug der Zeit hatten die Pythagoräer unter ihrem »allwissenden Großmeister« schlicht verkannt. Dank des Lebenslaufs von Hella hatte Milon nichts gegen die Demokraten, wenn diese sich gegen die Mächtigen auflehnten, die ihren Einfluss nur zum Zwecke der Bereicherung nutzten.

Außerdem unterschieden sich Milon und Pythagoras deutlich hinsichtlich der Akzeptanz von Seiten der Griechen: Milon errang seinen Ruhm sowie seine finanzielle Unabhängigkeit durch seine von den sportbegeisterten Griechen geachteten Siege bei den Spielen. Er war ein Volksheld sowohl der Herrschenden als auch der der Beherrschten. – Im Gegensatz dazu war Pythagoras als Lehrer der »Reichen und Schönen« auf deren Gunst und finanzielle Zuwendung angewiesen; wie hätte er, als von ihnen Abhängiger, Partei für ihre Gegner ergreifen können?

»Heroisch und göttlich zugleich der Mythos vom Tod Milons´. In Tragik gehüllt, lässt der Mythos den bärenstarken Milon im Wald einen frisch geschlagenen Baumstamm finden, in den schon die Keile eingeschlagen waren, die den Stamm spalten sollten. Übermütig soll er sich darangemacht haben, den Stamm mit eigener Kraft auseinanderzureißen. Wie zu erwarten fielen die Keile heraus, sodass seine Hände eingeklemmt wurden. Über Nacht seien dann wilden Tieren gekommen, die ihn gefressen hätten.«

Was tatsächlich aus Hella, Milante und Milon wurde, wissen wir nicht. Enden wir deshalb so wie in den Märchen der Gebrüder Grimm: »*Und wenn sie nicht gestorben sind, dann leben sie noch heute.*«

MILONS´ MYTHISCHE UNSTERBLICHKEIT

Mit Gewissheit können wir eins bestätigen: Heutzutage finden sich in der Suchmaschine Google® über 100 Treffer, die auf Milon von Kroton verweisen[139], kein Grieche seiner Zeit hat mehr! Milo erreichte das, was sich jeder Grieche erträumte, nämlich die Unsterblichkeit seines Namens.

Bildhaft erinnern Statuen an ihn: »Im Jahr 1682 schuf der französische Bildhauer Pierre Puget[140] eine Darstellung der Legende Milons´ Tod im Wald: »Milon mit dem Löwen kämpfend«, heute im Louvre. Im 18. Jahrhundert entstand eine Milon-Statue von Johann Gottfried Knöffler im Palais des Großen Gartens von Dresden und eine von Etienne-Maurice Falconet (heute im Louvre). 1777 fertigte Johann Heinrich Dannecker einen sterbenden Milon aus Gips an. Alexander Trippel wählte dasselbe Thema.«[141]

---

[139] Wobei man sich vorwiegend auf die eingangs erwähnten Legenden bezieht.
[140] Pierre Puget (1620 bis 1694) war in französischer Bildhauer, Maler und Architekt.
[141] Nach Martin Dönike: Pathos, Ausdruck und Bewegung, Berlin 2005

Autor

Als an der Antike interessierter Sportwissenschaftler und Germanist, der sich bereits in zwei Buchtiteln dem Olympioniken »Milon von Kroton« näherte, legt der Autor hiermit dessen fiktive Biografie mit der Absicht vor, an die Olympischen Spiele im alten Griechenland zu erinnern. Dabei hielt er sich weitgehend an historische Fakten, wobei Atlante, Hella, Milante, Hadubalt und der Schäfer keine historisch verbürgte Gestalten sind.

Ein zweiter Band »Die Olympischen Spiele der Neuzeit« ist geplant. Im Sinne von »Olympia einst und jetzt« geht es um den Vergleich der Spiele in der Antike mit den Spielen in der Neuzeit in ihrer gesellschaftlichen Bedeutung und ihrer Organisation.

QUELLEN

Aristoteles (Übersetzer: Adolf, L.): Nikomachische Ethik; Jena: Eugen Diederichs, 1909
Birt, T.: Das Kulturleben der Griechen und Römer; © Jazzybee Verlag Jürgen Beck 2013
Birt, T.: Frauen der Antike; © Jazzybee Verlag Jürgen Beck 2013
Brodersen, K.: Große Gestalten der griechischen Antike; Verlag C. H. Beck 1999
Becker, K. F.: Legenden aus der griechischen Mythologie; © e-artnow 2014
Burkhardt, J.: Griechische Kulturgeschichte, Band 1 bis 4; © Jazzybee Verlag Jürgen Beck
Clauss, M.: Grosse Gestalten der Antike; rowohlt-digitalbuch, Berlin 2010
Deckert, W.: Sport in der griechischen Antike; München 1995
Ebert, J.: Olympia. Von den Anfängen bis zu Coubertin (Hrsg.), Köhler und Amelang; Leipzig 1980 (auch: Olympia. Mythos und Geschichte moderner Wettkämpfe), Edition Tusch, Wien 1980
Friedell, E.: Kulturgeschichte des Altertums. © e-artnow, 2014
Herrmann, H.-V.: Olympia. Heiligtum und Wettkampfstätte; München 1972
Hoflechner, W.: Allgemeine Wissenschaftsgeschichte, Teil 5: Naturwissenschaften 1; Zentrum für Wissenschaftsgeschichte – Graz, März 2008
Homer: Illias (Übersetzer: Voss, J. H; © e artnow 2015
Homer: Ilias & Odyssee (Übersetzer: Voss, J. H.); © e artnow 2015
Schumacher, L.: Sklaverei in der Antike; Verlag C. H. Beck 2001
Maisch, R./Pohlhammer, F.: Griechische Altertumskunde; Göschen`sche Verlagsbuchhandlung 1914

Maisch, R.: Griechische Altertumskunde; © Jazzybee Verlag Jürgen Beck 2012
Peukert, E. & Tünnemann, H.: Ringen; Dortmund: Deutscher Ringerbund e. V. 1995
Platon: Der Staat. (Politeia); Sämtliche Werke. Band 2. Berlin: Lambert Schneider 1940
Poliakoff, M.B., Kampfsport in der Antike. Das Spiel um Leben und Tod; Düsseldorf: Patmos 2004
Preller, L.: Griechische Mythologie; © e-artnow. 2014
Sinn, U.: Das antike Olympia; Verlag C. H. Beck, 2004
Schröder, W.: Gesund & fit im besten Alter; Books on Demand 2011
Schröder-Taborka, W.: Als Geheimnisträger im Visier der Stasi? ; Books on Demand 2012
Schröder, S.: Abbildung: »Milon mit dem Löwen kämpfend«, nach einem Foto von © 2003 David Monniaux (aufgenommen im Louvre Paris)
Swaddlling, J.: Die Olympischen Spiele der Antike; Philipp Reclam jun, Stuttgart 2004
Weeber, K.- W.: Die unheiligen Spiele. Das antike Olympia zwischen Legende und Wirklichkeit; Düsseldorf/Zürich 2000
Wikipedia: Die freie Enzyklopädie auf DVD, 2010
Zitelmann, A.: Die Welt der Griechen; Campus Verlag, Frankfurt/New York 2008

Weitere Buchtitel des Autors

»Gesund & fit im besten Alter«

2. Auflage, ISBN: Paperback 978-3-8370-2292-6
E-Book 978-3-8448-7739-7

Vorwort zur 2. Auflage

Dieser Ratgeber wendet sich weniger an jene, die nur mal schnell ein paar Pfunde loswerden, ihre Kurzatmigkeit beseitigen, dem drohenden Herzinfarkt entgehen oder ihre Figur aufpäppeln wollen, sondern ist für jene gedacht, die ernsthaft bemüht sind, langfristig ihre Gesundheit und Leistungsfähigkeit zu erhalten, wobei ein individuell geplantes Fitnesstraining ein wesentlicher Beitrag sein kann.

Auch denen, die da Mitleid heischend meinen, sie wären jetzt 40 und damit sei ihr aktives Leben vorbei, sei gesagt: Zwar verspüren wir nach dem Hoch junger Jahre »etwa ab 40« den stetigen Verlust körperlicher Leistungsfähigkeit; übersehen dabei, dass wir laut Bauplan [die Evolution lässt grüßen] nur für eine Lebensdauer von 30 bis 40 Jahren konzipiert sind. Trotzdem schummeln wir uns – dank hervorragender medizinischer Versorgung – bis zu einem weit höheren Lebensalter durch; erfreuen uns nach jedem medizinischen Eingriff einer wiedergewonnenen Lebensfähigkeit, bis das nächste Missgeschick uns ereilt.

Indes könnten wir »mit Lust auf Gesundheit« noch 20 Jahre unser biologisches Alter bei 40zig belassen und, wenn wir uns altersgemäß fit halten, sogar mit 80zig noch unternehmungslustig und lebensfroh sein. Einem lebenswerten Zustand, den wir mit einem Aktivprogramm ermöglichen, welches die Gesundheit bewahrt und die Leistungsfähigkeit fördert.

Manchen medizinischen Eingriff nebst Einbau teurer Ersatzteile (Herzschrittmacher, künstliche Gelenke, Stents zum Offenhalten von Blutgefäßen u.a.) könnten wir uns ersparen, wenn wir unsere Leistungsfähigkeit ganzheitlich erhalten. Denn eigentlich wollen alle Organsysteme – so wie ursprünglich vorgesehen – gemeinsam auf einem altersgemäßen Level funktionieren und nicht Stück für Stück repariert oder ausgewechselt werden. Eine Generalreparatur kann uns selbst die teuerste Medizin nicht bieten!

Anhand typischer Organfunktionen sollten wir erkennen, was wir unserem Körper zumuten können und was passiert, falls wir ihm etwas mehr abverlangen, als er üblicherweise gewohnt ist. – Das kann mit dem täglichen Spaziergang beginnen, sobald dieser zum sportlichen Walken ausartet und mit wohldosierter Schrittgeschwindigkeit den Blutdruck in Grenzen hält, Herz, Kreislauf und Atmung aktiviert sowie den Geist belebt. Intensiver und nachhaltiger wird es mit Walking, Nordic Walking, Joggen, Laufen, Radeln, Schwimmen und weiteren, unserem Leistungsvermögen angepassten Aktivitäten, die nachweislich den Blutdruck senken, Herz und Kreislauf verjüngen, die Atmung optimieren und den Geist erfrischen. Nicht zu vergessen die speziellen Übungsmöglichkeiten, mit denen wir gezielt unsere Muskeln stärken sowie Knochen und Gelenke stabilisieren, um den Knochenschwund (Osteoporose) wie den Haltungsverfall zu vermeiden.

Aus der Vielzahl der dargebotenen Übungsmöglichkeiten, sei es zu Aktivitäten in Wald und Flur, zu Hause oder im Fitnessstudio, kann jeder seine individuelle Einstiegs-Möglichkeit finden, mit der er sich gesund und fit hält sowie die Selbstheilungskräfte seines Körpers unterstützt. – Denn nicht nur im mittleren und fortschreitenden Alter benötigt jener, das ist genetisch bedingt, unsere aktive Hilfe, um sein »inneres Gleichgewicht« im Sinne einer lang anhaltenden Gesundheit zu bewahren.

Indem wir mehr Eigeninitiative und ein Gespür für den eigenen Körper entwickeln, bewältigen wir die Angst vor Krankheit durch die Lust auf Gesundheit und mit dem »Gewusst wie!« verschaffen wir uns jene Erfolgserlebnisse, die sich durch körperliches und geistiges Training erreichen lassen, geben vermeidbaren Krankheiten keine Chance.

Ihnen dabei behilflich zu sein, ist unser Anliegen.

REZENSION:

Sportmagazin PULZTREBER: »Obwohl sich der Autor auf die Zielgruppe der über 40-jährigen konzentriert, ist sein Ratgeber auch für jüngere Leser vom Interesse. Er erläutert anschaulich, wie das Herz-Kreislauf-System, der Stoffwechsel und der gesamte Muskelapparat auf Trainingsreize reagieren. Man muss es dem Autor zu Gute halten, dass er sich trotz hoher Fachkenntnis nicht in medizinischen Ausschweifungen verliert. Gerade im theoretischen Teil vergisst der Autor kaum ein Detail und geht verständlich auf Aspekte wie Energiestoffwechsel, Gefäßsystem, Wärmeregulation, Fettverbrennung und Übertraining ein. Im praktischen Teil des Buches, stellt der Verfasser verschiedenste Trainingsmethoden aus dem Bereich des Kraft- und Ausdauertrainings vor. Behandelt werden sowohl Übungen für zu Hause, als auch im Fitnesscenter. Ein guter Abschluss des Buches ist das Kapitel über geistige Fitness und den Einfluss körperlicher Betätigung auf das Gehirn.

Fazit: „Gesund & fit im besten Alter" ist ein hervorragendes Sportbuch, das es schafft, kompakt und doch ausführlich zu erläutern, was Sport und Bewegung im Körper auslösen und wie wir dadurch Gesundheit und Schaffenskraft bis ins hohe Alter erhalten können. Die gut dosierte Balance zwischen (notwendigen) wissenschaftlichen Erklärungen und leicht verständlichen Empfehlungen machen das Buch zu einer „leicht verdaubaren" und zeitlosen Lektüre, von der Jeder etwas lernen kann (und sollte). «

»ALS GEHEIMNISTRÄGER IM VISIER DER STASI«
©Wolfram Schröder-Taborka
2. überarbeitete Auflage: ISBN: 978-3-8423-8017-2

PROLOG
Mit weiblicher Logik brachte Frau Studienrätin es auf den Punkt, ihr geliebter Patensohn habe seine wissenschaftliche Karriere nur aufgegeben, um ohne Risiko in den Schoß der Familie zurückkehren zu können. Handelte ich wirklich mit dem Vorsatz, durch Karriereverzicht aus meiner bisherigen Welt in die Welt meiner Patentante zu gelangen? Einem Wechsel zwischen Welten, die sich – welch Novum – sogar innerhalb einer Stadt unversöhnlich gegenüberstanden; die meine im östlichen, die ihre im westlichen Teil Berlins. Ich wohnte in Kaulsdorf, sie in Steglitz; heute trennt uns lediglich eine knappe Autostunde, damals eine scharf bewachte Mauer. Den „Antifaschistischen Schutzwall" zu überwinden glich reinstem Selbstmord; das wusste auch Frau Studienrätin, die tantenhaft interessiert den Werdegang ihres Patensohns verfolgte.

»SO VERSTEHEN SICH MENSCH UND HUND«
©Wolfram Schröder
2.Auflage, ISBN: Paperback 978-3-8334-8541-1
                E-Book   978-3-8423-8017-2

MISSVERSTÄNDNISSE ZWISCHEN ANDERSARTIGEN PARTNERN
Angesichts meines teuflischen Aussehens erhielt ich den Namen »Düwel«, wie im Niederdeutschen der Teufel genannt wird. Und zum Teufel könnt ich werden, wenn ich mit ansehen muss, wie schlecht sich Mensch und Hund bisweilen verstehen:
Da ruft Herr Meier seinen Hund. Er pfeift, benutzt dessen Namen, wütend schreit er sogar: Sein Hund kommt nicht, jedenfalls nicht jetzt, wenn Herr Meier es will. Nach einer Weile kommt er

doch. Er schleicht, Schwanz eingeklemmt, Ohren angelegt, fast auf dem Bauche kriechend reumütig zu seinem Herrchen. Dessen Reaktion kennt er bereits: Es sind dies harte Worte, oft sogar Schläge. Die reumütigen Gebärden seines endlich näherkommenden Hundes missversteht Herr Meier als schlechtes Gewissen. »Ja, Herr Meier, wissen Sie denn nicht, dass wir Hunde gar kein Gewissen haben, jedenfalls keins in Ihrem, dem menschlichen Sinne? Wir handeln nicht im Sinne von Gut oder Böse, sondern sind um des lieben Friedens willen bemüht, alles richtig zu machen. Es entspricht vielmehr unserer Überlebensstrategie, das Wohlgefallen unseres Partners zu bewahren.«

Der Hund unserer Nachbarin, Frau Krause, ist sehr wachsam. Er bellt, sobald jemand an der Haustür klingelt. So weit, so gut. Bittet Frau Krause den Gast herein, bellt er beharrlich weiter, lässt sich keinesfalls durch ihr lautes, verärgertes Aus! Bist du still! o.a. beruhigen. »Frau Krause, der Ton macht die Musik! – Je lauter und drohender Sie in dieser Situation selbst die nettesten Dinge zu Ihrem Hund sagen, desto mehr empfindet er den Besuch als Gefahr. Wie soll mein Artgenosse wissen, dass Ihr aggressives Getue ihm und nicht dem Gast gilt. Im Gegenteil, Ihr Hund bellt umso mehr, weil er Sie beschützen will.«

Herr Wilhelm möchte seinen Hund apportieren lassen. Deutlich sichtbar wirft er einen Stock, freut sich, weil Nero den Stock holt, sogar damit in seine Nähe kommt. Doch mehr passiert nicht. Nero kommt zwar näher, aber sobald Herr Wilhelm den Stock ergreifen will, läuft sein Hund wieder davon. Beide missverstehen sich: Herr Wilhelm denkt, sein junger Hund kann bereits von Geburt an apportieren. – Stattdessen hat Nero das für uns Hunde typische Spiel: „Fang mich, ich hab' eine Beute!" im Sinn.

Frau Lehmann kaufte sich einen großen, kräftigen Hund, der Haus und Hof bewachen soll. Um alles richtig zu machen, betraut sie einen Hundetrainer mit dessen Erziehung. Der Hund pariert bestens, jedenfalls bei seinem Trainer – nicht aber bei Frau Lehmann. Sofort erkennt der Hund in ihr die schwache Frau. »Eingestellt auf das konsequente, energische Einwirken seines Trainers, entwickelt er bei ihr eine Dominanz, deren sie nicht Herr wird.«

Herr Müller ist fest davon überzeugt, sein Hund könne genauso denken wie er. Äußert sich dieser doch mit anhaltendem Winseln, Trampeln oder Bellen, bis ihm sein jeweiliger Wunsch erfüllt wird. Das kann die Aufforderung zum Spaziergang, das Erbetteln von Futter oder anderes von ihm Gewolltes sein. »Dieser Hund weiß genau, wann er mit seinen Allüren Erfolg hat. Einmal ausprobiert: Herrchen reagiert in seinem Sinne! – So etwas lernen wir am schnellsten.«

Herr Jähzorn ist stolz auf seinen disziplinierten Hund. Auf Pfiff kommt dieser sofort, folgt auf Sitz! Platz! u.a. Unterwerfung fordernde Kommandos. Allerdings spürt sogar jemand, der wenig mit unserer Wesensart vertraut ist, die totale Unterwürfigkeit dieses Hundes, der alle Zwangsmaßnahmen der Hundeerziehung kennen lernen musste. Er kommt und sitzt wie ein Jammerlappen, bei Platz! liegt er in Demutshaltung auf dem Rücken. »Dieser Hund wurde zum absoluten Untertan, wünschen Sie einen solchen, dann habe ich Ihnen nichts zu sagen!«

STATEMENT

Mögen Sie es mir vorlautem Hund verübeln, trotzdem mache ich die Herrschaften Meier, Krause, Wilhelm, Lehmann und Müller darauf aufmerksam, selbst an den geschilderten Missverständnissen schuld zu sein. Schließlich zählen sie zu den vernunftbegabten Wesen dieser Erde und sollten wissen, dass wir nicht von ihrer, sondern von anderer Art sind und gemäß diesem Unterschied, möchten wir behandelt werden.

Andererseits können Sie nicht von uns verlangen, dass wir Sie als von anderer Art wahrnehmen, bleibt uns doch die vom Menschen benutzte Unterteilung nach Arten fremd. Wir betrachten die Menschen eher als Gleichartige, bieten Ihnen jedoch die Möglichkeit, sich als ranghöher zu etablieren, uns in Ihrem Sinne zu beeinflussen. Dies umso müheloser, je mehr Sie unser Naturell beachten oder versuchen, unser Handeln aus der Perspektive unserer Wesensart zu verstehen. Denn nur so wird es Ihnen möglich sein, uns artgerecht zu behandeln!

Das Zusammenleben von Mensch und menschenfreundlichen Wölfen mag vor vielen tausend Jahren weniger Probleme bereitet haben. Beide Arten besaßen in dieser Zeit natürliche Gemeinsamkeiten: Als Fleischfresser verbanden Wolf und Mensch gleiche Interessen, nämlich erfolgreich zu jagen sowie sich und ihre Beute zu verteidigen. Inzwischen veränderten sich die Menschen, machten große Teile der Natur inklusive des einstigen Partners Wolf für sich nutzbar. Das Ergebnis sind unter anderem wir, die Hunde, denen sie jedoch grundsätzliche Verhaltensweisen des Wolfes nicht restlos wegzüchten konnten: Letzteres eint alle Hunde, ob groß oder klein, gleich welcher Rasse. Ihr heutiger Partner ist keineswegs nur Kuscheltier, sondern ein mehr oder weniger soziales Raubtier. In uns wirken vom Wolf überkommene Anlagen. »Ein ausgeprägtes Sozialverhalten sowie die Tendenz zum Jagen.«

Das für uns charakteristische Sozialverhalten ist Ihnen sicher ohne Abstriche willkommen. Relativ komplikationslos können Sie uns in Ihre Familie einbeziehen sowie mit Sachverstand einen Großteil der uns überkommenen Fähigkeiten nutzen. Kritischer sind die uns verbliebenen Raubtiereigenschaften, wie beispielsweise einzelne Abfolgen wölfischen Jagdverhaltens, die Ihnen in der heutigen Zeit Ärger bereiten könnten. Je nach Rasse und Temperament neigen wir dazu, Beutetiere zu suchen, uns an sie heranzupirschen, sie aufzuscheuchen, ihnen nachzusetzen. Damit geben wir uns für gewöhnlich zufrieden. Schlimmer wird es, sollten wir wirklich Beute machen, indem wir ein Tier töten, es sogar fressen. Im Grunde eine Handlung, die gar nicht nötig ist, bekommen wir doch unser Fressen von Ihnen.

Was ich hier so eindringlich nenne, soll Sie keineswegs von einer Partnerschaft mit unsresgleichen abhalten. Vielmehr weist es darauf hin, worauf Sie sich mit uns einlassen, wann Sie erzieherisch eingreifen sollten. – Ihren Familienhund seine Raubtiereigenschaften nicht ausleben zu lassen, ist durchaus möglich, jedoch auf das »Wie« der Einflussnahme kommt es an!

Kraft Ihrer Überlegenheit könnten Sie uns mittels unzeitgemäßer Methoden alles verleiden: Endergebnis, ein völlig unterdrücktes und frustriertes Wesen, aber kein richtiger Hund.

Gehen Sie stattdessen davon aus, dass wir im Sinne unseres Wohlbefindens die uns angeborenen Fähigkeiten ebenso ausleben möchten, wie Sie die Ihren, dann könnten wir auf einen gemeinsamen Nenner kommen: Wie auch Sie, erwachen wir morgens tatendurstig. Möchten unser aufgestautes Aktivitäts-Quantum abreagieren was ursprünglich bedeuten konnte, zur Beschaffung von Nahrung zu jagen. Denn eben das taten Ihre prähistorischen Vorfahren mit uns. Anstelle dessen bestreiten Sie heute Ihren Lebensunterhalt mit ganz anderen Tätigkeiten. Ebenso erlernten wir, die domestizierten Wölfe, uns mit vergleichbaren Ersatzhandlungen zufrieden zu geben.